決定版253レシピ

ようこそ、私のキッチンへ

Yoko Arimoto　My Kitchen

有元葉子

集英社

introduction

はじめに

食べることは人生で一番大切なことかもしれません。食べるために生きているのではない、と言われそうですが、食べ物は燃料であり体の素材。料理も素材が大切ですが、体の素材の根幹は食べ物です。自分で自分の食べる物を作ることは生きることの基本と言っても決して大げさではないでしょう。しかしそんなに肩肘張らなくても、やってみるとこれがおもしろい。自分ごはんという言葉もできたくらいです。私も主婦歴20年のうちにそのおもしろさにはまったのかもしれません。そんな私のキッチンで、健康も考えつつおおいに楽しんで作っている料理を、できるだけたくさん見ていただきたくてこの本ができました。

素材や調味料は地方によって違い、各人の味の好みもさまざまですから、書いてある分量などはあくまでも参考にして、あなた好みの味にしてください。

一家に一冊この本があれば、手順もわかりやすいので、料理はしたことがないけれどちょっとやってみようかなという中高生も、今日はお父さんが料理するぞというキッチンパパ、もちろんいつも台所に立っている主婦の方まで、皆さんに使っていただけます。これからひとり暮らしを始める若い方々や新生活を始める若いカップル、熟年になって初めて包丁を握る方、年齢や男女を問わずどなたにも活用していただきたい本なのです。

お手に入れたらどんどん使ってくださいね。本棚にしまってしまわないで台所に置いて、油やしょうゆのシミだらけになったこの本がお宅にあったらうれしいです。

contents

目次

2 はじめに

Part 1 初心者にわかりやすく、ベテランも納得。

みんなが作りたい定番の17品 10

12 **ハンバーグ**
一番おいしくて飽きない味です。ジューシーな肉のおいしさがたまらない！
フライパンで焼く 定番ハンバーグ 14
フードプロセッサーとオーブンで作る ごぼうハンバーグ 16

18 **鶏の唐揚げ**
外側はカリッと、中はジューシー！和風味のフライドチキンの王道レシピ

22 **鶏のバリバリ**
薄くカリカリに揚げた鶏肉は中華風のピリ辛ソースで。ごはんが進む人気おかず

24 **チキンソテー**
皮がパリパリの香ばしいチキンはにんにくとハーブの風味

26 **鶏肉と里いものクリームシチュー**
あっさりした味のシンプルなシチューは、ホワイトソースいらず

28 **チキンカレー**
鶏肉を丸ごと一羽分使う本格カレー。必ず一晩ねかせて食べたい、とっておきの味

32 **とんかつ**
とんかつは家で揚げたてを食べるのが一番。衣の二度づけと二度揚げがコツ

34 **焼きギョーザ**
カリッと焼いた皮が香ばしい。ジューシーなギョーザはあとひくおいしさ！

38 **水ギョーザ**
エビが入ったアツアツの水ギョーザ。もちもちした皮は手作りならでは！

40 **麻婆豆腐**
ごはんをお代わりしたくなる、ピリ辛味のふるふる柔らかい豆腐

42 **アジの塩焼き**
魚料理の基本は焼き魚。塩を活用してうまみを引き出す

44 **金目鯛の煮つけ**
こっくりした味がごはんに合う煮魚の定番。しょうがをきかせて

46 **肉じゃが**
だしいらずで意外に簡単な人気おかず。じゃがいもに甘辛味の牛肉が合う

48 **卵焼き**
ちょっと甘めでコクのある味があとをひく。フライパンで作るアツアツ卵焼き

50 **茶碗蒸しのひき肉あん**
ふるふるの柔らかい茶碗蒸しにとろりとひき肉あんをかけて

52 **エビマカロニグラタン**
わざわざホワイトソースを作らなくてもOK。クリーミーなソースがおいしい！

54 **焼きめし**
パリッと焼きつけたごはんは焦がしじょうゆの香ばしさ

○計量の単位は
1カップ……200mℓ
大さじ1……15mℓ
小さじ1……5mℓ
1合…………180mℓ

○オーブンは電気オーブンを使用しています。機種によって、また、ガスオーブンの場合も機能がそれぞれ違いますので様子を見ながら加減してください。

Part 1

みんなが作りたい定番の17品

初心者にわかりやすく、ベテランも納得。

ハンバーグやカレーといえばどこのお宅でも定番ですね。うちでもリクエストが多くて何度も作っていますが、皆の好みに合わせて少しずつ材料や作り方に工夫を重ねて、今のわが家の定番ができました。

たとえば普通に見えるハンバーグもひき肉にこだわったり、厚みのあるのがおいしいので焼き方を研究しました。おなじみの唐揚げはよーく下味がついて外側がカリカリになるように、とんかつはお肉はジューシーに衣はふんわりカリッと揚がるように、肉じゃがはほどよく味がしみて玉ねぎのシャキシャキ感を残すようになどなど、どの定番にもうちなりのこだわりがあります。

何の変哲もない普通のおかず、でも家で作る定番おかずがおいしいのはとっても幸せで価値があることなのです。

この章ではうちの普通の定番おかずをご紹介しますが、あなたの定番を作る参考になればうれしいです。

1 ハンバーグ

Hamburg Steak

一番おいしくて飽きない味です。ジューシーな肉のおいしさがたまらない！

ハンバーグはふっくらと肉汁を中に閉じ込めると、ジューシーなうまみが味わえます。ここでご紹介するのは、ひき肉を使ってフライパンで焼くタイプと、かたまり肉をフードプロセッサーで粗くひいて、オーブンで焼くタイプの2種類です。

ハンバーグのジューシーさは、脂身のほどよいバランスから生まれます。赤身の多い牛肉だけではパサつきますが、脂身のある豚肉と合わせるとほどよい柔らかさに。牛と豚のひき肉を別々に買い、ほどよいバランスに混ぜるのがおすすめです。

玉ねぎは炒めずに食感を残し、パン粉は生パン粉を使い、形作るとき、中央にくぼみを作らないのが私のやり方。生パン粉は、焼いたときに玉ねぎから出る水分を吸う役目をしてくれます。くぼみを作らずに焼くと、ふっくらと厚みが出て、ジューシーに仕上がります。生パン粉ではなくドライパン粉を使うときは、牛乳を少し加えてしっとりさせてから混ぜ込みます。

フードプロセッサーとオーブンで作るタイプは、かたまり肉を好みの粗さにできるのがいいところ。私はかみごたえのある粗さが好きです。野菜もフードプロセッサーで簡単に小さくできるので、ごぼうやれんこんなどを加えてみては？　オーブンは厚く大きなハンバーグでも中まで火が通りやすく、肉汁たっぷりのおいしさが楽しめます。

定番ハンバーグ

2種類のひき肉を使って
フライパンで焼く

point

●ひき肉は室温に戻して
おくと混ぜやすい。

●肉はしっかりこねると、
焼いたとき、肉汁が流れない。

●火が通りやすいよう
小さめにし、1人前2個に。
真ん中はくぼませない。

●材料（2人分）

牛ももひき肉	150g
豚肩ロースひき肉	150g
玉ねぎ	½個
にんにく	1片
卵	1個
生パン粉	20g
塩・粗びき黒こしょう	各適量
オリーブオイル	大さじ1
〈ソース〉	
トマトケチャップ	適量
ウスターソース	適量
〈つけ合わせ〉	
グリーンアスパラガス	10本
にんじん	¼本
ズッキーニ	½本

1

玉ねぎをみじん切りにする。皮をむき、縦半分に切ったものの断面を下にしてまな板に置く。根元を残しながら、横に細かく切り込みを入れていく。

2

同様に根元を残しながら、今度は縦に細かく切り込みを入れていく（上の写真）。次に根元と反対側から、繊維に直角に包丁を入れ、みじん切りにする。

3

さらに細かくするため、包丁の刃先を左手で軽く固定し、右手を上下に動かして全体を均一にみじん切りにする。玉ねぎは生のまま使う。玉ねぎの甘みが好きなら炒める。

4

にんにくもみじん切りに。まず縦半分に切って芯を取り、玉ねぎ同様、横、縦と切り込みを入れて、端から切る。芯はアクがあるので、取ったほうが風味がよくなる。

5

ボウルに室温に戻しておいた牛ひき肉、豚ひき肉、③のみじん切りの玉ねぎ、④のにんにく、卵、生パン粉を入れ、塩小さじ⅓、黒こしょう少々をふる。

6

手で肉をつかむようにしながら、全体をよく混ぜ合わせる。このくらいまでしっかりこねると、焼いたときに肉汁が流れず、ふっくらジューシーに仕上がる。

7

火が通りやすいよう小さめに形作って、1人前2個にする。⑥のたねを4等分し、手のひらに交互に打ちつけるようにして中の空気を抜く(焼いたとき割れにくくなる)。

8

ある程度厚みをもたせて、丸く形を整える。真ん中をくぼませないのが有元流のコツ。このほうが焼いたときに厚みが出て、よりジューシーになる。

9

フライパンを熱してからオリーブオイルをなじませ、⑧を並べる。入れてすぐ、へらで少し動かすとくっつかない。弱めの中火で焼き、きれいな焼き色がついたら裏返す。

10

弱火にしてふたをし、5～6分蒸し焼きにして中まで火を通す。火が強いと焦げつきやすいので注意！　この間に、つけ合わせを作る(下記参照)。

11

ハンバーグの表面を指で押し、弾力があればOK。竹串を刺して、澄んだ汁が出ればよい。竹串は何度も刺すと、肉汁が出てしまうので注意して。焼けたら器に盛る。

〈つけ合わせとソース〉

●アスパラは下3分の1くらいの皮をむき、半分の長さに切る。にんじんは皮をむいて輪切り、ズッキーニも輪切りにする。それぞれ歯ざわりよくゆでる。

●⑪のフライパンにソースの材料を入れ、混ぜながら温め、器に盛ったハンバーグにかける。つけ合わせ野菜にオリーブオイル(分量外)、塩、黒こしょう各少々をふって混ぜ、添える。

ごぼうハンバーグ

フードプロセッサーとオーブンを使って作る

point

●フードプロセッサーはそのつど洗わずに、続けてみじん切り。肉も野菜も好みの粗さにひく。

●定番ハンバーグにごぼうを加えて、歯ざわりのよさを楽しむ。

●オーブンなら、厚くてもジューシーに焼き上がる。

●材料（２人分）

牛ももかたまり肉	150ｇ
豚肩ロースかたまり肉	150ｇ
にんにく	１片
玉ねぎ	小½個
ごぼう	½本（約40ｇ）
酢	少々
卵	小１個
生パン粉	15ｇ
塩	小さじ⅓
こしょう	適量
オリーブオイル	大さじ１
大根おろし	適量
しょうゆ	少々

1

にんにくは縦半分に切って、芯を取る。芯はアクがあるので、取ったほうが風味がよくなる。フードプロセッサーに入れて、みじん切りにする。

2

玉ねぎは皮をむいてザク切りにし、にんにくの入った①のフードプロセッサーに加える。玉ねぎが粗めのみじん切りになるまで回して、ボウルに取り出す。

3

牛肉と豚肉は３㎝角くらいに切り、フードプロセッサーに入れて、好みの粗さになるまで回す。肉も野菜も粗さを調節できるのがいいところ。

4

市販のひき肉よりはずっと大きい、ぶつぶつした粗さにする。これくらいの粗さにすると、ごぼうのかみごたえとよく合う。肉を②のボウルに取り出す。

5

ごぼうはたわしで泥を落とし、鍋に入る長さに切り、酢を加えた熱湯で１分ほどゆでる。５㎝くらいに切り、フードプロセッサーに入れ、粗いみじん切りにする。

6

⑤のごぼうを、④のみじん切りにしたにんにくと玉ねぎ、ひき肉の入ったボウルに入れ、卵、生パン粉、塩、こしょうを加える。

7

手でつかむようにしながら、全体をよく混ぜ合わせる。しっかりこねると、焼いたときに肉汁が閉じ込められ、ふっくら焼ける。たねを２等分してまとめる。

8

手のひらに打ちつけるようにして、中の空気を抜く。オーブンは全体に火が通りやすいので、厚みのある丸形にしても大丈夫。中央をくぼませないのが有元流。

9

鉄のフライパンを熱してオリーブオイルを入れ、⑧を並べる。くっつかないようすぐ、へらで少し動かす。弱めの中火で、下側に焼き目をつけ、フライパンごとオーブンへ。

10

フライパンがオーブンに入らない場合は、耐熱容器で。上火をきかせた200℃のオーブンで10～13分焼く。上火調節がない場合は入れる前に裏返しておく。

11

つけ合わせの大根おろしは、たっぷりと。おろしたあと、ざるに入れてしばらくおいておくと、ほどよく水分がきれて、ハンバーグの味が、水っぽくならない。

12

焼き上がったハンバーグを器に盛り、大根おろしを添えて、しょうゆをたらす。ふっくら分厚いハンバーグは肉汁たっぷりで、オーブンならではのジューシーさ！

2 鶏の唐揚げ

Fried Chicken

外側はカリッと、中はジューシー！
和風味のフライドチキンの王道レシピ

鶏の唐揚げはいろいろあって、まわりが柔らかいタイプもありますが、私が好きなのは外側がカリッとしたタイプ。そして、中は柔らかくてジューシーなのがおいしいですね。味つけはしょうゆと酒がベースの和風味ですが、にんにく、しょうが、長ねぎ、こしょうをきかせて、スパイシーな風味でマリネします。マリネは時間があれば一晩冷蔵庫に入れてほしいところですが、なければ、せめて1時間くらいはなじませてください。

　鶏肉はだんぜん、骨つきがおすすめです。骨つきのほうがうまみがあるので満足感が出るし、揚げても身が縮んでしまうことがありません。骨がないと小さく縮むので、ついついたくさん食べてしまうことも。健康のためには、骨つきのほうがいいですね。また、どの料理でもブロイラーなど水分の多い鶏肉を使う場合は、塩をふって一晩冷蔵庫に入れてください。塩を洗い流してふくと、余分な水分が抜けておいしくなります。

　揚げ方のコツは、温度を変えて二度揚げすることです。最初は低めの温度で時間をかけてじわじわと揚げ、中まで火を通して。2回目は高温にして、30秒くらいで手早く揚げてカリッとさせます。揚げるとき、皮で身をくるむようにして油に入れるのもポイント。皮がパリッと揚がり、身は柔らかくジューシーに仕上がります。

鶏の唐揚げ

point

●マリネは時間がなければ1時間、
あれば一晩おくとおいしくなる。

●皮で身をくるむようにして
油に入れるとジューシーに。

●最初は160〜170℃でじわじわと
ゆっくり時間をかけて揚げ、
最後は180℃にして二度揚げする。

●材料（２人分）

鶏骨つきもも肉	２本
〈マリネ液〉	
にんにく	２片
しょうが	50ｇ
長ねぎ	１本
しょうゆ	大さじ３〜４
酒	大さじ１
こしょう	適量
片栗粉	⅓カップ
水	40〜50mℓ
揚げ油	適量

※８〜11では水溶き片栗粉を使っているが、片栗粉だけをしっかりまぶしつけてもよい。

1

最初にマリネ液の準備をする。にんにくは縦半分に切って、芯を取る。芯はアクがあるので、取ったほうが風味がよくなる。

2

にんにくの上に包丁を寝かせ、握りこぶしでバンとたたきつぶす。こうすると、にんにくの風味が早くマリネ液につく。

3

しょうがは皮と身の間に一番風味があるので、皮ごとよく洗って水気をふき、皮をむかずに薄切りにする。

4

長ねぎは長さ５㎝のぶつ切りにする。鶏肉は１本を骨ごと３〜４等分に切る（精肉店で切ってもらうといい）。

5

ボウルににんにく、しょうが、長ねぎ、しょうゆ、酒を入れる。

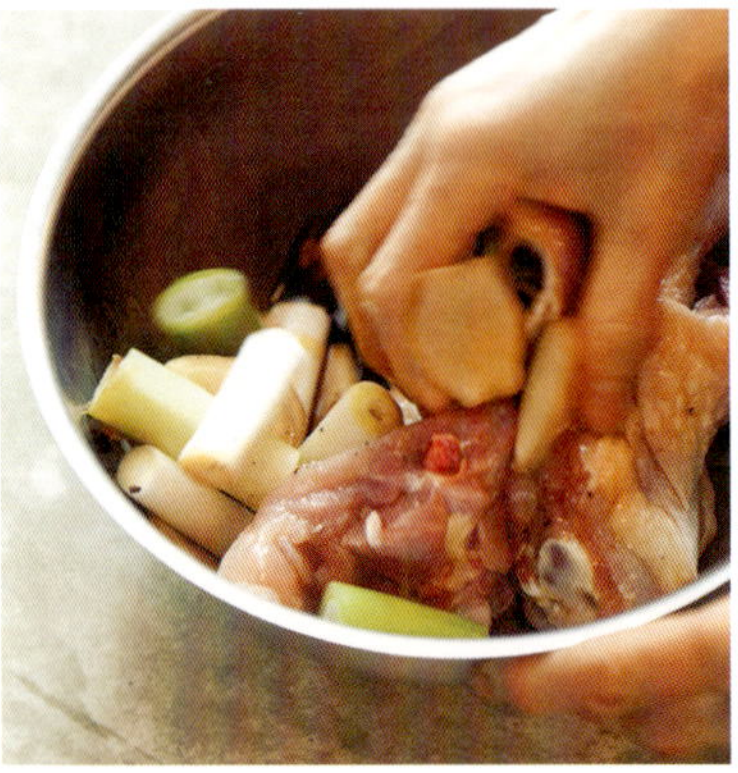

6

⑤に鶏肉を加え、こしょうをふり、つかむようにしながら混ぜる。そのままマリネして、時間があれば冷蔵庫で一晩、なければ１時間以上おく。

7

⑥のマリネをときどき冷蔵庫から取り出して、味がまんべんなくなじむように全体を混ぜ合わせる。

8

別のボウルに片栗粉を入れ、様子を見ながら水を加えて混ぜる。分離してくるので、使うときは手でよく混ぜて使う。

9

⑦のボウルから鶏肉だけを取り出し、⑧の水溶き片栗粉のボウルに入れて、全体によくからめる。

10

揚げ油を最初、160～170℃（中温）に熱する。菜箸を入れると、じゅわっと泡が出るのがこの温度の目安。

11

⑨の鶏肉は皮で身をくるむようにして、水溶き片栗粉の衣をたっぷりとつける。

12

皮でくるんだまま油に入れ、しばらく触らないでおく。皮でくるむと広がらずに揚がり、表面の皮がパリッとする。

13

じわじわと片面を10分くらいかけて、ゆっくりと揚げる。上下を返して、さらに3分ほど揚げる（油の表面に鶏肉をぎっしりつめて揚げても大丈夫）。

14

こんがりときつね色になったら、いったん油から取り出す。

15

最後に油の温度を180℃くらいまで上げて、再び鶏肉を入れる。30秒ほど手早くカラッと揚げて、油をきる。

鶏のバリバリ

point

●鶏肉はできるだけ薄く薄く切り広げていくのがコツ。

●片栗粉はたっぷりと真っ白になるくらいまでまぶす。

●揚げるときはきつね色になってバリバリのかたさになるまでしっかりと揚げる。

●材料（2人分）

鶏もも肉	大1枚
〈マリネ液〉	
にんにく	1片
卵	1個
酒	大さじ1
しょうゆ	大さじ2
〈ピリ辛ソース〉	
長ねぎのみじん切り	1本分
にんにくのみじん切り	1片分
しょうがのみじん切り	20g
しょうゆ	大さじ1½
ごま油	大さじ1
酢	小さじ1½
豆板醤	小さじ1
片栗粉	1カップくらい
レタス	適量
揚げ油	適量

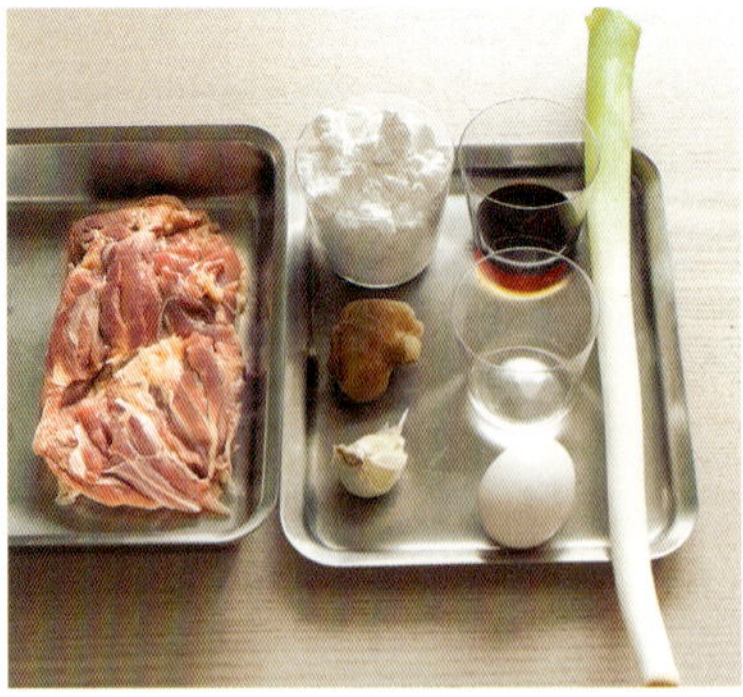

1

最初にピリ辛ソースを作る。ソースの材料をすべて混ぜ合わせる。

2

マリネ液のにんにくはすりおろし、他の材料とともにバットに入れて混ぜ合わせる。

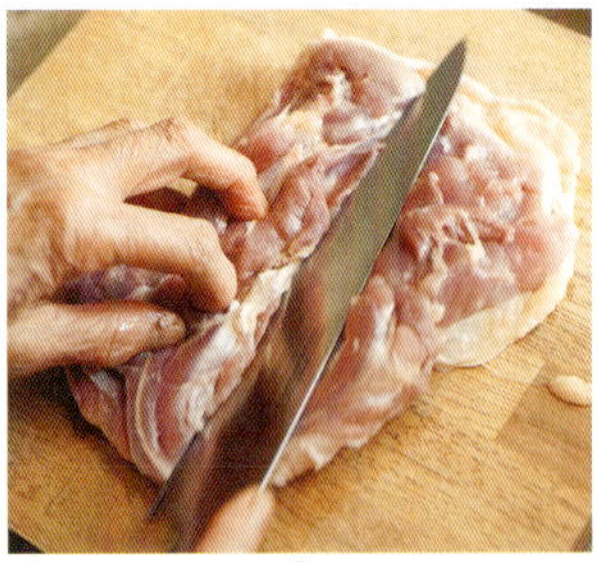

3

鶏肉は火が通りやすいよう、身の厚いところに包丁を寝かせるようにして切り込みを入れ、観音開きのように開く。

4

特に厚いところは数回切り込みを入れて開き、全体に薄く均一に広げる。最初の大きさのほぼ倍くらいというのが目安。

5

鶏肉を皮目から②のマリネ液につけ、ときどき上下を返して、全体で1時間以上マリネする。

6

片栗粉の半量を別のバットに広げ、⑤の鶏肉を汁気をきらずに入れる。残りの粉を加えてたっぷり両面につけ、しっかり押さえる。

7

175～180℃の油（菜箸を入れると、勢いよく泡が出るのが目安）に⑥の鶏肉を入れ、上下を返しながらカリカリになるまで揚げる。

8

油をきって、熱いうちに食べやすく切り分ける。ちぎったレタスを敷いた器に盛って、①のピリ辛ソースをかける。

3 鶏のバリバリ

Fried Chicken

薄くカリカリに揚げた鶏肉は
中華風のピリ辛ソースで。
ごはんが進む人気おかず

これは昔読んだ小説に出てきたおかずで、うちでも作ってみたら家族に大評判。今ではリクエストが多いわが家の定番になりました。鶏肉1枚でもボリューム感の出るおかずです。肉はマリネした状態で一晩冷蔵庫においてもいいし、時間がなければ20分でも大丈夫。コツは鶏肉を薄く広げること、片栗粉をたっぷりまぶすこと、バリバリにしっかり揚げることです。ピリ辛ソースの代わりに、ねぎのみじん切り、塩、粉山椒をかけると、大人のお酒のつまみに最高ですよ。

4

Chicken Sauté

チキンソテー

皮がパリパリの
香ばしいチキンは
にんにくとハーブの風味

チキンソテーは「ちょっと焼きすぎたかな？」と思うくらいしっかり焼くといいですね。鶏肉は厚いと生焼けになることもあるので、身の厚いところを開いて、火が通りやすくしてください。皮をフライパンに押しつけて接触面を増やし、パリパリに焼くとおいしいですよ。ふたをするとカリッと焼けないので、ずっとふたはせずに。

　にんにくやハーブの風味でマリネしますが、塩を強めにすれば、マリネした状態で冷蔵庫で4日ほど保存できます。

チキンソテー

point

●にんにくとハーブで
最低2時間、オイルマリネする。
前日にマリネしておいても。

●皮をフライパンに押しつける
ようにして焼くとパリパリに。

●焼くときは絶対ふたをしない。
ふたをすると汁気が出て
パリパリ感がなくなってしまう。

●材料（2人分）

鶏もも肉	2枚
〈マリネ液〉	
にんにく（芯を取ってつぶす）	2片
ローズマリー	5〜6本
タイム	5〜6本
塩（あれば粗い海塩）	小さじ2
こしょう	適量
オリーブオイル	大さじ4
ルッコラ	適量
トマトの輪切り	1個分

1

フォークで鶏肉の皮全体に穴をあける。こうすると余分な脂が出やすくなって、火の通りもよくなる。

2

皮の下などにある余分な脂（黄色い部分）を取り除く。

3

火が通りやすいよう、身の厚い部分に包丁を寝かせるようにして切り込みを入れて開く。1枚をそれぞれ半分に切る。

4

③の鶏肉をバットに入れ、両面に塩、こしょうする。にんにくと、ローズマリーとタイムの葉をしごいて散らす。

5

オリーブオイルをかけてラップをし（バットに合ったふたがあれば、よりよい）、冷蔵庫で最低2時間、できれば一晩おく。

6

⑤を室温に戻す。フライパンを熱し、オリーブオイル（分量外）を薄くひき、鶏肉の皮目を下にして入れ、にんにくなども一緒に焼く。

7

弱めの中火で、皮をフライパンに押しつけながら焼き、皮から脂を出す。肉に半分以上火が通り、皮がパリッとなったら裏返す。

8

中まで火を通し、最後にもう一度、皮目を下に返して焼く。焼き時間は全体で約13分が目安。器に盛り、ルッコラとトマトを添える。

鶏肉と里いものクリームシチュー

point

●里いもは洗って乾かしてから皮をむくと扱いやすい。

●鶏肉の皮に焼き目をつけてから煮ると、香ばしさが加わる。

●牛乳はあまり煮立てないようにすると、風味よく仕上がる。

●材料（4人分）

鶏骨つきもも肉	2本
里いも	4～6個（約400g）
玉ねぎ	大1個
バター・オリーブオイル	各大さじ1
水	2カップ
牛乳	1¼カップ
塩	適量
黒こしょう	適量
〈水溶きコーンスターチ〉	
コーンスターチ大さじ3＋水大さじ5	

1

里いもは泥をきれいに洗って、盆ざるなどに広げて乾かす。上下の端を切って、縦に厚めに皮をむき、半分に切る。

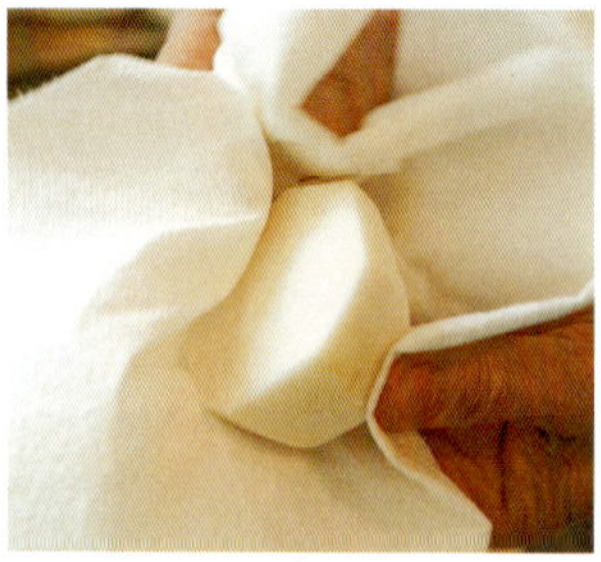

2

ペーパータオルでぬめりをしっかりふき取る。こうすると、ぬめりを取るためにゆでこぼす必要はない。

3

玉ねぎは芯を取って、縦半分、横半分に切って、それぞれを3等分に切る。

4

鶏肉は1本を骨ごと3～4等分に切る（精肉店で切ってもらうといい）。塩小さじ1を両面にふり、黒こしょうをふる。

5

鍋にバター、オリーブオイルを熱し、鶏肉の皮目を下にして入れる。皮に焼き色がつくまで焼き、上下を返して身のほうも焼く。

6

玉ねぎ、里いもを加えて炒めてから分量の水を加え、煮立ったらアクを取る。里いもが柔らかくなるまで、15分ほど煮る。

7

里いもに竹串を刺してみて、すっと通ればOK。牛乳、塩小さじ⅓を加えて混ぜ、煮立つ寸前まで煮る。

8

水溶きコーンスターチをよく混ぜ、様子を見ながら少しずつ加え、ほどよくとろみをつける。塩味をととのえ黒こしょうをふる。

あっさりした味のシンプルなシチューは、ホワイトソースいらず

5 鶏肉と里いものクリームシチュー

Cream Stew

これはどっしりした感じのシチューではなく、あっさり食べたいときにおすすめの一皿です。骨つきの鶏肉を使うとだしいらずですむし、バターと牛乳がホワイトソースの代わりになるのでとても簡単！　じゃがいもではなく、ねっとり感のある里いもを使うと、とろりと仕上がります。もっとコクを出したいときは、牛乳の一部を生クリームに替えるといいですね。最後にコーンスターチを加えて、好みのとろみ加減に。黒こしょうをしっかりききかせてどうぞ。

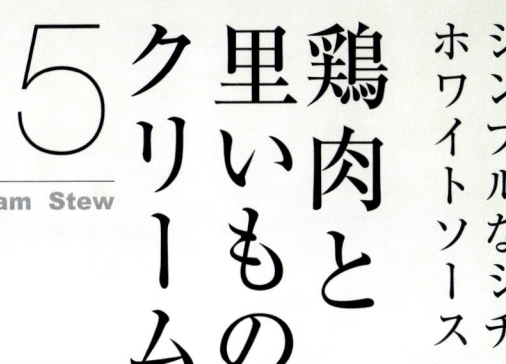

6 チキンカレー

Chicken Curry

鶏肉を丸ごと一羽分使う本格カレー。必ず一晩ねかせて食べたいとっておきの味

うちのカレーは鶏を丸一羽使って、スパイスもたっぷり入れて、じっくり煮込んで仕上げます。一晩ねかせたほうがおいしいので、前日に仕込んでおきます。冷ましてから、冷蔵庫に一晩入れておけば、ぐっとおいしくなりますよ。

鶏肉を丸一羽分使うのは、さまざまな部位の肉や内臓が入ることで、とてもおいしくなるから。だいたい1.8～2kgの鶏を使いますが、長く煮込むので、ひな鶏よりはうまみの出る大きめの鶏がおすすめです。お肉屋さんでさばいてもらい、食べやすい大きさに骨ごと切ってもらうといいですね。丸ごと一羽がおすすめですが、手に入らない場合は、骨つきのもも肉や手羽元など、いろいろな部位の肉や内臓を1.8～2kg用意してください。骨つきの肉を使えば、骨からだしが出てだしいらずになるので、必ず骨つきの肉を使います。

にんにくは1½玉、玉ねぎは4個と分量が多いので、みじん切りはフードプロセッサーを活用すると便利です。スパイスは何種類かをホールとパウダーで使いますが、ホールのものはオイルで炒めて香りを出し、パウダーのものは香りを生かすため、あとから2回に分けて加えるのがコツです。

ここでは玄米ごはんと合わせましたが、レーズンやナッツ入りのサフランライスなどでも。焼いたり揚げたりしたインド風のパンもよく合います。

チキンカレー

point

●フライパンにこびりついた鶏肉のうまみをこそげ取って、余さず活用する。

●スパイスは段階的に加えていく。ホールのものは加熱して香りを出し、パウダーは2回に分けて。

●材料（5～6人分）

	鶏1羽をさばいたもの	約1.8～2kg
	（1羽で手に入らない場合は、骨つきのもも肉、手羽先、手羽元、内臓など）	
	にんにく	1½玉
	しょうが	50g
	玉ねぎ（あれば赤玉ねぎ）	4個
	カットトマト水煮缶	2缶（各400g）
	カレー粉	大さじ2
	プレーンヨーグルト	400g
	オリーブオイル	大さじ3＋大さじ3
A	塩	大さじ1½
A	こしょう	適量
A	カレー粉	大さじ3～4
B	赤唐辛子（種を抜く）	4本
B	シナモンスティック	1本
B	ローリエ	2枚
B	クローブ（ホール）	小さじ1弱
B	クミンシード・コリアンダーシード	各小さじ1
B	カルダモン	3粒
C	クミンパウダー・コリアンダーパウダー	各大さじ1
C	クローブパウダー・シナモンパウダー	各小さじ1
C	カルダモンパウダー	小さじ½
D	クミンパウダー・コリアンダーパウダー	各大さじ1
D	クローブパウダー・シナモンパウダー・フェンネルパウダー	各大さじ½
	好みのごはん・サワークリーム	各適量

1

にんにくは1玉分の薄皮をむいて芯を取り、フードプロセッサーに入れて回す。みじん切りになったら、取り出す。

2

鶏肉はそれぞれの部位を食べやすい大きさに切る。もも肉は骨ごと切る（精肉店で切ってもらうといい）。ボウルに入れて、①のにんにく、Aをもみ込む。

3

鶏肉全体にまぶすようにしながら混ぜ、手でもみ込んで、よくなじませる。こうして下味をつけておく。

4

玉ねぎ1個を12等分ほどに切り、フードプロセッサーでみじん切りにする。煮込み鍋にオリーブオイル大さじ3、Bのスパイスを入れ、弱火で30秒ほど炒めて香りを出す。

5

④の玉ねぎをフードプロセッサーから煮込み鍋に加えて炒める。ときどきかき混ぜながら、10分ほどしっかりと炒める。

6

フライパンにオリーブオイル大さじ3を熱し、③のマリネした鶏肉を入れて弱めの中火で焼く。マリネすると焦げやすいので、黒く焼け焦げないように注意する。

7

しょうがは皮をむき、残りのにんにく½玉分も薄皮と芯を取り、フードプロセッサーで一緒にみじん切りにする。残りの玉ねぎ３個を、それぞれ12等分に切って加える。

8

玉ねぎが細かいみじん切りになるまで、フードプロセッサーを回す。カットトマトを缶汁ごと加えて回し、⑤の煮込み鍋に加える（トマトの空き缶２缶はとっておく）。

9

煮込み鍋にCのスパイスを加えて混ぜ、さらにカレー粉を加えて混ぜる。

10

ヨーグルトを加えて混ぜる（空き容器はとっておく）。ヨーグルトの酸味が加わると、カレーの味がおいしくなる。

11

⑥の鶏肉を加える。トマトの空き缶１缶に水を１カップ分入れてすすぎ、煮込み鍋に加える。こうすると、缶に残ったトマトをむだなく使える。

12

残りのトマトの空き缶に水を一杯に入れ、鶏肉を焼いたあとのフライパンに注ぐ。フライパンの底のうまみをこそげ取り、煮込み鍋に加える。これもだし代わりになる。

13

ヨーグルトの空き容器に水を入れ、煮込み鍋に加える。煮立ったらアクを取り、ふたを少しずらし、ときどき混ぜながら１時間30分以上煮込む。煮えたら一晩ねかせる。

14

翌日、⑬の鍋を火にかけて温める。味をみて、足りなければ塩適量（分量外）を加え、Dのスパイスを加えて混ぜる（スパイスは好みのものでよい）。

15

ひと煮立ちさせたら、でき上がり！　器に好みのごはんとカレーを盛り、サワークリームをのせる。好みで、ピクルス、レーズン、ナッツなどを添えてもいい。

とんかつは家で揚げたてを食べるのが一番。
衣の二度づけと二度揚げがコツ

7 とんかつ

Pork Cutlet

とんかつに使う豚肉は、厚めの肩ロースがおすすめ。脂身もおいしくいただけるので、ぜひ試してみてください。肉には塩、こしょうをふらないで、食べるときにおいしい塩をつけるか、好みのソースをかけます。衣はしっかり二度づけして、できればオリーブオイルか太白ごま油で揚げると風味がいいですね。はじめはやや低めの温度でじっくり中まで火を通し、次に温度を上げて二度揚げすると、衣はカリッと香ばしく、肉はジューシーに仕上がります。

とんかつ

point

●豚肉はそらないように、
必ず赤身と脂の間の筋を切る。

●衣は二度づけ、二度揚げする。
ジューシーでカリッと、
見た目もきれいに揚がる。

●肉に塩、こしょうはふらず、
食べるときにおいしい塩を
ふるか、ソースをかけて。
からしじょうゆもおいしい。

●材料（２人分）

豚ロース肉（とんかつ用、肩ロース肉でもよい）	２枚
〈衣〉	
卵	１〜２個
小麦粉・生パン粉	各適量
キャベツ	適量
揚げ油（オリーブオイルまたは太白ごま油）	適量

1

豚肉の赤身と脂の間にある筋を、４カ所くらい切る。こうすると、揚げたときに肉がそらない。塩、こしょうはふらない。

2

バットに小麦粉を広げ、肉を入れて全体にまぶし、余分な粉をはらい落とす。余分な粉があると、衣がつかなくなるので注意。

3

卵をよく溶きほぐして別のバットに広げ、②を入れてくぐらせ、反対側もくぐらせる。つけ残しのないようにまんべんなく。

4

また別のバットに生パン粉を広げて③を入れ、上からもふる。軽く押さえて、衣をなじませる。生パン粉はたっぷり使うこと。

5

ここから衣を二度づけする。④を再び溶き卵にくぐらせ、生パン粉も同様につける。

6

160℃の油（生パン粉を入れるとすぐ浮いてくる状態）に⑤を入れ、あまりいじらないで７〜８分じっくり揚げる。

7

いったんとんかつを取り出し、強火にして２〜３分加熱。油の温度を約175℃（菜箸を入れると勢いよく泡が出る状態）に上げる。

8

とんかつをざぶんと３回ほど油につける感じで二度揚げし、油をよくきる。切り分けて、せん切りキャベツとともに器に盛る。

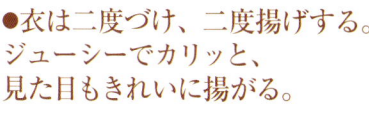

8 焼きギョーザ

Fried Dumplings

カリッと焼いた皮が香ばしい。
ジューシーなギョーザはあとひくおいしさ！

ギョーザのおいしさは何といっても、カリッとした焼き上がりにあります。でも、焼き上がりがべたっとなってしまったり、皮が干からびたようにかたくなってしまったりと、焼き方で失敗することも多いと思います。そこで、初心者でも上手に作れるレシピをご紹介しましょう。

まず、ギョーザは皮に包んだら、できるだけ早く焼いてください。時間がたつとたねの水分を皮が吸ってしまい、皮がはりついたり破けることがあります。ご家族で手伝ってもらえる人がいれば、みんなで包むといいでしょう。ワイワイとみんなでギョーザを包むのは、楽しいものですよ。

焼くときは、最初に焼き色はつけないで、熱湯を加え、強火のまま、じゅわじゅわと沸騰させて、一気に中まで火を通します。このとき、皮も蒸されて、かたくなるのを防げます。手早くお湯をきって、今度はごま油をかけて強めの中火で焼いていきます。最後はふたを取って水分をとばすと、カリッと仕上げられます。

うちのギョーザの基本のたれは、しょうゆ2、酢1、ごま油1の割合。ここでは豚ひき肉に薬味野菜を合わせたスパイシーな味なので、たれも基本のものににんにくと豆板醤を加えたピリ辛味に。基本のたれの割合を覚えておくと、あとはギョーザの味や好みに合わせて自由にアレンジできます。

焼きギョーザ

point

●先に焼き目をつけずに、湯を加えて一気に蒸す。中まで火を通し、皮がかたくなるのを防ぐ。

●湯を捨ててごま油をかけて焼き、ふたを取ってカリッと仕上げる。

●焼き目がつきやすいよう底を平らに形作るのがコツ。

●材料(25個分)

〈ギョーザのたね〉	
豚ひき肉	250g
にんにく	1片
しょうが	1かけ
長ねぎ	20cm
にら	10本
キャベツ	2枚
ごま油	大さじ1
こしょう	少々
しょうゆ	小さじ2
ギョーザの皮	1袋(25枚)
ごま油	適量
〈たれ〉	
しょうゆ	大さじ2
酢・ごま油	各大さじ1
にんにくのすりおろし	少々
豆板醤	少々

1

にんにくは横と縦に細かく切り目を入れ、みじん切りにする。しょうがも同様にみじん切りにする。

2

長ねぎは縦に切り目を入れ、みじん切りに。にらもみじん切りにし、キャベツはせん切りにしてみじん切りに。新キャベツの場合は水分が多いので、やや量を減らして使う。

3

ボウルに①、②の野菜、豚ひき肉を入れ、ギョーザのたねの残りの材料を加える。全体をよく混ぜる。

4

ギョーザのたねを握るような感じで、よくこねる。豚ひき肉が白っぽくなってきて、材料がまんべんなく混ざったらOK。

5

ギョーザの皮に④のたねを等分してのせ、皮の縁に水少々をつける。この水が皮をくっつける役目をする。

6

中身がはみ出さないよう半分に折り、まず最初に真ん中どうしをくっつける。

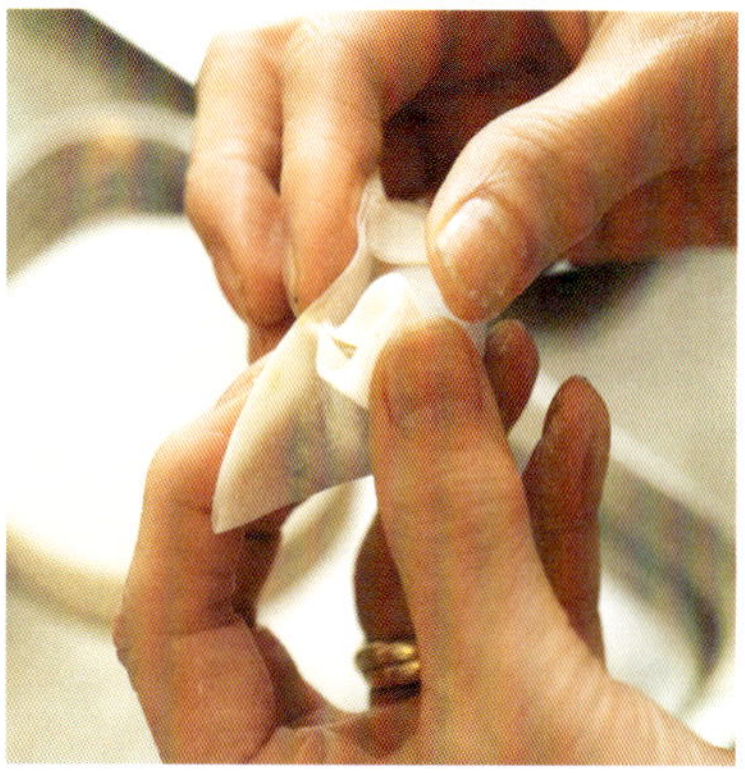

7

右側にボックスプリーツのようにひとつひだを寄せて閉じ、左側も同様にする。縁全体をぴっちりと閉じる。

8

焼き目がつきやすいよう、底の部分を平らにして、フライパンに接触する面を増やす。

9

皮に包んだら、すぐ焼くのが鉄則。時間がたつと、たねの水分を皮が吸収して、はりついて皮が破ける。もし時間をおく場合は、いったんゆでておくといい。

10

ギョーザは２回に分けて焼く。フライパンを熱してからごま油小さじ１を入れ、全体によくなじませたら、いったん火を止める。

11

⑨のギョーザの半量をくっつかないよう、フライパンにきれいに並べ入れる。再び火をつけて、強めの中火でくっつかないよう、ギョーザに油をなじませる。

12

すぐにギョーザの高さの半分くらいまで熱湯を注ぐ。ふたをして強火にし、３分ほど沸騰させながら加熱し、中まで火を通す。こうすると皮がもちっとなりかたくならない。

13

フライパンのふたを少しずらし、ふたを押さえながら、すき間から湯を全部捨てる。

14

ごま油大さじ１½をギョーザの上からかけ、全体に広げる。ふたをして強めの中火で２分ほど焼く。ここで初めてしっかりと焼き色をつける。

15

最後にふたを取って、水分をとばしながら１分ほど焼き、カリッと仕上げる。皿をフライパンにかぶせてひっくり返す。同様に残りも焼き、たれをつけていただく。

水ギョーザ

point

●たねを包むと皮の縁は重なるので、皮の周囲は薄くのばしておく。

●生の皮はよくのびるので、プリーツを取る必要はない。よくくっつくので縁の水も不要。

●器にゆで汁ごと盛ると、アツアツのまま食べられる。

●材料(30個分)

〈ギョーザのたね〉	
エビ(無頭)	中10尾
豚ひき肉	200g
しょうがのみじん切り	1かけ分
長ねぎのみじん切り	½本分
にらのみじん切り	½束分
しょうゆ・ごま油	各大さじ1
こしょう	少々
〈ギョーザの皮〉	
強力粉	2カップ
塩	小さじ⅓
油	大さじ1
冷水	⅔カップ
〈たれ〉	
にんにくのすりおろし	1片分
しょうゆ	大さじ3½
酢・ごま油	各大さじ1
豆板醤・XO醤	各小さじ1

1

ギョーザの皮を作る。ボウルに強力粉をふるい入れ、塩、油を混ぜる。様子を見ながら、冷水を少しずつ注いで混ぜる。

2

生地がなめらかになり、耳たぶくらいのかたさになるまで、10分ほどよくこねる。もし柔らかすぎる場合は、強力粉を少し加える。

3

別のボウルに油(分量外)を塗り、②を入れてラップをかける。室温で20〜30分休ませる。写真は休ませたあとの状態。

4

エビは殻と背ワタを取り、1尾を3等分に切る。エビ以外のギョーザのたねの材料をボウルでよく練り合わせ、30等分する。

5

③の生地を3等分し、打ち粉(強力粉・分量外)をしながら細長くのばし、それぞれを10等分に切る(皮は30枚できる)。

6

⑤の生地をすべて丸めてから、直径5㎝くらいになるまで平たくのばす。左手で生地を回しながら、右手で周囲を薄くのばす。

7

④のたねを⑥の皮にのせ、エビを1切れずつのせる。皮を引っ張りながら折りたたみ、縁を押さえてくっつけ、三日月形にする。

8

たっぷりの湯に⑦を10個ずつ入れ、強火でゆでる。浮いてからさらに2〜3分、そのまま加熱する。器に盛り、たれを添える。

エビが入ったアツアツの水ギョーザ。
もちもちした皮は手作りならでは！

9 水ギョーザ

Boiled Dumplings

これはうちの家族が大好きなギョーザで、もともとはおいしいギョーザ屋さんのものがお手本。たれはお気に入りの中国料理店の味を見習って作りました。ここではゆでる水ギョーザとしてご紹介しますが、ゆでずに蒸してから、多めの油で焼いてもおいしいのです。

手作りの皮はやはりもちもち感が違います。包むときもよくのびるので、プリーツを取る必要がなく、市販の皮より包みやすいと思います。ゆでたギョーザが余ったときは、冷凍するといいですよ。

10 麻婆豆腐

Bean Curd with Chili Sauce

ごはんをお代わりしたくなる、ピリ辛味のふるふる柔らかい豆腐

ごはんに合う麻婆豆腐は、うちでも定番のおかずのひとつです。中国料理店では花椒（ホアジャオ）という中国の山椒を使いますが、家庭では身近な粉山椒がおすすめ。私は山椒の香りが好きなので、最後にたっぷりふります。おいしく作るコツは、豚ひき肉をカリカリになるまで炒めて、香ばしさを出すこと。豆板醤もよく炒めて、香りを立てます。豆腐は絹ごしでも木綿でもかまいませんが、くずれやすいので、フライパン全体をゆすって混ぜるようにしてください。

麻婆豆腐

point

●豚ひき肉はカリカリに炒めて
香ばしさを出すのがコツ。

●豆板醤を加えたら、香りが出る
までよく炒めると風味がよくなる。

●豆腐がくずれないよう、
かき混ぜるのではなく、
フライパン全体をゆすって混ぜる。

●材料（2～3人分）

豚ひき肉	150ｇ
豆腐（絹ごし）	大1丁
にんにく	1片
しょうが	1かけ
長ねぎ	½本
豆板醤	小さじ1½
みそ	大さじ1
酒	大さじ2
しょうゆ	大さじ1½
砂糖	小さじ½
水	大さじ3
ごま油	大さじ3＋小さじ2
〈水溶き片栗粉〉	
	片栗粉大さじ1＋水大さじ2
粉山椒	小さじ1

1

豆腐はざるにのせて、30分ほどおいて軽く水きりする。ここでは絹ごし豆腐を使ったが、好みで木綿豆腐でもいい。

2

にんにく、しょうが、長ねぎは、それぞれみじん切りにする。

3

深めのフライパンにごま油大さじ3を熱し、②のにんにくとしょうがを炒める。香りが出たらひき肉を加えてほぐしながら炒める。

4

ひき肉が香ばしくカリカリしてきたら、豆板醤を加えてよく炒める。みそ、酒、しょうゆ、砂糖、分量の水の順に加えて混ぜる。

5

①の豆腐は火が通りやすいよう、横半分に切って6等分する。④が煮立ったら豆腐を加え、豆腐が温まるまでぐつぐつ煮る。

6

歯ざわりを残すため、②の長ねぎはこの段階で加える。水溶き片栗粉を回し入れる。

7

へらなどで混ぜると豆腐がくずれるので、フライパンをゆすって全体にとろみをつけ、ごま油小さじ2をふって香りを出す。

8

アツアツのところを汁ごと器に盛り、香りのいい粉山椒をふる。

アジの塩焼き

point

●内臓を取ったあとのお腹の中を流水できれいに洗う。

●塩は粒子の細かいものと粒の大きい粗塩を使い分ける。

●塩をふって30分ほどおくことで、余分な水分が抜けてうまみが出て格段においしくなる。

●材料（２人分）

真アジ	２尾
塩（粗塩と細かい塩の２種類）	各適量
しょうがのすりおろし	１片分

1

アジのエラぶたをめくって、エラの両端をキッチンばさみで切り、手でエラを取り出す。反対側も同様にする。

2

胸ビレの間から尾に向かって、４～５㎝包丁で切り目を入れ、包丁の刃先で内臓を全部かき出す。

3

手でお腹の部分を開いて、中を流水できれいに洗う。奥にある血合いの部分もよく洗う。ペーパータオルで中までよくふき取る。

4

尾の近くにあるかたい部分がゼイゴ。包丁を寝かせるようにして、尾のほうから切り取る。裏返して、反対側も同様に。

5

アジを平らなざるの上にのせ、細かい塩を全体にしっかりと、まんべんなくふる。裏返して、反対側も同様に。

6

お腹の中にも細かい塩をふる。塩の粒子が細かいと素早く溶けるので、余分な水分も素早く取ることができる。

7

ヒレと尾に粗塩をつける。これを化粧塩といい、ヒレや尾が焦げるのを防ぐ。このまま30分ほどおいて、出た水分をふき取る。

8

焼き網をよく熱し、両面焼きグリルの場合は写真のように、片面焼きの場合は、盛りつけのときに下になるほうから中火で焼く。

魚料理の基本は焼き魚。
塩を活用してうまみを引き出す

11 アジの塩焼き

Grilled Horse Mackerel

アジの塩焼きは大根おろしを添えるのが定番ですが、私はおろししょうがで食べるのも好き。だから塩は味つけも兼ねて、しっかりふります。しょうゆをかけるなら、塩はやや控えめに。レモンやすだちをしぼると、塩分控えめにできます。魚はとにかく、新鮮なものを買うのに限ります。下処理のポイントは、お腹の中を流水できれいに洗うこと。もう一つは塩をふってしばらくおいて、魚のうまみを引き出すこと。こうすると味が凝縮されて、おいしくなります。

こっくりした味がごはんに合う
煮魚の定番。しょうがをきかせて

金目鯛の煮つけ

12

Simmered Alfonsino

金目鯛にわかめを添えて、針しょうがをたっぷりのせた煮つけです。この煮汁は、酒、みりん、しょうゆ、水がすべて同じ割合なので、初心者でも覚えやすいと思います。魚を煮るときはうまみを逃さぬよう、煮汁を煮立ててから魚を入れるのがコツ。

身がくずれないよう、魚は裏返さず上から煮汁をかけ落としぶたを必ずのせてください。魚は火が通りやすいので、ふわっとおいしく仕上げるためには、煮すぎないことが大切です。

金目鯛の煮つけ

point

●身の厚いところに切り目を入れて、火の通りをよくする。

●煮汁を煮立ててから金目鯛を入れると、表面のタンパク質がかたまり、落としぶたの裏に皮がはりつかない。

●材料（２人分）

金目鯛（切り身）	２切れ
しょうが	２かけ
わかめ（塩蔵）	40ｇ
酒・みりん・しょうゆ・水	各¼カップ強

1

わかめは塩を洗い流し、水にしばらくつけて戻す（乾燥わかめの場合は７～10分、水につける。つけすぎないように）。

2

金目鯛は火が通りやすいよう、身の一番厚い部分に十文字に切り目を入れる。こうすると、味もしみやすくなる。

3

鍋に酒、みりん、しょうゆ、分量の水を入れる。しょうがの１かけ分を、皮ごと薄切りにして加え、火にかける。

4

③が煮立ったら②を皮目を上にして入れ、味がしみ込むよう上から煮汁をかける。身がくずれるので、決して裏返さないこと。

5

アルミホイルをのせて、浮かないように落としぶたをして中火で５分ほど煮る。落としぶたに魚のにおいが移らず煮汁も回る。

6

①のわかめの水気をきって折りたたみ、食べやすい大きさに切る。軸がかたい場合は切り落とす。

7

残りのしょうが１かけはせん切りにし、氷水にさらして針しょうがにする。使うときは、水気をよくきる。

8

金目鯛を取り出して、器に盛る。残った煮汁にわかめを入れてさっと温め、金目鯛に添えて煮汁をかけ、針しょうがをのせる。

だしいらずで意外に簡単な人気おかず。
じゃがいもに甘辛味の牛肉が合う

13 肉じゃが

Braised Meat and Potatoes

肉じゃがは牛肉のうまみを利用してじゃがいもを煮るので、だしいらずで作れます。肉は多少脂があったほうがおいしいので、すき焼き用がおすすめ。最初に肉を焼いて、煮汁の材料を煮立てたら、アクを取ってしまいます。ここで煮汁に肉のうまみがつくので、そのだしで煮ていくわけです。玉ねぎは歯ざわりがあるのが私は好きなので、時間差であとから加えますが、くたくたになった甘い玉ねぎが好きなら、最初から入れて一緒に煮るといいですね。

肉じゃが

point

●牛肉から味が出るので
だしいらずで作れる。
煮立ったらアクをしっかり取る。

●玉ねぎは歯ざわりを残すため、
時間をおいてから加える。

●しょうゆは味をなじませるため、
2回に分けて加える。

●材料（2～3人分）

牛薄切り肉（すき焼き用）	200g
じゃがいも	4個
絹さや	50g
玉ねぎ	大1個
しらたき	100g
酒	大さじ3
みりん	大さじ2½～3
しょうゆ	大さじ2＋大さじ1
水	1½カップ
油	大さじ2

1

じゃがいもは皮をむいて芽を取り、4つ割りにする。色が変わらないよう、水にさらしておく。

2

絹さやは筋を取って、シャキッとさせるために冷水につける。

3

玉ねぎは1.5cm幅のくし形に切る。しらたきはさっとゆでて、長いものは2～3等分に切る。牛肉は10cmの長さに切る。

4

鍋に油を熱し、牛肉を炒める。肉の色が変わったら、酒、みりん、しょうゆ大さじ2、分量の水を加え、煮立ったらアクを取る。

5

しらたきを加え3分煮て、①のじゃがいもの水気をきって加える。

6

落としぶたをして弱めの中火で10分ほど、ぐつぐつと煮る。じゃがいもに8割がた火が通ったら、玉ねぎをほぐして加える。

7

落としぶたをして、さらに7～8分煮る。じゃがいもに竹串を刺してみて、すっと通ればOK。

8

最後に絹さやを入れ、1分ほどさっと火を通す。仕上げに、しょうゆ大さじ1を回し入れる。

卵焼き

point

●最初にフライパンをよく焼いて
油を十分になじませる。

●火加減はずっと中火のまま。
弱すぎると上手に焼けない。

●菜箸でざっと混ぜながら
半熟状にして巻いていくと、
中が生焼けにならない。

●材料（２人分）

卵	4個
塩	ひとつまみ
酒	大さじ2
メープルシロップ	大さじ１½〜2
（または砂糖	大さじ１〜１½）
油	大さじ2〜3
大根おろし	適量
しょうゆ	少々

1

ボウルに卵を割り入れ、塩を加える。卵の白身が切れる程度にざっと溶きほぐし、酒、メープルシロップを加える。

2

直径18cmくらいのフライパンを中火にかけ、軽く煙が出るくらいまで熱する。油大さじ１を入れてなじませ、余分な油はあける。

3

①の卵液の¼〜⅕量を流し入れる。菜箸で大きくかき混ぜ、半熟状になったら向こう側に寄せる。火加減はずっと中火のまま。

4

小さく折ったペーパータオルに残りのサラダ油を含ませ、フライパンのあいた部分にぬる。

5

フライパンのあいた部分に、再び卵液の¼〜⅕量を流し入れる。

6

向こう側に寄せた卵焼きを少し持ち上げて、下にも流し込みながら全体に広げる。③と同様にして、半熟状になったら手前に返す。

7

向こう側のあいた部分に油をぬり、卵焼きを向こうに寄せる。全体で４〜５回卵液を流し入れ、この作業を繰り返す。

8

オムレツ形に整えて、取り出す。斜めに大きく４等分に切り、熱いうちに器に盛る。大根おろしを添えて、しょうゆをたらす。

ちょっと甘めでコクのある味があとをひく。
フライパンで作るアツアツ卵焼き

卵焼き

14

Japanese Omelet

卵焼きは四角い卵焼き器がなくても、フライパンで作れます。直径18㎝くらいが一番おすすめ。

卵は均一に混ぜすぎないほうが、おいしくできると思います。火加減は案外、強めのほうが上手に焼けます。火が弱すぎると、卵の火の入り方が中途半端になって、風味よく焼けないのです。焼いている途中、形や焼け具合がきれいでなくても大丈夫。最後のほうで表面をきれいにして、オムレツ形に整えればいいのです。アツアツのうちに食べるのも大事なポイント。

15 茶碗蒸しのひき肉あん

Steamed Egg Custard

ふるふるの柔らかい茶碗蒸しに
とろりとひき肉あんをかけて

茶碗蒸しは固まるか固まらないかのぎりぎりのゆるさが、私は好きです。柔らかいほうが口あたりがよく、すくうと汁がしたたるくらいだと、汁代わりにもなります。大きい器のほうがおいしく作れますが、深すぎると火が通りにくいので、口が開いた浅めの鉢などがおすすめ。弱火で気長にゆっくり蒸すと、ちゃんと火は通ります。卵は2回こして、カラザや気泡を除くとなめらかな仕上がりに。もし泡が残ってしまっても、ひき肉あんをかけるので大丈夫ですよ。

茶碗蒸しのひき肉あん

point

●卵液をこすのが、
生地をなめらかにするコツ。

●蒸しているときはほかほかと
湯気が立っている状態を保つと、
スが入らずきれいに仕上がる。

●竹串を刺してみて、
卵液が出てこなければ蒸し上がり。
蒸し時間は器によって異なる。

●材料(直径18cm、深さ7.5cmの器1個分)

卵	3個
だし(やや濃いめ)	2½カップ
塩	小さじ½
酒	大さじ1
〈肉あん〉	
豚ひき肉	100g
しょうがのみじん切り	小1かけ分
長ねぎのみじん切り	15cm分
酒	大さじ2
しょうゆ・ごま油	各大さじ1
水	60mℓ
〈水溶き片栗粉〉	
	片栗粉大さじ1＋水大さじ2
三つ葉	適量

※蒸すときの器は、釉薬がしっかりかかったものがよい。素焼きに近い器は気泡が出るので向かない。

1

ボウルに卵を割り入れ、菜箸を立てて一文字に横にふる。こうすると白身がよく切れる。

2

冷ましただしを加え、塩、酒を加えて混ぜ合わせる。だしの温度が高いと卵が固まってしまうので注意する。

3

器の内側に油(材料外)を薄くぬる。ざるを通して②の卵液をこし入れる。ざるの位置を低くすると、気泡が立ちにくい。

4

③の器を湯気が上がっている蒸し器に入れる。蒸し器がない場合は、鍋に網などを入れてもよい。

5

水滴が落ちないよう、ふたにふきんをかける。少しふたをずらし、弱火で20～25分蒸す。器によってもっと時間がかかる場合も。

6

その間に肉あんを作る。フライパンにごま油を熱し、しょうがと長ねぎを炒める。ひき肉を加え、香ばしく炒める。

7

酒を加えてアルコール分をとばし、しょうゆ、分量の水を加えて煮立てる。水溶き片栗粉を加えて、とろみをつける。

8

茶碗蒸しに竹串を刺してみて、卵液が出てこなければOK。静かに取り出して、⑦の肉あんをかけ、ちぎった三つ葉を散らす。

16

Gratin

エビマカロニグラタン

わざわざホワイトソースを作らなくてもＯＫ。
クリーミーなソースがおいしい！

これはわざわざホワイトソースを作らなくてもいいグラタンです。炒めた具に粉をふり、さらに炒めて火を通し、牛乳で溶きのばすだけ。おいしく作るコツは、粉の生っぽさがなくなるまでよく炒めることと、ダマにならないよう、牛乳を３〜４回に分けて加えること。ソースにチーズを混ぜてコクを出し、上にもふって香ばしく焼きます。また、焼く前の段階で冷凍できるので、まとめて作っても。うちのグラタンは柔らかめなので、かたさは好みで調節してください。

エビマカロニグラタン

point

●ソースのなめらかさのコツは
粉の白さがなくなるまで
よく炒めて火を通すこと。
焦がさないように注意して！

●ソースがダマにならないよう、
牛乳は3～4回に分けて加える。

●ゆでたマカロニはくっつかない
よう、オリーブオイルをふる。

●材料（2人分）

マカロニ	75g
エビ（無頭）	4～5尾
玉ねぎ	⅓個
バター	20g
オリーブオイル	大さじ1
小麦粉	大さじ2½
牛乳	250mℓ
塩	小さじ⅓
こしょう	少々
パルミジャーノチーズ	10g
パン粉	適量
ナツメグ	少々

1

マカロニは塩適量（分量外）を加えた熱湯でゆでる。ざるに上げて、くっつかないようオリーブオイル少々（分量外）をからめる。

2

耐熱容器の内側全体に、指でバター適量（分量外）をぬっておく。

3

エビは背ワタと殻を取って、半分に切る。玉ねぎは芯を取って、縦半分、横半分に切り、それぞれ4等分に切る。

4

鍋にバター、オリーブオイルを熱し、玉ねぎを焦がさないように炒める。透き通ってきたら、エビを加えてさっと炒める。

5

①のマカロニを加えて混ぜ、小麦粉をふり入れる。まんべんなくまぶして、粉の白さが消えるまで焦がさないようによく炒める。

6

ダマにならないよう、牛乳を3～4回に分けて加え、溶きのばしながら加熱する。少しかたければ、さらに牛乳を足してのばす。

7

ぐつぐつと煮えてきたら、塩、こしょう、ナツメグをふる。火を止めて、パルメザンチーズの⅓量を加えて混ぜる。

8

②の耐熱容器に⑦を入れ、残りのパルメザンチーズ、パン粉を全体にふる。180℃のオーブンで焼き目がつくまで20分焼く。

焼きめし

point

●ごはんはパラパラにしないで、焼き目がつくまで焼きつける。

●しょうゆを鍋肌から回し入れ焦がしじょうゆの香りを立てて、それをごはんにつける。

●ねぎは香りと食感を残すため、一番最後に加える。

●材料（２人分）

ごはん（温かいもの）	茶碗２杯強
卵	３個
長ねぎの粗いみじん切り（5㎜角）	½本分
しょうゆ	大さじ１
こしょう	少々
油	大さじ３

1

ボウルに卵を割り入れ、白身が切れる程度にざっと溶きほぐす。

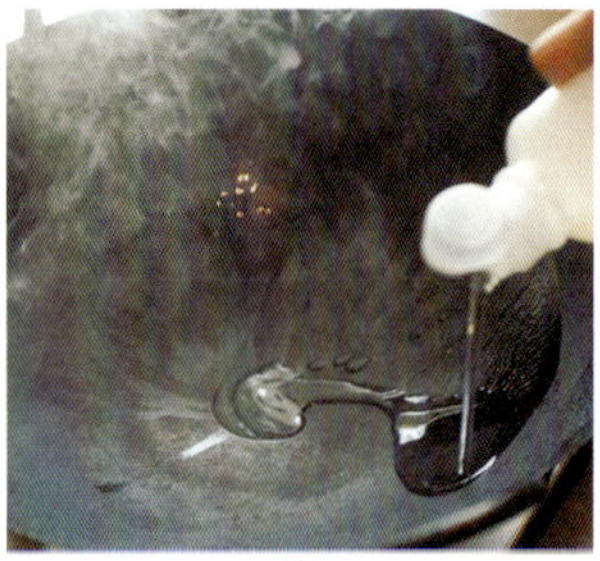

2

中華鍋（またはフライパン）を中火にかけ、軽く煙が出るくらいまで熱する。油を入れて強火にし、よくなじませる。

3

強火のまま、①の溶き卵を流し入れる。ぶわっと膨らんでくるまで、そのまましばらくおく。

4

へらで全体を大きくかき混ぜて、いったん取り出す。

5

④のフライパンにごはんを入れ、ほぐしながら焼きつける。へらで鍋肌に押しつけて焼く感じ。焼き目がついたら、裏返す。

6

ごはんにこんがりと焼き色がついたら、鍋肌からしょうゆを回し入れ、焦がしじょうゆの香りをつける。

7

④の卵を⑥の中央に戻し入れ、へらで細かく切る。途中、鍋肌に油分が足りなくなったら、油を適宜足す。

8

長ねぎの粗いみじん切りを加えて混ぜ、仕上げにこしょうをふって、器に盛る。

パリッと焼きつけたごはんは
焦がしじょうゆの香ばしさ

17 焼きめし

Fried Rice

これはごはんをパラパラにするチャーハンと違って、表面はパリッと、中はもっちりと焼きつける焼きめしです。中華鍋をあおれなくても、へらで返すだけなので、IH調理器でも作れます。炊きたてごはんがもっちりとして一番おいしいけれど、冷やごはんなら電子レンジで温めてから。ごはんを焼くときはあまり触らず、鍋肌で焼きつけるようにします。おいしさの秘密は、焦がしじょうゆ。鍋肌から回し入れたしょうゆを軽く焦がし、香ばしい風味をごはんにつけるのがコツです。

Part 2

家に帰って30分でできる献立

外で働く人はもちろん、家にいる人だって、料理は手早く作りたいんです。

仕事から帰ってすぐごはんにしたい、疲れているけれど自分でごはんを作って食べたい。私も外で仕事をしていたときはそんな思いで日々を過ごしていました。この章でご紹介するのはそんな私の実生活の中から生まれたノウハウで、実は今も一番役立っている献立の作り方です。

同じ素材を2つの調理法に分けて、今日と明日かあさって別の料理にします。まず当日は新鮮な味を楽しみ、残りはマリネなどの下ごしらえをしておきます。そうすれば時間が素材をじっくりとおいしくしてくれます。

この方法が身につくと食事作りがおっくうにならず、余裕をもって楽しめるようになります。

冷蔵庫にあとは焼けばよいだけの物が入っていると、ほかに野菜の簡単な料理があればバランスのとれた食卓が帰宅してすぐに準備できる、というわけです。もちろん忙しくなくても活用したい方法です。

同じ素材で1日目と3日目、違う味で晩ごはん

豚薄切り肉を使って

豚薄切り肉
約200g×2

豚薄切り肉は応用範囲の広い便利で身近な素材です。部位はお好みですが、ここではロースでご紹介しましょう。200gのパックを2つ買ってきて、ひとつはその日にねぎ巻きに。もうひとつはその日に中華風の味でマリネし、3日目に炒め物にします。

1日目のねぎ巻きは、2人分で万能ねぎを1束も使うヘルシーなメニュー。下ごしらえのいらない万能ねぎを使うので、フライパンひとつで手早く作れるのがいいところです。

3日目用のマリネはうちの定番で、にんにく、ごま油、酢、砂糖などに漬けるもの。マリネすると日持ちするだけでなく、肉の味がよくなるんです。こま切れや切り落とし肉だって、びっくりするほどおいしくなりますよ。マリネ液の酢と砂糖は、「保存」と「肉を柔らかくする」役目をします。また、肉をしめる働きのある塩分が入っていないので、かたくなる心配もないわけです。

1日目の献立2品

- 豚薄切り肉のねぎ巻き
- キャベツの甘酢あえ

3日目の献立3品

- 豚肉とピーマンのオイスターソース炒め
- たたききゅうりのしょうが風味
- アサリとトマトのスープ

1日目は

野菜を巻く

●薄切り肉で野菜を巻くと、野菜がたっぷりとれて、ボリュームアップ。
●万能ねぎのほかには、さやいんげん、しいたけやアスパラガスなども簡単。
●ねぎ巻きを焼いて、ソースを作るまで、フライパンひとつあればOK。

3日目のために

中華風マリネ液に漬ける

●にんにく、ごま油、酢、砂糖、こしょうを合わせたマリネ液を肉全体にからめるのがコツ。塩気を入れないので、かたくならない。
●冷蔵庫で一晩以上、二晩までおけるので、使う日も自由に選ぶことができる。
●ベースの味つけがされているので、仕上げは手間いらず。

1日目の献立2品

豚薄切り肉のねぎ巻き

キャベツの甘酢あえ

豚薄切り肉で万能ねぎを巻いて焼き、ピリッと辛いソースをかけたメイン料理に、甘酸っぱいキャベツの副菜を添えます。キャベツに甘みを加えているので、ねぎ巻きのソースは甘くせず、スパイシーな味にするといいですね。

万能ねぎは焼くとボリュームが減るので、たっぷり束ねて巻きましょう。ロースの場合は、端にある脂身が巻き終わりになるよう巻いてください。脂身をよく焼くことで香ばしさが生まれ、うまみがアップします。この肉のうまみを活用して、ねぎ巻きのソースを作ります。肉を焼いたあとのフライパンにソースの材料を入れ、底についた肉のうまみを木べらでこそげながら、ソースに混ぜるのがコツです。

豚薄切り肉のねぎ巻き

●材料（2人分）

豚薄切り肉	200g
万能ねぎ	1束
オリーブオイル	大さじ1
〈ソース〉	
酒	大さじ2〜3
にんにくのすりおろし	1片分
しょうがのすりおろし	1かけ分
しょうゆ	大さじ2
豆板醤	小さじ1

●作り方

1 万能ねぎは10㎝くらいの長さに切り、豚肉の枚数に合わせて分ける。
2 豚肉を1枚ずつ広げ、①をのせて、脂身が最後になるようにギュッと巻く。
3 フライパンにオリーブオイルを熱し、②の巻き終わりを下にして入れる。こんがりと焼き目がついたら裏返し、全体を焼いて器に。
4 ③のフライパンに酒を入れて火にかけ、アルコール分をとばす。残りのソースの材料を加え、底にこびりついた肉のうまみをこそげながら混ぜ、火からおろす。
5 ③の肉の上に④のソースをかける。

肉の巻き終わりを下にして入れるのがコツ。閉じ目を焼いて留める。

フライパンの底についた肉のうまみをこそげて、ソースに混ぜ込む。

キャベツの甘酢あえ

●材料（2人分）

キャベツの葉	大4枚
塩	少々
〈甘酢〉	
酢	大さじ3
メープルシロップ	大さじ1〜1½
（または砂糖	小さじ2〜3）
しょうゆ	少々
塩	小さじ⅓

●作り方

1 キャベツは芯を切り取り、葉とともに塩を加えた熱湯でさっとゆでる。葉はザク切り、芯は斜め薄切りに。
2 甘酢の材料をボウルに入れて混ぜ合わせる。
3 キャベツの葉の水気をしっかり絞って、芯とともに②に加えてあえる。

キャベツの芯も捨てないで活用！
かたいので斜め薄切りにする。

あえたとき水っぽくならないようキャベツの水分はしっかり絞る。

3日目の献立3品

豚肉とピーマンのオイスターソース炒め
たたききゅうりのしょうが風味
アサリとトマトのスープ

1日目にマリネした豚薄切り肉を、ピーマンと一緒にチンジャオロースーの豚肉版に。肉はうまみを味わうため、切らずに使って焼きつけますが、細切りにしてもまた違う食感でおいしい。ピーマンは歯ざわりよく炒めて、いったん取り出すのがコツ。コクのある味なので、さっぱり味のたたききゅうりを添えます。スープはアサリのうまみを利用するので、だしいらず。アサリの砂抜きはバットに入れ、塩水をアサリの高さの半分まで注ぎ、ふたをして冷蔵庫へ。一晩おくとアサリが元気になります。

豚肉とピーマンのオイスターソース炒め

●材料（2人分）

豚薄切り肉	200g
〈マリネ液〉	
にんにくのすりおろし	1片分
ごま油・酢	各小さじ2
砂糖	小さじ1½〜2
粗びき黒こしょう	適量
ピーマン	3〜4個
豆板醤	小さじ1
オイスターソース	大さじ1
しょうゆ	大さじ1
ごま油	大さじ2＋大さじ1
塩	適量

●作り方

1 **（1日目に用意）**バットに豚肉を広げ、マリネ液の材料を混ぜ合わせて全体にかけ、よくからめる。保存袋に入れ、冷蔵庫で一晩以上（ここでは翌々日まで）おいておく。
2 **（3日目）**ピーマンは細切りにする。
3 フライパンを熱してごま油大さじ2を入れ、ピーマンを入れて炒める。軽く塩をふって混ぜ、いったん取り出す。
4 ③のフライパンにごま油大さじ1を足し、①の豚肉を広げながら入れる。最初は混ぜないで鍋肌で焼きつけ、焼き色を両面につける。
5 豆板醤を加え、香りが立ったら肉にからめ、オイスターソース、しょうゆを加える。ピーマンを戻し入れ、全体に炒め合わせる。

ピーマンは歯ざわりをよくするため、先に炒めていったん取り出す。

たたききゅうりのしょうが風味

●材料（2人分）

きゅうり	3本
ごま油	大さじ1½
しょうがのすりおろし	1かけ分
塩	小さじ⅓
酢	大さじ2

●作り方

1 きゅうりはすりこぎなどでたたいて割れ目を入れ、手でひと口大に割る。
2 ボウルに①を入れ、残りの材料を加え、混ぜ合わせる。

たたききゅうりは、すりこぎなどでたたいてから、手で割る。

アサリとトマトのスープ

●材料（2人分）

アサリ（殻つき）	300g
ミニトマト	10〜15個
水	2½カップ
塩・黒こしょう	各少々

●作り方

1 アサリはバットに入れ、塩水で砂抜きをしてよく洗う。
2 ①を鍋に入れて分量の水を注ぎ、火にかける。アサリの口が開いたら、浮いたアクを取り、塩を加える。
3 ミニトマトはヘタを取って②に加え、少し柔らかくなるまで軽く煮る。
4 器に盛ってスープを注ぎ、黒こしょうをふる。

砂抜きするときはバットに入れ、3.5%濃度の塩水を貝の高さの半分ほど張る。ふたをして冷蔵庫に。

同じ素材で1日目と3日目、違う味で晩ごはん

鶏のむね肉を使って

鶏のむね肉
約300g×2

鶏肉はもも肉が一般的ですが、実はむね肉はカロリーが低く、柔らかくてとてもおいしいんです。しっとり仕上げるコツは、火の通し方にあります。パサパサにならないよう、失敗しにくいレシピをご紹介しましょう。鶏むね肉を2枚買ってきたら、1枚はその日にゆでて、香りのよい和風サラダに。もう1枚はスパイシーなソースに漬けて、3日目に焼いてタンドリーチキン風にします。

1日目のポイントは、鶏むね肉をゆでるとき、強火で煮立てず、ふつふつと静かに火を通すこと。そして、ゆで汁につけたまま冷まします。こうすれば、肉がパサパサにならず、しっとりしたゆで上がりになります。

3日目用のマリネは、ヨーグルト、カレー粉、カイエンヌペッパーなどが入ったソースに、そぎ切りにした鶏むね肉を漬けます。ヨーグルトが肉を柔らかくする役目をして、タンドリーチキン風の味に仕上がります。

1日目の献立2品

- 鶏むね肉の和風サラダ　わさびドレッシング
- 具だくさんのみそけんちん

3日目の献立3品

- タンドリーチキン風
- レタス、トマト、赤玉ねぎの丸ごとサラダ
- ナッツとレーズンのごはん

1日目は

静かにゆでる

●香りのいいセロリ、しょうが、長ねぎとともに
鶏むね肉を煮立てないで静かにゆでるのがコツ。
●鶏むね肉はゆで汁に入れたまま冷ますと、
パサパサにならず、しっとりと仕上がる。
●ゆでたあと、大きめにほぐすと、
サラダにボリューム感が出て、食べごたえもある。

3日目のために

カレーマリネする

●味がしみやすく、火も通りやすいよう、
鶏むね肉はそぎ切りにしてマリネする。
●焼く前にマリネソースをきちんとはがすと、
焦げつかず、中まで火が通りやすくなる。
●焼くときはグリル機能のあるオーブンか、
魚焼きグリル、フライパンでもＯＫ。

1日目の献立2品

鶏むね肉の和風サラダ わさびドレッシング

具だくさんのみそけんちん

香りのいいメインのサラダが冷製なので、たっぷりの温かい汁を組み合わせて、2品の献立にします。栄養バランスをとるため、汁に根菜や青菜を入れて具だくさんにするといいですね。満足度もアップします。

サラダの鶏むね肉は、しっとりと仕上げるのがポイント。静かにゆでたあと、そのまま冷ましますが、どうしても時間がない場合は、おけるだけおいてください。急ぐときは、鶏肉を切ってからさっとゆでてもいいでしょう。食感を出すために大きめに裂き、わさびドレッシングをなじませます。三つ葉は水分をしっかりきってから加えます。みそけんちんの豆腐は、柔らかい絹ごしより、木綿のほうがおすすめ。また、鶏のゆで汁をだしにすれば一石二鳥です。

具だくさんのみそけんちん

●材料（2人分）

豆腐（木綿）	½丁
油揚げ	1枚
ごぼう	½本
にんじん	小½本
長ねぎ	1本
小松菜	½束
だし（または鶏のゆで汁）	3カップ
みそ	大さじ2½〜3
ごま油	大さじ1
酢	少々
粉山椒（好みで）	少々

●作り方

1 ごぼうとにんじんは小さめの乱切りにし、ごぼうは酢水につけてアクを抜く。長ねぎは厚めの小口切り、小松菜は長さ2㎝に切る。

2 油揚げは1.5㎝角に切る。

3 鍋にごま油を熱し、豆腐を入れて木べらでくずす。ごぼう、にんじんを加えて炒める。だしまたは鶏のゆで汁を加え、ごぼうが柔らかくなるまで煮る。

4 油揚げ、長ねぎ、小松菜を加えてさっと煮て、みそを溶き入れる。好みで粉山椒をふっても。

鶏むね肉の和風サラダ わさびドレッシング

●材料（2人分）

鶏むね肉		1枚（約300g）
三つ葉		3束
A	しょうがの薄切り	1かけ分
	長ねぎの青い部分	1本分
	セロリの葉と細い茎	適量
	塩	小さじ½
〈わさびドレッシング〉		
	おろしわさび	小さじ1〜2
	オリーブオイル	大さじ1½
	（またはごま油	大さじ1）
	しょうゆ	大さじ1

●作り方

1 Aのしょうがは皮ごと薄切りにし、長ねぎの青い部分はぶつ切りにする。

2 鍋に湯を沸騰させ、Aを加える。鶏肉を加えて弱めの中火にし、ふつふつと沸くくらいの火加減で10分ほどゆでる。

3 鶏肉を触ってみて、しっかりしていればOK。そのままゆで汁の中で冷ます。

4 鶏肉を取り出し、皮を除いて身をほぐす。

5 三つ葉はさっとゆでて、長さ5㎝に切る。

6 ボウルにわさびドレッシングの材料を入れて混ぜ、④の鶏肉をあえる。三つ葉を加えてさっとあえる。

具は同じくらいの大きさに切りそろえ、煮る順番はかたいものから。

豆腐を木べらでくずしながら、ごま油で焼いて風味をつける。

香味野菜とともに鶏むね肉をゆでるときは、ふつふつ沸く火加減で。

鶏肉を先にドレッシングであえてから、三つ葉を加えるのがコツ。

3日目の献立3品

タンドリーチキン風
レタス、トマト、赤玉ねぎの丸ごとサラダ
ナッツとレーズンのごはん

1日目にカレー風味でマリネした鶏むね肉を、こんがりと焼いてタンドリーチキン風に仕上げます。香ばしくいったアーモンドとレーズンを混ぜたごはんを添えて、ワンプレートに。生野菜は丸ごとどーんとテーブルに出し、各自が好きなだけ切り取って、好みの味つけをして食べると楽しいですよ。鶏むね肉はソースをきれいに除いてから焼くと、香ばしく中まで火が通ります。玉ねぎは生で食べる場合は、辛みの少ない赤玉ねぎがおすすめ。どの野菜も丸ごと氷水につけてシャキッとさせると、歯ざわりよくいただけます。

タンドリーチキン風

●材料（２人分）

鶏むね肉	１枚（約300ｇ）
〈マリネソース〉	
にんにくのすりおろし	大１片分
レモン汁・オリーブオイル	各大さじ２
カレー粉	大さじ１～２
カイエンヌペッパー	小さじ¼
塩	小さじ１弱
プレーンヨーグルト	½カップ

●作り方

1（１日目に用意）鶏肉はやや大きめのそぎ切りにする。

2マリネソースの材料を混ぜ合わせ、鶏肉をマリネする。冷蔵庫に入れて、翌々日までおく。

3（３日目）②の鶏肉を取り出して、ソースをへらできれいに取り除く。

4③をグリル機能のあるオーブン、または魚焼きグリルに入れ、火が通るまでこんがりと焼く（フライパンを使ってもいい）。

マリネソースはへらでよく除かないと焦げついてしまい、中まで火が通りにくい。

レタス、トマト、赤玉ねぎの丸ごとサラダ

●材料（２人分）

レタス	１個
トマト	２個
赤玉ねぎ	１個
レモン	１個
オリーブオイル・塩・こしょう	各適量

●作り方

1レタス、トマト、皮をむいた赤玉ねぎは、丸ごと氷水につけてシャキッとさせ、水気をふく。

2①を丸ごとのまま、大皿に盛り、レモンを適当に切って添える。

3各自が食べたい分だけ、切り分けて取る。レモンをしぼり、オリーブオイル、塩、こしょうをふって、好みの味でいただく。

氷水に野菜をつけるときは丸ごとで。この豪快なサラダはレバノン料理の定番です。

ナッツとレーズンのごはん

●材料（２人分）

温かいごはん	茶碗２杯分
アーモンドスライス	50ｇ
干しぶどう	40ｇ
塩	少々

●作り方

1アーモンドスライスはフライパンに入れ、弱火でいる。焦がさないよう混ぜ続けながら、こんがりと色づくまで加熱する。

2①を残りの材料と混ぜ合わせる。

アーモンドをいるときは、焦がさないように混ぜ続けるのがコツ。だんだんと焼き色がついてくるので、目を離さないように。

同じ素材で1日目と3日目、違う味で晩ごはん

鮭の切り身を使って

生鮭の切り身
4切れ

生鮭は塩をしておらず、身が柔らかいので、和風にも洋風にも使える便利な素材です。たとえば、切り身を4切れ買ってきて、2切れは1日目にフライパンで和風の照り焼きに。残りは洋風のディルの香りのハーブマリネにすると、3日目はただ焼くだけでメインができ上がります。

1日目の照り焼きは、つけだれを作る必要がない簡単なレシピです。鮭を焼きながら調味料を加えていって、煮つめてたれ代わりにします。これをスプーンで鮭にかけながら、味をからめていくのがポイント。何度か繰り返すうちに、つややかな仕上がりになります。

3日目のハーブマリネした鮭を焼くときは、鮭にオリーブオイルをぬってカバーするのがコツ。こうするとパサパサにならず焼き目もきれいにつくし、ハーブの色もきれいに焼き上がります。

1日目の献立2品

- 鮭の照り焼き
- ゆで野菜のごましょうがあえ

3日目の献立3品

- ハーブマリネした鮭のグリル
- 皮ごとじゃがいもソテー
- ロメインレタスとラディッシュのサラダ

1 日目は

焼いてたれをからめる

●フライパンで鮭を焼くとき出る脂は必ずふき取る。調味料をプラスしていき、たれにするので簡単。
●みりんの代わりにメープルシロップを使うと、煮つめたときに焦げにくい。
●たれの塩分は、切り身1切れに対してしょうゆ大さじ1と覚えると便利。このたれは、焼き鳥やかば焼きにも。

3 日目のために

ハーブマリネする

●鮭に塩とグラニュー糖をまぶして、余分な水分を引き出すのがポイント。
●ざるにのせて15～20分おくと、小骨が出てくる。気になる場合は、抜いたほうが口あたりがよくなる。
●水分をふき取って、刻んだディルをまぶして冷蔵庫へ。ディルはかたい茎の部分は除く。

1日目の献立2品

鮭の照り焼き

ゆで野菜のごましょうがあえ

甘辛い鮭の照り焼きに、しょうが風味の野菜のあえ物を組み合わせた2品献立です。照り焼きは甘辛い味なので、あえ物には甘みを入れないで、すっきりと味のメリハリをつけます。ゆで野菜のあえ物は副菜ですが、ボリュームたっぷりにすると、2品でも満足感のある献立になりますよ。

鮭を焼くときに出る脂は、除くほうがさっぱり仕上がるので、調味料をからめる前にふき取るのがコツ。このひと手間が、照り焼きをおいしくします。ゆで野菜のあえ物は、しょうがをすりおろさず、みじん切りにするのでカリカリとして香りが立ちます。野菜はほうれん草、小松菜、ブロッコリー、ごぼうなど、季節の野菜を自由に取り合わせてください。

ゆで野菜のごましょうがあえ

●材料（2人分）

にんじん		½本
グリーンアスパラガス		1束
さやいんげん		1パック
スナップえんどう		1パック
A	しょうがのみじん切り	1かけ分
	黒すりごま	大さじ3〜4
	しょうゆ	大さじ1½

●作り方

1 にんじんは皮をむいて、長さ5㎝の拍子木に切る。アスパラガスは根元を切って、下3分の1の皮をむき、長さ5㎝に切る。いんげんは筋を取って、長さ5㎝に切る。スナップえんどうも筋を取る。

2 ①の野菜をそれぞれ色よくゆでる。

3 ボウルに②とAを入れてあえる。

たっぷりの黒すりごまとしょうが、ゆでた野菜をさっとあえる。

鮭の照り焼き

●材料（2人分）

生鮭（切り身）	2切れ
オリーブオイル	大さじ1
酒	大さじ3
みりん	大さじ2
（またはメープルシロップ	大さじ1）
しょうゆ	大さじ2

●作り方

1 鮭の水気をペーパータオルでふく。

2 フライパンを熱してオリーブオイルを入れ、鮭の皮目を下にして入れる。入れてすぐ、少し動かすと皮がくっつきにくくなる。皮にこんがりと焼き目がつくまで中火で焼き、裏返して全体に火を通す。

3 ペーパータオルで余分な脂をふき取り、弱めの中火にして酒とみりんを加え、アルコール分をとばす。最後にしょうゆを加え、スプーンですくって鮭にかけながらからめる。

4 器に鮭を盛って、フライパンに残ったたれをかける。

鮭を焼くときに出る脂をペーパータオルでふくとさっぱり仕上がる。

沸点の高いメープルシロップを使うと、煮つめても焦げにくい。

3日目の献立3品

ハーブマリネした鮭のグリル

皮ごとじゃがいもソテー

ロメインレタスとラディッシュのサラダ

3日目の献立は、1日目にハーブマリネした鮭を焼き、ソテーしたじゃがいもをつけ合わせて、シャキシャキと歯ざわりのいいサラダと組み合わせます。鮭はオーブンで焼くと手があくので、その間にほかの料理が作れて便利ですよ。フライパンでじゃがいもをじっくり焼きながら、サラダも同時に作ると、段取りよく仕上げられます。オーブンがなければ、魚焼きグリルでも大丈夫。じゃがいもは皮の下にうまみがあるので、皮ごと切ってソテーします。時間がないときは薄めに切って焼くと、火が通る時間を短縮できます。

皮ごとじゃがいもソテー

●材料（2人分）

じゃがいも	3個
オリーブオイル	大さじ1～2
塩	小さじ½
粗びき黒こしょう	少々

じゃがいもは弱火でじっくり焼いても、意外に早く火が通り、表面がカリッとしておいしい。

●作り方

1 じゃがいもはよく洗って、皮ごと1㎝強の厚さに切る。
2 フライパンにオリーブオイルを熱し、じゃがいもを重ならないように入れて、弱火でじっくりと焼く。こんがりと焼き目がついたら裏返して、竹串が通るまで両面を焼く。
3 塩、黒こしょうをふって、鮭のハーブマリネの器に盛り合わせる。

ロメインレタスとラディッシュのサラダ

●材料（2人分）

ロメインレタス		4～5枚
赤玉ねぎ		¼個
ラディッシュ		1束
A	オリーブオイル	適量
	バルサミコ酢	適量
	塩	少々

●作り方

1 野菜はすべて冷水に放しシャキッとさせ、水気をきる。
2 ロメインレタスは手でちぎって器に盛る。
3 ラディッシュは葉を切り落として、包丁の腹でたたきつぶす。
4 赤玉ねぎは縦半分に切って、薄切りにする。
5 ②にラディッシュと赤玉ねぎを加え、Aをふる。

サラダにする葉物類は、冷水につけてパリッとさせたあと、手でちぎるのがおすすめ。包丁で切るよりずっとおいしくなる。

ハーブマリネした鮭のグリル

●材料（2人分）

生鮭（切り身）	2切れ
ディル	適量
塩	小さじ⅔～1
グラニュー糖	小さじ⅓～⅔
オリーブオイル	大さじ1
レモン	½個

鮭にグラニュー糖をふると、余分な水分を引き出す役目をする。

●作り方

1（1日目に用意）ディルは飾り分を取り分け、葉を粗いみじん切りにする。
2 鮭に塩、グラニュー糖をふってざるにのせ、15～20分おく。出てきた水分をペーパータオルでふき、ディルをまぶす。保存袋に入れて冷蔵庫で翌日か翌々日までおく。
3（3日目）②の鮭にオリーブオイルをふって、表面をカバーする。
4 魚焼きグリルで焼く。または、210℃のオーブンで約10分両面を焼き、上火の調節ができる場合は、最後に上火をきかせてこんがりと焼き目をつける。
5 器に盛り、レモンを切って飾りのディルとともに添える。

同じ素材で1日目と3日目、違う味で晩ごはん

マグロのサクを使って

刺し身用マグロ（赤身）のサク
約150g×2

刺し身用のマグロの赤身は生のままでも火を通しても、どちらもおいしくいただけます。150ｇほどのサクを2つ買ってきて、その日は刺し身にして、アボカドと一緒にづけ丼に。残りはハーブの香りをきかせたオイルマリネにして、3日目に長ねぎやしいたけとともに串焼きにします。

1日目のづけ丼は、マリネ液にオリーブオイルを加えるのがコツ。わさびの辛みがやわらいで、口あたりもよくなりますよ。相性のいいアボカドと合わせて、のりを敷いたごはんにのせて丼にします。

3日目のためのイタリア風マリネでも、オリーブオイルが活躍します。マリネ液のオリーブオイルが、マグロの表面をコーティング。だから焼いたときにマグロのうまみを閉じ込めて、表面がこんがりとおいしそうに焼けます。オーブンで焼きますが、外はパリッと、中はジューシーに焼き上がっておいしいですよ。

1日目の献立2品

- マグロとアボカドのづけ丼
- 絹さやといんげんのごまじょうゆあえ

3日目の献立3品

- マグロ、長ねぎ、しいたけのイタリア風串焼き
- トマトとパセリの中東風サラダ
- ガーリックトースト

1日目は

刺し身状に切ってあえる

●マグロのサクは横に置き、幅を半分に切って、小口から刺し身状に切る。
●マリネ液にオリーブオイルを加えると、わさびの辛みがマイルドになる。ごま油でもおいしい。
●最初はマグロだけをマリネして、そのあと、長ねぎやアボカドをプラス。

3日目のために

イタリア風にマリネ

●マグロはあとで串に刺すので、ゴロゴロした大きさに切る。
●一人前2串とし、1本はマグロを多め、もう1本は野菜を多めに刺す。
●オーブン、または魚焼きグリルで焼き色がつくまで焼く。

1日目の献立2品

マグロとアボカドのづけ丼

絹さやといんげんのごまじょうゆあえ

マグロ、アボカド、のりをのせたボリュームのあるづけ丼に、緑の豆のあえ物をたっぷりと添えた献立です。丼はわさびとねぎの香りで柔らかい口あたり、あえ物はごまの風味でシャキシャキした歯ざわりと、香りや食感に変化をつけると、2品でも楽しく食べられますね。

づけ丼のマグロは、刺し身と同じ切り方にして、さっとマリネしてわさびじょうゆの風味をからませます。

あえ物は豆を2種類合わせますが、にんじん、ブロッコリー、キャベツ、アスパラガスなど、好みのものを組み合わせてもかまいません。このレシピでは甘みは入っていませんが、好みで砂糖を加えてもいいですね。半ずりのごまは開封したら、できるだけ早く使い切りましょう。

マグロとアボカドのづけ丼

●材料（2人分）

マグロ（赤身のサク）	130g
〈マリネ液〉	
おろしわさび	小さじ1
しょうゆ	大さじ1～1½
オリーブオイル	大さじ⅔
長ねぎ	適量
アボカド	1個
ごはん	茶碗2杯分
のり	½枚

※マグロの残り20gは、3日目の串焼きにまわす。

●作り方

1 マリネ液の材料を混ぜ合わせる。
2 マグロは繊維に沿って半分に切り、繊維を切るように7～8㎜幅に切る。
3 マグロをマリネ液につける。
4 長ねぎは粗いみじん切りに。
5 アボカドは縦半分に切って種を取り、皮をむいてひと口大に切る。
6 ③にアボカドと長ねぎを加えて混ぜる。
7 器にごはんを盛り、のりをちぎってのせ、⑥を盛る。

このマリネ液はオリーブオイルが入るのが特徴。好みでごま油でも。

マグロは繊維に対して直角に切ると、マリネ液がなじみやすい。

絹さやといんげんのごまじょうゆあえ

●材料（2人分）

絹さや	80g
さやいんげん	80g
黒ごま（半ずり）	大さじ4
しょうゆ	小さじ2

●作り方

1 絹さやといんげんはそれぞれ筋を取り、色よくゆでる。
2 いんげんは長さ4～5㎝に折る。
3 ボウルに黒ごまとしょうゆを混ぜ合わせ、絹さやといんげんをあえる。

黒ごまは半ずりのものがおすすめ。しょうゆとともにさっとあえる。

3日目の献立3品

マグロ、長ねぎ、しいたけのイタリア風串焼き
トマトとパセリの中東風サラダ
ガーリックトースト

マリネしておいたマグロに、3日目に長ねぎとしいたけを加えて、串焼きにします。2種類のトマトを使ったスパイシーなサラダと、ガーリックトーストを添えた献立です。串焼きは魚焼きグリルで焼くか、オーブンで。フライパンで普通に焼いてももちろんけっこうです。各家の熱源事情に合わせて焼いてください。

　サラダのトマトはいろいろな種類を合わせたり、切り方を変えたりすると楽しいですね。クミンやコリアンダー、たっぷりのパセリで、中東風に仕上げます。

トマトとパセリの中東風サラダ

●材料（２人分）

フルーツトマト	４個
ミニトマト	20個
パセリのみじん切り	¼カップ
〈ドレッシング〉	
にんにくのすりおろし	½片分
オリーブオイル	大さじ２〜３
レモン汁	大さじ１〜１½
塩・こしょう	各少々
クミンパウダー・コリアンダーパウダー（またはカレー粉）	各少々

●作り方

1 フルーツトマトは４つ割り、ミニトマトは半分に切る。
2 ドレッシングの材料を混ぜ合わせ、①とパセリを加えてあえる。

香りのいいパセリをたっぷり使うのが、このサラダのポイント。

ガーリックトースト

●材料（２人分）

バゲット（厚さ５cmに切ったもの）	４枚
にんにく	１片
オリーブオイル・塩	各適量

●作り方

1 バゲットをオーブントースターでカリッと焼く。
2 にんにくは横半分に切り、断面を①にこすりつけて香りをつける。
3 オリーブオイルをかけ、塩をふる。

カリカリのバゲットににんにくの断面をこすりつけて、香りを移す。にんにくそのものをのせるより、マイルドな香りになる。

マグロ、長ねぎ、しいたけのイタリア風串焼き

●材料（２人分）

マグロ（赤身のサク）	170ｇ
〈マリネ液〉	
にんにく	１片
ローズマリー	４本
タイム	10本
オリーブオイル	大さじ３
長ねぎ	１本
しいたけ	２〜４枚
こしょう	適量
粗塩	小さじ１強
オリーブオイル・レモン	各適量

●作り方

1（１日目に用意）マリネ液を作る。にんにくはつぶし、残りの材料を混ぜる。
2 マグロは６等分に切って、①でマリネする。冷蔵庫に入れて翌々日までおく。
3（３日目）冷蔵庫から②を取り出して、こしょうをふる。
4 長ねぎは５cmの長さに切る。
5 しいたけは石づきを取り、軸は残して半分に切る。
6 ④と⑤を③に加えてあえ、粗塩をふる。
7 マグロ、長ねぎ、しいたけを適当に串に刺す。
8 フライパン（または天板）を熱して⑦を入れ、オリーブオイルをかける。
9 210℃のオーブンにフライパンごと入れ、10〜12分、焼き色がつくまで焼く。または魚焼きグリルで焼く。
10 レモンを切って添える。

焼く前にふる塩は、粗塩がおすすめ。味にメリハリがつく。

オーブンで焼く場合は、オーブンに入るサイズのフライパンがあれば、そのまま入れて焼く。

Part 3

とにかく助かるストックレシピ

忙しい人ほど作りおきしておきたい。

冷蔵庫に手作りのストックがあるととても助かります。たとえばおだしをとるときに、1回分だけでなく、多めにとって冷凍しておけば、おいしい汁物や煮物、炊き込みごはんも簡単に作れます。塩もみ野菜もちょっと作っておけば、野菜が1品増えて漬け物代わりにもなり、ごはんも進みます。うちの冷蔵庫にはしらすやじゃこ、豆、だしなど、この章でご紹介しているストック食品が常備されているので、手作りの食事にはことかきませんし、献立もたてやすく、そのうえちょっと酒のつまみが欲しいときにも大助かりです。

だしやマヨネーズは市販品ではなく自分で作ったほうがおいしく、安全です。マヨネーズは手作りしてみると、油が多いことに気づかされるはず。だからこそ上質な油が必要、ということがおわかりになるでしょう。手間や時間は一度にかけて上手にストックすれば、あとがとても楽になるのです。

おいしい料理の基本は「だし」

基本のだし 昆布だし 煮干しだし

きちんとした素材でとる自家製のだしは、インスタントのものとは比べようがないほどおいしいもの。私の母はだしをとるとき、かつお節や煮干しをたっぷり使っていました。それが私の味覚のベースとなり、その味は娘たちにも伝わっています。ここでは3種類のだしをご紹介しましょう。

まず、昆布とかつお節でとる「基本のだし」は、みそ汁や煮物をはじめ、料理全般に使える万能のだしです。

「昆布だし」はまろやかなうまみのあるだしなので、炊き込みごはんやおすまし、煮魚、鍋物などに。ベジタリアンの人にもおすすめです。濃いうまみの「煮干しだし」は、うどん、そうめん、みそ汁などに向いていますね。

昆布だしと煮干しだしは、水だしが一番すっきりしていますので、ここでは水だしの方法でご紹介していますが、火にかける方法もあります。火にかける場合は、昆布だしは昆布と水を弱火にかけます。よい昆布は60℃で1時間かけて煮出すのがよいとされています。煮干しだしの場合も煮立たせないようにして、じっくり煮出すのがコツ。昆布も煮干しも煮立たせてしまうと、特有の雑味が出てしまうので、くれぐれも煮立たせないようにしてください。

昆布だし

昆布は水に浸す「水だし」がおすすめ。上品な味のだしになります。上等な昆布なら、だしをとったあと、酒、しょうゆで煮てつくだ煮にしてもおいしいですね。

●材料（でき上がり５カップ分）

昆布	25〜30ｇ
水	5½カップ

1

だしがよく出るよう、昆布に１㎝幅で切り込みを入れ、冷茶用ポットなどに分量の水とともに入れる。

2

一晩冷蔵庫におき、取り出す。この昆布は二番だしに使ったり、おでんや湯豆腐に敷いても。

煮干しだし

煮干しは食べておいしいものを選び、袋を開けたら使いきるか、冷凍してください。これも「水だし」がおすすめ。はらわたをていねいに取るのがコツ。

●材料（でき上がり７カップ分）

煮干し	70ｇ
水	7½カップ

1

煮干しは頭をはずし（頭は使うのでとっておく）、胴体を半分に割り、はらわたと頭の黒い部分を除く。

2

煮干しの頭と胴体を分量の水とともにボウルに入れ、ふたをして一晩冷蔵庫におく。翌日、こす。

基本のだし

この本で「だし」とあるのは、すべてこのだしです。みそ汁、煮物など、何にでも使えます。だしをとったあと、かつお節を絞らないのがコツ。しょうゆをかけてオーブンで乾かすと、ふりかけに。

●材料（でき上がり10カップ分）

かつお節	100g
昆布	10g
水	12カップ

※かつお節が吸う水の量も計算に入れて、でき上がりより多く水を計ります。
※濃い煮物用のだしをとるなら、3の段階で静かに5分ほど煮てもよいです。
※取り出した昆布やかつお節は、煮出して二番だしに使っても。

だしの冷凍方法

だしは3種類とも多めに作って、冷凍しておくと便利。冷凍するときのポイントは3つ。
①小分けにしておくと便利。400～500mℓくらいを密閉容器に入れると使いやすい。
②凍るとかさが増えるので、少し少なめに入れる。
③中身と日付をシールに書いて、ふたにはっておく。

1

昆布に1cm幅で切り込みを入れる。鍋に入れて分量の水を注ぎ、一晩冷蔵庫におく（時間がなければ、すぐ②へ）。

2

弱火にかけて、ゆっくりと低温で加熱する。雑味を出さないため、沸騰する直前に、昆布を取り出す。

3

中火にして沸騰寸前まで温度を上げ、かつお節を入れる。浮かないよう菜箸で沈め、入れ終わったら火を止める。

4

そのまま7～10分おく。鍋の真ん中の湯を味見して、おいしいだしの味になっていればOK。

5

ボウルにざるをのせ、ぬらしてかたく絞ったさらしのふきんをかける。端が出ているとだしが滴り落ちてしまうので中に入れる。

6

④を⑤にあけてこし、ふきんを持ち上げてだしを自然にたらす。このとき絞ると雑味が出るので、絞らないこと。

基本のだしを使って

麺つゆとポン酢

自家製のつゆやたれがあると、料理を手早く仕上げることができるので、忙しいときには大助かりです。私はだしをとるとき、一緒に麺つゆとポン酢も作ってしまいます。どちらも基本のだしがベースなので、だしが新鮮なうちに作るとおいしいのです。早めに使いきれるよう、たくさん作りすぎないことがポイント。

麺つゆは麺類のつけつゆとして使う場合は、この濃さのままで。かけつゆの場合はだしを足して、少し薄めて使います。煮物やあえ物などにも幅広く使えるし、練りごまやおろししょうがと合わせれば、しゃぶしゃぶのたれとしてもおすすめです。ポン酢は旬のかんきつ類を使って作ると、市販のものとはまったく違う香りのいいものになります。ゆずのほか、かぼす、すだち、夏みかんなどでも。おひたしなどにかけるときは、だしで少し薄めてください。

ポン酢

ゆずの香りがいい、応用範囲の広いたれです。
おいしく作るコツは、基本のだしを濃いめにとること。
あえ物や鍋物、魚料理など、幅広く使えて便利。

●材料の割合

濃いめにとった基本のだし	1
しょうゆ	1
ゆずのしぼり汁	1

●作り方

冷ましただしに、しょうゆ、ゆずのしぼり汁を加えて混ぜる。

麺つゆ（つけつゆの濃さ）

甘さ控えめが好みなので、みりんは0.5の比率に。
甘いのが好きな人は、1にしても。酒とみりんのアルコール分をとばして煮切りましょう。

●材料の割合

濃いめにとった基本のだし	4
しょうゆ	1
酒	0.5
みりん	0.5

●作り方

1 鍋に酒とみりんを入れて煮立て、アルコール分をとばす。
2 しょうゆ、だしを加え、ひと煮立ちさせて冷ます。

これも小さめの瓶に小分けにして、１回分ずつ使いきるようにする。冷蔵庫で２～３日保存できて、冷凍することもできる。

小さめの瓶に小分けにして、１回分ずつ使いきるようにするといい。冷蔵庫で２～３日保存できて、冷凍することもできる。

ポン酢を使って

蒸し魚のねぎポン酢

わが家ではこのポン酢にさらしねぎを合わせるのが、
蒸し魚のときの必須アイテムです。あっさりした
白身魚に、ねぎポン酢の風味がアクセント。

●材料（２人分）

白身魚（切り身）	２切れ
塩	少々
酒	大さじ２
長ねぎ	１本
ポン酢（Ｐ86参照）	適量
七味唐辛子	少々

※魚は鯛、ヒラメ、カレイ、タラなど。イワシ、サバなど、青背の魚でもよい。

●作り方

1 魚は皮目に十文字の切り目を入れ、塩をふって10分ほどおく。出てきた水分を、ペーパータオルでふき取る。
2 器に酒大さじ１を入れ、魚をのせ、酒大さじ１をふる。
3 蒸気の上がった蒸し器に器ごと入れ、7分ほど蒸す。切り目が開いて弾力が出てきたらＯＫ。
4 長ねぎは小口切りにして水にさらし、ざるに取って、ふきんに包んでよく絞る。
5 ③が蒸し上がったら取り出し、④の長ねぎをたっぷりのせ、ポン酢をかけて七味をふる。

麺つゆを使って

揚げなすといんげんのごまつゆそうめん

麺つゆに練りごまをたっぷり合わせて、
コクのあるごまつゆのあえ麺にします。
しょうがや青じそをたっぷり添えて、さわやかな味に。

●材料（２人分）

なす	２個
さやいんげん	70ｇ
そうめん	２束
しょうがのすりおろし	適量
青じそのせん切り	適量
〈ごまつゆ〉	
麺つゆ（Ｐ86参照）	½カップ
白練りごま	大さじ２
揚げ油（またはごま油）	適量

●作り方

1 なすはヘタを取り縦半分に切って、大きく斜め切りにする。いんげんは筋を取って、半分の長さに手で折る。
2 160～170℃の油にいんげんを入れ、表面にしわが寄るまでじっくりと揚げる。なすは170～180℃で揚げ、油をきる。
3 ごまつゆの材料を混ぜる。
4 そうめんをゆでて冷水に取り、水気をきる。器に盛って②をのせ、ごまつゆをかけ、しょうが、青じそをのせる。

自分で作ると驚くほどおいしい

自家製マヨネーズ

マヨネーズは手作りすると、材料の油や卵の素性がわかっているので安心です。酸味や塩分を自分の好みに合わせることができるし、何より市販のものよりずっとおいしく作れます。おいしく作るコツは卵を室温に戻しておくことと、オリーブオイルとサラダ油を混ぜること。オリーブオイルだけだと少し辛みが出ることがありますが、混ぜるとマイルドな風味に。自分で作ると、マヨネーズはたくさん油を使うことがわかるので自然と控えめに使うようになります。

　ここではあっという間にできるスティックミキサーを使う方法でご紹介。一度に作る量は2回ほどで使いきれる量にしましょう。瓶などの容器に入れて冷蔵庫で1週間ほど保存できます。

自家製マヨネーズ

油はオリーブオイルとサラダ油を3：2で合わせてありますが、この比率はお好みで。かためにに仕上げたい場合は、卵と酢に対して油の比率を上げるといいでしょう。

●材料（作りやすい分量）

卵（室温に戻す）	1個
塩	小さじ½弱
酢	大さじ1
オリーブオイル	120mℓ
サラダ油	80mℓ

1

スティックミキサーが使える容器に、材料をすべて入れる。

2

スティックミキサーでマヨネーズ状になるまで混ぜる。

3

筋ができるくらいもったりしてきて、持ち上げても落ちないようになったらOK。

生野菜のみそマヨネーズディップ

パリパリした野菜の食感を楽しみながら、
少しピリ辛のディップにつけていただきます。
キャベツは芯に近い甘みのあるものを。

●材料（２人分）

セロリ	２本
きゅうり	１本
キャベツの葉	小４枚
〈マヨネーズディップ〉	
自家製マヨネーズ（P88参照）	½カップ強
豆板醤	小さじ１
みそ	大さじ１½
にんにくのすりおろし	少々

●作り方

1 野菜はすべて冷水につけてパリッとさせ、水気をきる。
2 セロリは筋を取り、きゅうりとともに長めのスティック状に切る。
3 キャベツは芯のほうの小さな葉がおすすめ。大きい場合は、半分に切る。
4 マヨネーズディップの材料を混ぜ合わせ、野菜とともに器に盛る。ディップをつけながらいただく。

ポテトサラダ

みんなが大好きなベーシックなポテトサラダ、
自家製マヨネーズならではのおいしさに仕上がります。
じゃがいもはうまみを逃さないよう、皮ごと蒸して。

●材料（２人分）

じゃがいも	３個
きゅうり	２本
玉ねぎ	½個
酢	大さじ１
塩・こしょう	各適量
自家製マヨネーズ（P88参照）	大さじ２〜３

●作り方

1 じゃがいもはよく洗って、皮ごと竹串が通るまで蒸す。
2 きゅうりは小口切り、玉ねぎは薄切りにし、それぞれ塩小さじ½をふってよくもむ。水分が出てきたら、絞る。
3 じゃがいもが熱いうちに皮をむいて、フォークで大まかに割り、すぐに酢をふって、塩、こしょうする。自家製マヨネーズを加えて混ぜる。
4 ③に②のきゅうりと玉ねぎを加えて混ぜ、味を見て足りなければ塩で味をととのえる。

いろいろ工夫ができる
ひき肉炒め

ひき肉炒めはとても便利な「料理の素」なので、忙しい人は、ぜひ作りおきしておくことをおすすめします。うちでも、混ぜごはんやチャーハン、あえ物、サラダ、麺類、炒め物、茶碗蒸しなど、さまざまな使い方をしています。

肉は豚ひき肉を使います。脂身が多少あったほうがいいので、できればお肉屋さんで肩ロースをひいてもらうといいでしょう。おいしく作るコツは、よく炒めること。ひき肉の色が変わって表面がカリカリになり、パチパチはねるまでというのが目安です。水分が抜けたところに調味料を加えていくと、ひき肉がしっかり吸ってくれるのです。

「ひき肉炒め」は冷蔵庫で4〜5日、保存できます。また小分けにして平らにし、冷凍保存することも可能です。使うときには電子レンジにかけるか、鍋で温めて使うといいでしょう。

ひき肉炒め

チャーハンやドレッシングにも使えます。使うときは電子レンジで温めてから。酢大さじ1½〜2を加えても、さっぱりした味に。

●材料（作りやすい分量）

豚ひき肉	300g
にんにくのみじん切り	大1片分
しょうがのみじん切り	大1かけ分
オリーブオイルまたは太白ごま油	大さじ2
酒	大さじ3
しょうゆ	大さじ3
こしょう	適量

1

フライパンを熱してオリーブオイルを入れ、にんにくとしょうがを入れて香りが出るまで炒め、ひき肉を加える。

2

ひき肉をほぐしながらよく炒める。肉の色が変わって、さらにパチパチはねるくらいまでしっかり炒める。

3

酒を加え、アルコール分をとばしながら炒める。

4

フライパンの底にこびりついた肉のうまみを、木べらでこそげ落とすようにしながら水分をとばす。

5

水分がなくなってきたら、しょうゆを加えて炒め、肉にしょうゆを吸わせる。最後にこしょうをふる。

キャベツとひき肉のあえ麺

「ひき肉炒め」は応用のきく味なので、
アジア風の味つけにもできます。
好みで豆板醤を添えたり、粉山椒を最後にふっても。

●材料（２人分）

エビ麺（乾麺）	２玉
キャベツの葉	３枚
香菜	適量
ザーサイのみじん切り	大さじ３
ひき肉炒め（P 90参照）	$\frac{2}{3}$カップ
塩・こしょう・ごま油	各適量
酢	大さじ１〜２

●作り方

1 エビ麺はゆでてざるに上げ、流水で洗って、水気をよくきる。塩、こしょう、ごま油をふって混ぜ、キッチンばさみで食べやすい長さに切る。
2 キャベツはせん切り、香菜はザク切りにする。
3 ボウルにキャベツ、ザーサイ、ひき肉炒め、エビ麺を入れ、混ぜ合わせる。
4 器に盛り、酢をふって香菜をのせる。

トマトのひき肉炒めあえ

「ひき肉炒め」をサラダのドレッシング代わりに
したメニューです。きゅうり、セロリ、
ゆでたさやいんげんなどもおすすめ。

●材料（２人分）

フルーツトマト	小３〜４個
玉ねぎ	$\frac{1}{4}$個
ひき肉炒め（P 90参照）	$\frac{1}{2}$カップ
レタス	３枚
こしょう	適量
酢	小さじ１〜２

●作り方

1 トマトはヘタを取り、4つ割りにする。
2 玉ねぎは繊維に直角になるよう、薄切りにする。水に軽くさらして、水気をきる。
3 ボウルに①と②、ひき肉炒めを入れ、こしょう、酢を加えて混ぜる。味をみて足りないようなら、塩、またはしょうゆ少々（材料外）をふる。
4 レタスを食べやすくちぎって器に敷き、③を盛る。

ひき肉のせ豆腐

「ひき肉炒め」があれば、冷ややっこの具にもなります。豆腐は絹ごしでも木綿でも。好みでトマトを入れてもいいでしょう。

●材料（２人分）

豆腐（絹ごし）	１丁
ひき肉炒め（Ｐ90参照）	適量
きゅうり	１本
あさつきまたは万能ねぎ	適量
塩	小さじ½
ごま油・しょうゆ	各適量

●作り方

1 きゅうりは薄切りにして塩を混ぜ、10分おく。しんなりして水が出てきたら、しっかりと絞る。味を見て塩辛ければ軽く水洗いする。
2 あさつきは小口切りにする。
3 豆腐は４等分に切って器に盛り、ひき肉炒め、①のきゅうりと②のあさつきをのせる。ごま油としょうゆを１：１で混ぜ合わせたものをかける。

ひき肉入り卵焼き

朝食やお弁当にもおすすめの、ごはんに合うおかずです。小さくすると早く焼けて便利。「ひき肉炒め」、卵、ねぎの比率はお好みで。

●材料（２人分）

卵	３個
万能ねぎ	２本
ひき肉炒め（Ｐ90参照）	½カップ
塩	ひとつまみ
こしょう	少々
オリーブオイル	大さじ１

●作り方

1 万能ねぎは小口切りにする。
2 ボウルに卵を割り、ざっとほぐし、①、ひき肉炒め、塩、こしょうを加えて混ぜ合わせる。
3 フライパンを熱しオリーブオイルを入れ、②を流し入れる。菜箸で全体を大きくかき混ぜて半熟状にし、４等分くらいに分ける。それぞれ小さくまとめて裏返し、両面を焼く。

※卵はほぐしすぎないほうがおいしい。

あると便利、応用範囲の広い
鶏そぼろ

淡泊なうまみのある鶏ひき肉を、酒やしょうゆなどの調味料で細かくいり上げたものです。そのままごはんにのせて食べてもおいしいし、煮物に入れるとだしいらずに。春巻きやお弁当、混ぜごはんもすぐにできて重宝します。

いりつけるので、鍋は厚手で深さのあるものがいいでしょう。菜箸はしっかりした長めのものを、数本用意します。うちではメープルシロップを使ったものが大好評。柔らかい甘みが鶏肉の味をいっそう引き立てます。みりんの場合はこれよりやや多めの量、砂糖なら半量で代用できます。甘みはお好みで、もう少し多めでも。ダマにならないようにするには、菜箸をまとめて持って、混ぜ続けるのがコツ。水分がほとんどなくなるまで、気長にいりつけます。手間がかかるので、ある程度の量をまとめて作っておくほうがいいですね。小分けにして袋に入れ、冷蔵庫で2～3日、冷凍でも保存することができます。使うときは少し温めて。

鶏そぼろ

しょうがたっぷり入って
甘さの中にキレがある味です。
火にかける前も、かけたあとも、
どちらもよく混ぜることが重要。

●材料（作りやすい分量）

鶏ひき肉	500g
しょうがのみじん切り	大さじ4～5
酒	½カップ
しょうゆ	⅓カップ
メープルシロップ	大さじ4
（またはみりん大さじ5～6、または砂糖大さじ2½～3）	

※ダマができてしまったら、フードプロセッサーにかけると細かくふんわりします。

1

鍋に材料をすべて入れる。鍋は厚手のものがおすすめ。しっかりした長めの菜箸を、5～6本用意する。

2

鍋を火にかける前に、よく混ぜ合わせる。ここでひき肉をほぐしておかないと、火にかけたときにダマができる。

3

鍋を中火にかけ、菜箸をまとめて持って、絶え間なく混ぜながら加熱する。

4

ひき肉の色が変わって、菜箸が重くなってきたら、握り込んでさらにかき混ぜ続ける。

5

ひき肉がパラパラのそぼろ状になって、水分がほとんどなくなったらでき上がり！

ごぼうと鶏そぼろの卵とじ

歯ざわりのいいささがきごぼうと「鶏そぼろ」を、
卵とじに。だしたっぷりで作るのが、私は好きです。
卵は溶きすぎないのがコツ。丼にしてもおいしい。

●材料（２人分）

鶏そぼろ（P94参照）	½カップ
ごぼう	½本
卵	3個
麺つゆ（P86参照）	¾カップ
だし	¼カップ
酢	少々
七味唐辛子	適量

●作り方

1 ごぼうはささがきにして酢水にさらし、さっとゆでる。
2 フライパンに麺つゆとだしを入れて温め、ごぼうを加えてさっと火を通す。鶏そぼろを加えて温め、ざっと溶いた卵を回し入れる。ふたをし、卵が半熟状になったら火を止める。
3 器に盛り、七味唐辛子をふる。

鶏そぼろごはん

「鶏そぼろ」さえあれば、あっという間に作れる
簡単ごはんです。忙しいときのお昼ごはんなどに。
梅干しをのせて、メリハリのある味にします。

●材料（２人分）

鶏そぼろ（P94参照）	¼カップ
ごはん	茶碗２杯分
梅干し	1個

●作り方

1 梅干しは種を取って、半分にちぎる。
2 温かいごはんを器に盛り、鶏そぼろ、梅干しをのせる。

※冷やごはんの場合は、電子レンジで温めてから盛る。

根菜のそぼろ煮

「鶏そぼろ」からだしが出るので、水だけで煮ても
大丈夫。だしいらずで調理時間を短縮できます。
片栗粉でとろみをつけて、そぼろをからめるのがコツ。

●材料（2人分）

鶏そぼろ（P94参照）	½カップ
れんこん	小1節
里いも	4個
にんじん	½本
絹さや	4〜5枚
しょうゆ	小さじ2
水溶き片栗粉（倍量の水で溶く）	適量

●作り方

1 れんこん、里いも、にんじんは皮をむいて乱切りに。里いもはふきんでぬめりを取る。
2 絹さやは筋を取り、冷水につけてシャキッとさせ、斜めせん切りにし、湯通しする。
3 ①の根菜と鶏そぼろを鍋に入れ、水をひたひたに注ぐ。根菜が柔らかくなるまで煮る。
4 しょうゆを加えて混ぜ、水溶き片栗粉を様子を見ながら加える。鶏そぼろが根菜にからむくらいのとろみでOK。
5 器に盛って、絹さやをのせる。

ねぎとそぼろの春巻き

春巻きの具に「鶏そぼろ」と長ねぎを入れたもの。
じっくり揚げるのが、パリパリになるコツ。
前もって巻いておき、あとから揚げてもOKです。

●材料（2人分）

鶏そぼろ（P94参照）	1カップ
長ねぎ	1本
春巻きの皮	6枚
小麦粉	少々
揚げ油	適量
練りがらし・しょうゆ	各少々

●作り方

1 長ねぎは細切りにする。
2 春巻きの皮に長ねぎと鶏そぼろをのせ、端に水で溶いた小麦粉をぬる。左右を折り込みながら巻き、端を留める。
3 160℃の油に入れてきつね色になるまでじっくりと揚げ、最後に少し温度を上げて、カラッと仕上げる。
4 器に盛って練りがらしを添え、からしじょうゆでいただく。

野菜がたくさん手軽にとれる

野菜の塩もみ

これはわが家に欠かせない便利なストックで、野菜がたっぷりとれるのでとてもおすすめ。野菜は何種類でもよくて、刻んで塩もみし、よく絞ってから保存します。塩のチカラで野菜の水分が出るので、うまみが凝縮され、かさも減ります。下処理がすんだ状態なので、いろいろな料理に気軽に使えるのが便利ですね。

野菜は何でもいいのですが、ほうれん草のようにアクの出るものは避けましょう。ここでご紹介する小松菜、きゅうり、大根、キャベツのほか、にんじん、セロリ、かぶ、ゴーヤー、カリフラワーなども。特に小松菜はおすすめで、麺類やみそ汁の青みにしたり、お粥に加えたり、おにぎりにも。にんにく、唐辛子と青菜のパスタにも使えますよ。野菜の切り方や塩加減にあまり神経質になることはなく、使う目的によって自由に変えても大丈夫です。

保存方法
塩もみ野菜をそれぞれ保存袋に入れ、空気を抜いて口を閉じる。バットに平たく並べ、同じ大きさのバット2～3個などで重しをして、冷蔵庫へ。

野菜の塩もみ

かたいものや早く塩をきかせたいものは細かく刻み、歯ざわりのよさを残したいものは大きめに切って。冷蔵庫で3～4日は保存できます。

●材料（作りやすい分量）

小松菜・きゅうり・大根・キャベツ	各適量
塩	野菜100ｇに対して小さじ１の割合

1

小松菜は葉はせん切り、茎は小口切りにする。きゅうりは縦半分に切って種を取り、斜め薄切りにする。大根は皮をむいて縦にせん切りにし、キャベツはひと口大にちぎる。

2

①の野菜をそれぞれボウルに入れ、分量の塩をふり、軽くつかむようにしてもむ。

3

キャベツのようにかさのあるものは、ボウルを重ねて重しをかけるとよい。15～20分おき、出てきた水分をよく絞る。ボウルを重ね使いすると場所をとらないので便利。

野菜の細巻き3種

ベジタリアンの人にも喜ばれる、塩もみ野菜の細巻き。

最初に出すひと口のおすしとしても、おすすめです。

せん切りの塩昆布と巻いてもおいしい。

●材料（細巻き３本分）

ごはん		適量
のり		½枚×３
みょうが		２〜３個
塩		適量
A	小松菜の塩もみ（Ｐ98参照）	大さじ２〜３
	白いりごま	適量
B	大根の塩もみ（Ｐ98参照）	大さじ１〜２
	青じそのせん切り	大さじ１〜２

●作り方

１みょうがは小口切りにし、Ｐ98を参照して塩もみにする。

２のりを横長におき、手をぬらしてごはんの３分の１量をのせ、向こう端２cmを残して広げる。

３②のごはんの上にＡを横一列にのせ、手前から巻いて端を留める。同様に、Ｂを混ぜ合わせたもの、①のみょうがの塩もみをそれぞれのせて巻く。

４包丁をぬれぶきんでふきながら、切り分ける。

青菜の納豆あえ

たっぷりと青菜がとれるヘルシーなあえ物です。
小松菜の塩もみはぎゅっとよく水気を絞ってから
あえるのがコツ。ごはんをお代わりしたくなるおいしさです。

●材料（２人分）

小松菜の塩もみ（Ｐ98参照）	納豆よりやや少なめ
納豆	小２パック

●作り方

１納豆をよく混ぜ合わせる。

２小松菜の塩もみをぎゅっとよく絞り、①に加えてあえる。

塩もみきゅうりのサンドイッチ

これはうちのきゅうりサンドの定番です。
きゅうりはさらしのふきんでしっかり水気を絞るのがコツ。
パン1セットにつき、きゅうり2本（!）が目安です。

●材料（2人分）

きゅうりの塩もみ（P98参照）	4本分
サンドイッチ用食パン	4枚
無塩バター	適量

●作り方

1 食パン4枚にバターをたっぷりぬって、2枚にきゅうりの塩もみをたっぷりのせる。
2 サンドイッチにしてラップにぎゅっと包み、10分ほどおいてなじませる。
3 くずさないようにして、1セットをそれぞれ4等分に切り分ける。

豚肉と塩もみキャベツの炒め物

炒め物に塩もみキャベツを使うと、かさが減っているので
驚くほどたくさんとることができます。
下味はモロッコの香辛料、アリッサのイメージで。

●材料（2人分）

豚バラ肉（薄切り）	200g
キャベツの塩もみ（P98参照）	½個分
オリーブオイル	適量
〈下味〉	
にんにくのすりおろし	1片分
オリーブオイル	大さじ2
クミンパウダー・チリパウダー・シナモンパウダー・パプリカ・カイエンヌペッパー	各小さじ½
塩	小さじ½

●作り方

1 ボウルに下味の材料をすべて入れて混ぜ、豚バラ肉を加えてもみ込む。
2 フライパンにオリーブオイルを熱し、①の肉を入れて火が通るまで炒め、キャベツの塩もみを加えて炒め合わせる。

※下味は、代わりにカレー粉でもよい。

覚えておきたい魚の保存法

アジの酢じめ

しめサバやおすしのアジなど、魚を酢じめにするのは昔からある魚の保存法です。新鮮な魚に塩をして余分な水分を出し、そのあと酢でしめるので、うまみが凝縮されておいしくなるのです。自家製の酢じめは、しめ加減が自由にできるのがいいところ。塩をしておく時間と、酢につける時間を長くすると、日持ちはよくなります。よくしめたアジもおいしく、逆に塩を軽くして短時間でしめると、身は柔らかいままで、酸味もマイルドになります。しめ加減はお好みでどうぞ。

　ここではアジを使い、軽くしめる方法をご紹介します。これだとフレッシュなお刺し身感覚で、サラダ、あえ物、おすしなど、さまざまな料理に使えます。そのまま焼いてもおいしいですね。

　酢から出して、冷蔵庫で保存できるのは一晩が目安。もっと長く保存するなら、ラップに包んで冷凍するのがおすすめです。解凍する場合は、しばらく室温においておくと、身が薄いのですぐ解凍できます。

アジの酢じめ

アジがこれより小さい場合は、
塩をしておく時間と、酢につける
時間を短くするといいでしょう。
塩と酢は好みのもので。

●材料（作りやすい分量）

アジ	4尾（約400ｇ）
塩	小さじ２強
酢	１カップくらい（ひたひたになるまで）

1

アジは三枚おろしにしてバットに並べ、両面にまんべんなく塩をふって、20～30分（よくしめたいときは30分以上）おく。

2

うまみを逃さないよう、流水でさっと塩を洗い流す。長く水につけないこと。ペーパータオルで水分をふく。

3

小骨が残っていないか指でさわってみて、あれば骨抜きで抜く。塩でしめると骨が出てくるので取りやすい。

4

バットに並べ、酢をひたひたになるまでかける。一枚ずつ持ち上げて、全体に酢を回し、10～20分おいて取り出す。

アジの酢じめのグリル焼き

酢じめのアジをこんがり焼いて、しょうがをたっぷり添えます。
このままでもおいしいし、しょうゆを数滴たらしても。
冷凍したものは、この調理法がおすすめ。

●材料（2人分）

アジの酢じめ（P102参照）	2尾分
しょうがのすりおろし	適量

●作り方

1 グリルにアジの酢じめを入れ、こんがりと焼き目がつくまで両面を焼く。
2 器に盛り、しょうがをのせる。好みでしょうゆをたらしても。

アジのカルパッチョ

アジの酢じめは和風にも洋風にも使えるので便利です。
アジをそぎ切りにして、さらし玉ねぎやハーブとともに、
さわやかなレモン風味のカルパッチョに。

●材料（2人分）

アジの酢じめ（P102参照）	2尾分
赤玉ねぎ	¼個
レモン	½個
黒こしょう	少々
オリーブオイル	適量
イタリアンパセリの粗いみじん切り	適量
赤唐辛子の粗いみじん切り	少々

●作り方

1 アジの酢じめは皮を引いて、そぎ切りにする。
2 赤玉ねぎは薄切りにして水にさらし、水気をふく。
3 器にアジを盛って、レモンをしぼる。赤玉ねぎをのせ、黒こしょうをふってオリーブオイルをかける。イタリアンパセリ、赤唐辛子を散らし、しぼったレモンの皮をすりおろしてのせる。

ごはんやパンに大活躍する

じゃこの酢漬け しらすのオリーブオイル漬け

しらす干しは柔らかくて水分が多いので、鮮度のよさが大切です。買ってきた日に大根おろしと一緒に食べて、余った分はオリーブオイルに漬けるのがおすすめ。しらす干しは和風のイメージだと思いますが、にんにく、赤唐辛子、オリーブオイルというイタリア風の味でマリネすると、パンにもびっくりするくらいよく合うのです。ちょっとしたワインのおつまみにも。

　ちりめんじゃこはしらす干しより水分がないので、そのままでも多少日持ちしますが、酢に漬けるとさらに保存日数が長くなります。酢の酸味でじゃこが柔らかくなり、食べたときにカルシウムの吸収もよくなります。白いごはんに混ぜると、まるで酢めしのような風味になるんですよ。あえ物に加えたり、サラダドレッシングに混ぜてもおいしいですね。

しらすのオリーブオイル漬け

これはにんにくの香りと
赤唐辛子の辛みをしっかり
きかせていますが、
好みの量に調節してください。

●材料（作りやすい分量）

しらす干し	200g
にんにくのみじん切り	2片分
赤唐辛子のみじん切り	3本分
オリーブオイル	1カップ

ボウルに材料をすべて入れて混ぜ合わせ、瓶に詰める。
※冷蔵庫で2～3日保存可。

じゃこの酢漬け

じゃこが酢から頭を
出さないよう、軽く押すのが
ポイント。酢の酸味の加減は、
好みのものを使って。

●材料（作りやすい分量）

ちりめんじゃこ	70g
酢	1カップ

ちりめんじゃこを瓶に入れ、酢を注ぎ入れる。じゃこに酢がかぶるよう、スプーンで軽く押してならす。
※冷蔵庫で2～3週間保存可。

しらすのせトースト

パリッと焼けたトーストに、にんにく風味のしらすが
よく合います。ここでは食パンを使いましたが、
バゲットを切って焼けばブルスケッタ風に。

●材料（2～3人分）

しらすのオリーブオイル漬け（P104参照）	適量
食パン8枚切り	4枚
イタリアンパセリの粗いみじん切り	適量
塩	少々

●作り方

1 食パンは縦半分に切って、トーストする。

2 しらすのオリーブオイル漬けをのせて広げ、イタリアンパセリを散らし、しらすの塩分を味見して、足りないようなら塩をふる。

じゃことしょうがの混ぜごはん

じゃことしょうがの酢漬けがあれば、あっという間にできる
混ぜごはんです。しょうがの酢漬けの代わりに
漬け物でもおいしい。木の芽やしょうがの香りがさわやか。

●材料（3～4人分）

炊きたてごはん	800g
じゃこの酢漬け（P104参照）	1カップ
しょうがの酢漬けのせん切り（右記参照、または市販品）	1カップ
木の芽	適量

●作り方

1 炊きたてごはんにじゃこの酢漬け、しょうがの酢漬けを加えてよく混ぜ合わせる。

2 器に盛り、木の芽を散らす。

〈しょうがの酢漬けの作り方〉

新しょうがの季節に作っておくと便利。新しょうがはスライスして約1カップ用意し、軽く湯通しする。塩小さじ⅔、酢大さじ4、砂糖大さじ1½～2を混ぜ合わせたものとあえる。ひねしょうがの場合は少し長めに湯に通し、冷水に取る。

1袋まとめてゆでて、さまざまな料理に

ゆで白いんげん豆 ゆで大豆

小さいころ、母と買い物に行くと、「豆は高くてもいいから、いいものを選ぶのよ」と教えられました。母の作る豆料理は本当においしくて、私の豆好きはここから始まったのです。豆は栄養があるし、サラダ、あえ物、スープなどに幅広く使えます。でも、「戻したり、ゆでたりがめんどう」と敬遠されてしまいがち。そこで、豆をまとめてゆでる方法をご紹介しましょう。

豆は新しいほうがおいしいので、買うときはできるだけ小さめの袋で。1袋を全部水につけて一晩おいて戻し、翌日柔らかくなるまで静かにゆでます。そのまま冷ましてゆで汁ごと小分けにし、冷凍すれば、手軽に豆料理が作れます。アクが出るいんげん豆や小豆は、新しい水に入れ替えてゆでますが、大豆は戻し汁ごと火にかけてゆでると、覚えておくといいですね。

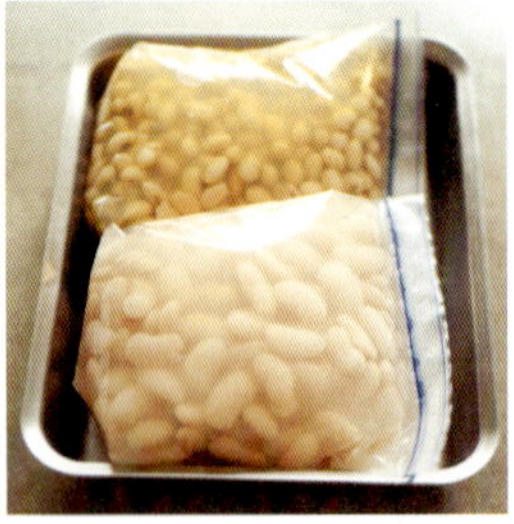

保存方法
どちらの豆もゆで汁ごと小分けにし、保存袋に入れて冷凍する。冷蔵庫で2～3日保存できるが、その場合はゆで汁に塩少々を加える。

ゆで白いんげん豆・ゆで大豆

戻すときもゆでるときも、いつも
豆が水か湯をかぶっている状態に。
ゆでるときの火加減は、
豆が躍らないように、が目安です。

●材料（作りやすい分量）

白いんげん豆（乾燥）	300g
大豆（乾燥）	300g
水	適量

1
ボウルに白いんげん豆を入れ、たっぷりの水を加えて一晩つけて戻す。豆が水を吸うので、水の量は多めに。大豆も同様にして、一晩水につける。このときの戻し汁は、白いんげん豆の場合はアクが出るので捨てる。大豆の場合はだしが出るのでそのまま使う。

2
白いんげん豆は戻し汁をきって鍋に入れ、新しい水をたっぷりかぶるまで注ぐ。大豆は戻し汁ごと鍋に入れ、たっぷりかぶるまで新しい水を足す。どちらの豆も火にかけて煮立つ直前にごく弱火にし、ふたをしないで1時間～1時間半ゆでる。途中、アクが出たらアクを取る。

3
どちらの豆もサラダなどに使う場合はややかためがいいので、途中でチェックして、ほどよいかたさで一部取り分けておく。

4
どちらの豆も、ゆで汁につけたまま冷ます。ゆで汁に入れたまま保存するので、ゆで汁は捨てないこと。

白いんげん豆のたらこあえ

白いんげん豆は和風の素材と合わせることも。
香ばしく炒めたたらこが、ほっくりした豆と
よく合います。塩分はたらこの塩気だけでOK。

●材料（2～3人分）

ゆで白いんげん豆（P106参照）	2カップ
甘塩たらこ	1腹
にんにくのみじん切り	1片分
オリーブオイル	大さじ3
レモン汁	大さじ1

●作り方

1 たらこは薄皮をはがす。
2 フライパンにオリーブオイルとにんにくを入れて弱火にかけ、にんにくの香りが立ってくるまで炒める。たらこを加えパチパチとはねるまでよく炒め、バットに広げて冷ます。
3 ボウルにゆで白いんげん豆、②、レモン汁を入れてあえる。

※冷蔵庫で2日ほど保存できる。

白いんげん豆と
タコとパセリのサラダ

白いんげん豆を使ったイタリア風のマリネサラダ。
少し時間をおいたほうが、豆に味がよくしみます。
レモンの皮のすりおろしが、さわやかな香り。

●材料（2～3人分）

ゆで白いんげん豆（P106参照）	2カップ
ゆでダコの足	1本
〈マリネ液〉	
にんにくのみじん切り	1片分
オリーブオイル	大さじ3
レモン汁	1個分
赤唐辛子の小口切り	1～2本分
レモンの皮のすりおろし	適量
塩	小さじ½
イタリアンパセリのみじん切り	大さじ2

●作り方

1 タコの足は薄切りにする。
2 ボウルにマリネ液の材料を入れて混ぜ合わせ、タコ、ゆで白いんげん豆を加えてあえる。しばらくおいたほうが、豆に味がしみておいしくなる。

※塩気をきかせておけば、冷蔵庫で2～3日保存できる。

大豆のクリームスープ　カレー風味

とろりとした豆のスープは、栄養満点の一皿です。
カレー風味に仕上げて、生クリームをたらして。
かたい豆に当たったら、スープにするのがおすすめ。

●材料（2～3人分）

ゆで大豆（P106参照）	2カップ
玉ねぎのザク切り	1個分
にんにくの粗いみじん切り	2片分
オリーブオイル	大さじ3
カレー粉	大さじ3
塩・こしょう	各適量
生クリーム	適量

●作り方

1 鍋にオリーブオイルを熱し、玉ねぎとにんにくを炒める。ゆで大豆、カレー粉を加え、大豆のゆで汁（または水）をかぶるくらいまで注ぐ。沸騰したら弱めの中火にし、玉ねぎが柔らかくなるまで煮る。

2 スティックミキサーで粒が残る程度になめらかにする（ミキサーの場合は、鍋から移して回し、鍋に戻して温める）。塩、こしょうで味をととのえ、とろみは湯で調整。

3 器に盛り生クリームを入れる。

ゆで大豆のしょうがあえ

大豆はややかためにゆでて、食感を楽しんで。
ゆでる途中で取り出して、このしょうがあえを作ります。
残りは柔らかくゆでて、スープ用などに。

●材料（2人分）

ゆで大豆（P106参照）	1カップ
しょうが	1かけ
しょうゆ	適量

●作り方

1 しょうがは皮をむいてすりおろす。

2 ゆで大豆を器に盛り、しょうがをのせ、しょうゆをかける。好みで酢少々をたらしても。

Part 4

素材別、基本の扱いとレシピ

おいしさと手早さのウラには「なるほど！」のリクツがあります。

日本は食材の宝庫。世界のどこを見ても、これほどおいしいよい食材が豊富な国は、日本をおいてはありません。季節感あふれる新鮮な野菜は、体によくおいしくて目にも美しく、と三拍子そろっています。暖流と寒流がある周辺の海からは、世界一おいしい魚がとれ、魚の扱い方は世界に誇るすばらしさ。肉についてのこだわりも半端ではありません。こんなに豊かな食材に恵まれた日本にいることはこのうえない幸せです。

野菜はなるべく土で育ったものを選びましょう。力強く栄養も豊富です。泥を洗い落としてていねいに扱うことも覚えましょう。洗い方、火の通し方ひとつで味に差が出ます。魚や肉も、買ってきたら早めに下処理を。そうすればおいしい時を逃さずに食べられます。素材は、新鮮なうちに適切な下ごしらえをして食材をむだにしない心がけが大切です。そこのコツをこの章ではじっくりと見て、おいしいアレンジも楽しんでくださいね。

鶏肉

Chicken

料理の幅が広く、値段も手ごろな鶏肉は、
毎日の献立に欠かせない。しめた後、
常温で8～12時間おくと熟成する。
傷みが早いので他の肉に比べ、
鮮度が決め手。信頼できるお店で
質のよいものを買い求めることが大切。

1

蒸し鶏のカリカリしょうゆ揚げ

4
鶏肉と赤パプリカの蒸し煮

2
蒸し鶏とクレソンのゆずこしょうサラダ

5
鶏肉とエリンギのゆずしょうゆあえ

3
鶏肉となすの豆豉炒め

鶏肉

高タンパク、低カロリーと、健康的で幅広い食べ方ができますから、わが家でよく使う食材です。いろいろな部位の味を楽しめ、栄養面でも、経済的にも優等生です。骨つきの部分からは、スープがとれますし、煮込んでも揚げても、満足感のある仕上がりになります。丸ごとでなくても、必要に応じて、欲しい部位だけ求めてもよいと思います。

鶏はなるべく自然に近い状態で飼育されたものを選んでください。ブロイラーは水分を多く含むので、塩をまぶして一晩冷蔵庫に入れ、出てきた水分を洗い流し、ふいてから調理してください。

手羽先

腕から手羽の先までの部分。肉は少ないが、ゼラチン質で脂肪が多く、うまみがある。

焼く、揚げる、蒸す、煮ると万能に使える。手軽に鶏のスープをとりたい場合には、香味野菜を加えて煮込むだけで本格的な味に。

●ポイント

ブロイラーの場合、よく水で洗い、塩でもんで、水分を出し、水で洗って使う。塩もみ後に一晩、冷蔵庫におき、翌日洗い流してもいい。

ささ身

脂肪が少なく、もっとも柔らかな部位。形が笹の葉に似ていることからこの名前になったとか。

淡泊な味を生かして、スープ、刺し身風、酒蒸し、サラダに。油分を補うとうまみが増す。牛や豚のヒレに相当する柔らかな部分。

●ポイント

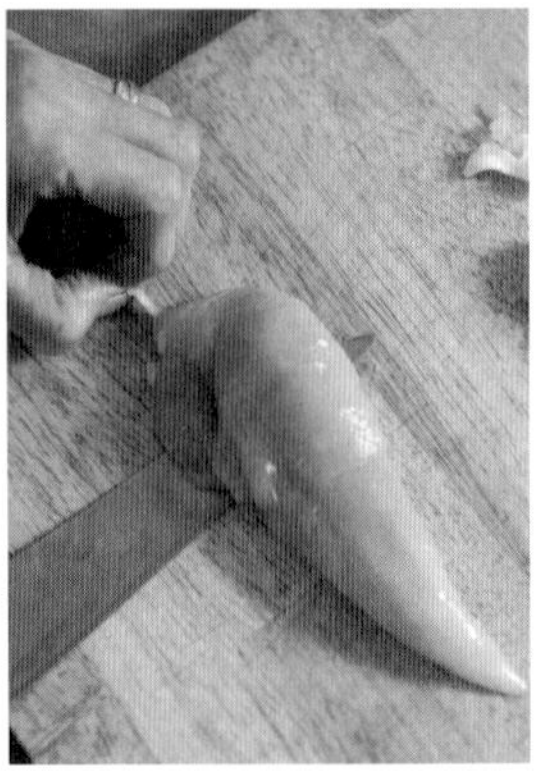

中央にある筋は口当たりがよくないので、取り除く。筋の端を手に持ち、包丁で軽く押さえて引っ張りながら取る。

もも

動きの激しい部分なので、肉はややかたいが、味が濃く、うまみがある。色も一番濃い。

骨つき、骨なしを料理によって使い分ける。脂がのって風味があるので、料理の応用範囲が広い。焼く、炒める、煮込み、揚げ物に。

●ポイント

もも肉は、厚みを均一にするために、斜めに包丁を入れて開いてからソテーなどに。むね肉は火が通りやすいので、必要ない。

むね

薄いピンクで柔らかく、脂肪が少なく、あっさりした味。よりさっぱり食べたいなら皮を取る。

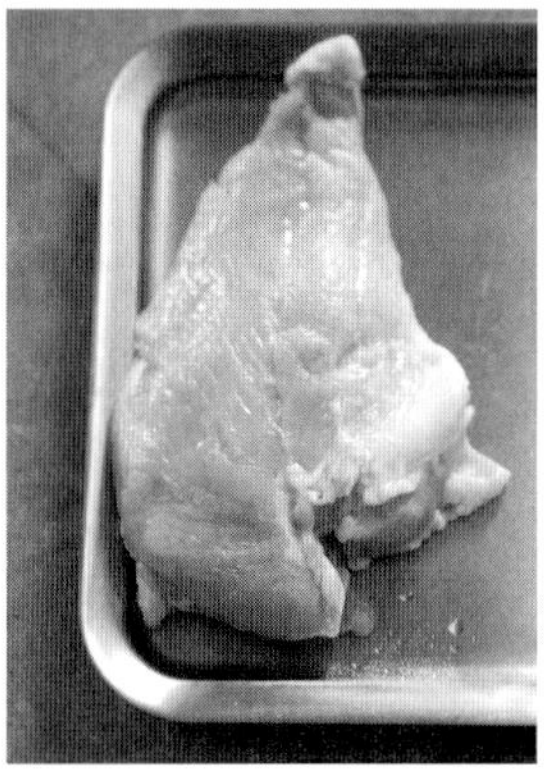

どんな料理にも向くが、調味料やスパイス、油分を補うとよりおいしくなる。火を通しすぎるとパサパサになるので注意。

●ポイント

脂は皮と身の間にあるので、できるだけ取り除く。皮目にフォークで穴をあければ、加熱時に余分な脂が落ちる。もも肉も同様に。

★蒸し鶏の作り方

蒸すと鶏がしっとりと、うまみを逃がさず
おいしく仕上がる。蒸すための水を
スープにしてしまう、画期的な蒸し方！
鶏の部位は1種類でも。

●材料（作りやすい分量）

鶏骨つきもも肉・手羽元・手羽先……各２本
塩……大さじ１½
A
- にんにく……２片
- しょうがの薄切り……小１かけ分
- ねぎの青い部分……１本分
- あればレモングラスの茎・香菜の根…各適量

●作り方

１鶏もも肉は３等分に切る（精肉店で切ってもらうといい）。手羽元、手羽先とともに塩をふってもみ、しばらくおく。水分が出てきたら、塩を洗い流す。

２蒸し器（または蒸し棚を入れた鍋）にＡと水適量（スープも兼ねているので多めに）を入れて沸騰させる。

３①の鶏肉を重ならないように蒸し棚に並べ、蒸気が上がっている状態を保ちつつ、ふたをして中火で30分弱蒸す。指で触れて、弾力があればＯＫ。鶏肉を取り出しスープをこす。肉は鍋に戻し、ふたをした状態でゆっくり冷ますとしっとり仕上がる。

1 蒸し鶏のカリカリしょうゆ揚げ

脂を落とした蒸し鶏を揚げるので
カリカリになるのです。しょうゆに漬け、
素揚げするだけで、絶品の味に！

●材料（２人分）

鶏の手羽元・手羽先……各４本
〈マリネ液〉
　しょうゆ……¼〜⅓カップ
　にんにくのすりおろし……大２片分
香菜・揚げ油……各適量

●作り方

１手羽肉を上の方法で蒸し、熱いうちにマリネ液をまぶし、30分以上漬けておく。

２①の蒸し鶏の水気をよくきり、170〜180℃の油に入れ、鶏の皮がカリカリになるまでこんがりと揚げ、油をよくきる。

３器に盛り、ちぎった香菜をたっぷりと添える。好みで山椒や七味唐辛子を添えて。

※生の手羽肉を揚げるより、油が汚れず、おいしさもアップ。骨つきもも肉も同じようにできる。ビールのつまみにも。
※マリネ液に漬けたまま密閉袋に入れておけば、冷蔵庫で１週間ほど保存できる。揚げたり、焼いたり、煮込みにも。

2 蒸し鶏とクレソンのゆずこしょうサラダ

ほろ苦いクレソンとゆずこしょうの香りが
ぴったり！　右の方法でしっとり蒸し
上がった鶏肉だからこそのおいしさ。

●材料（２人分）

蒸し鶏（骨つきもも肉）……１本分
クレソン……２束
〈ゆずこしょうドレッシング〉
　ゆずこしょうまたは練りがらし……小さじ１
　オリーブオイル……大さじ１½
　酢……小さじ１½
　しょうゆ……少々

●作り方

１クレソンは冷水に放してシャキッとさせ、水気をふく。かたい部分を除いて、食べやすくちぎる。

２蒸し鶏は皮と骨を除き、大まかにほぐす。

３ドレッシングの材料を混ぜ合わせる。

４ボウルに蒸し鶏とドレッシングを入れ、混ぜながら味をなじませる。クレソンを加えてふんわりとあえ、器に盛る。

3 鶏肉となすの豆豉炒め

ごはんが進むしっかり味の炒め物。豆豉は
大豆を発酵させて作った中国調味料。
肉・魚料理にコクと風味を加えます。

●材料（２人分）

鶏もも肉……１枚（250〜300ｇ）
A
- しょうがのすりおろし……１かけ分
- 酒・しょうゆ……各大さじ１
- 塩……小さじ⅓
- こしょう……少々

なす……２〜３個
油……適量
にんにくのみじん切り……１片分
紹興酒・しょうゆ……各大さじ１
豆豉（刻む）……軽く大さじ２

●作り方

１鶏肉はひと口大に切ってＡをまぶし、約30分おいて下味をつける。

２なすは乱切りに。水にさらしてアク抜きを。

３中華鍋を熱して油を多めに入れ、水気をふいた②のなすを、柔らかくなるまで揚げ焼きにして取り出し、油をきる。

４③の鍋をきれいにして、油大さじ２とにんにくを入れて熱し、①の鶏肉を加えよく炒める。紹興酒、豆豉、しょうゆを加えてからめ、③のなすを戻して合わせる。

※豆板醤を加えてもおいしい。

4 鶏肉と赤パプリカの蒸し煮

ベストコンビのイタリアン。シンプルに
蒸し煮にするので、鍋は厚手を！
骨つきの鶏肉で作りましょう。

●材料（２人分）

鶏骨つきもも肉（ぶつ切り）……400ｇ
赤パプリカ……大２個
にんにく……２〜３片
オリーブオイル……大さじ３
塩・こしょう……各適量

●作り方

１鶏肉に塩、こしょうする。

２パプリカは縦半分に切ってヘタと種を取り除き、縦1.5㎝幅に切る。

３厚手の鍋にオリーブオイルとつぶしたにんにくを入れて中火で炒め、香りが出てきたら①の鶏肉を皮目から焼き、両面に焼き色をつける。

４②のパプリカを加え、軽く塩、こしょうしてさっと炒め合わせ、ぴったりふたをして弱火で30〜40分蒸し煮にする。ときどき混ぜて塩味をととのえて仕上げる。

※鶏肉は骨つきのほうがおいしくできる。

5 鶏肉とエリンギのゆずしょうゆあえ

冬の香り、ゆずの皮も汁も上手に使って。

焼いた鶏肉とエリンギが香ばしい。

メインにするなら倍量で。

●材料（２人分）

鶏むね肉……１枚（約200ｇ）
エリンギ……２本
ゆず……大½個
しょうゆ……（ゆずのしぼり汁と同量）
塩……少々

●作り方

１鶏肉は塩をふって３〜４等分する。エリンギは食べやすい大きさに手で裂く。

２ゆずは、皮の黄色い部分だけ薄くむき、せん切りに。汁をしぼり、同量のしょうゆを合わせておく。

３焼き網を熱して①の鶏肉とエリンギを焼く（または、魚焼きグリルで）。

４鶏は食べやすく裂き、エリンギとともに②のゆずしょうゆとあえる。

５器に盛り、②のゆずの皮を飾る。

※ゆずは皮をむいてから、半分に切り、ガーゼに包んでしぼるときれいにしぼれる。皮も汁も残ったら冷凍に。

Pork

豚肉

日本の食卓に頻繁にのぼる豚肉。
豚肉のおいしさは脂にあるといわれ、
濃厚な風味、柔らかな口当たりなど、
脂の効用は見逃せない。
必須アミノ酸をバランスよく含み、
ビタミンB_1、B_2なども豊富。

1

豚肉ソテー　野菜のピクルスとともに

4

豚の唐揚げとトロピカルフルーツ＆しょうが

2

ゆで豚ときゅうりの香味ソース

5

豚肉のしょうが焼き

3

豚肉のカレー粉焼き ミニトマト添え

豚肉

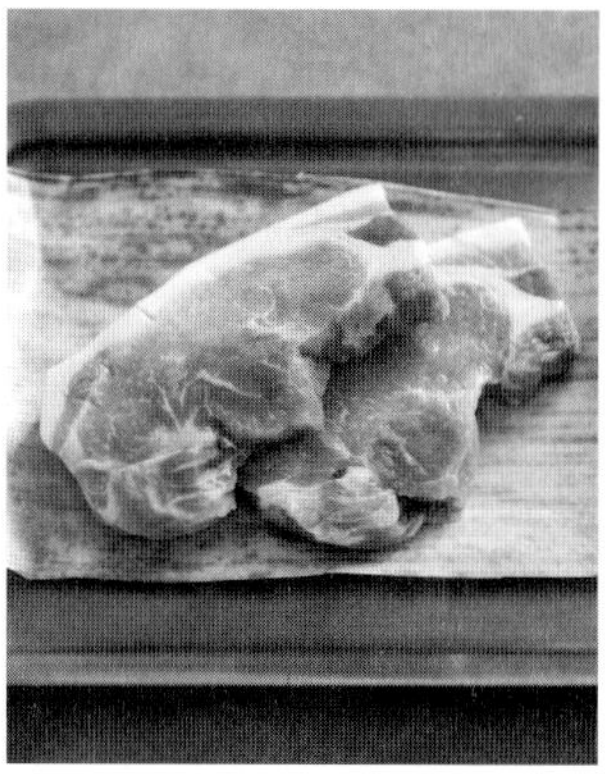

豚肉は部位によって、脂の入り方、肉質が異なります。料理に適した部位を選ぶことは豚肉料理が上手になる第一歩といえます。

脂がおいしい豚肉はおいしい、ということを覚えておいてください。脂はあるけれど柔らかいほうがいいのか、脂は少なく筋肉質なほうがいいのか、好みもあります。

どちらかと言えば、私は厚切りをよく使います。ほどよく脂が入って、もも肉に食感が近いところと柔らかいところが一体になっている肩ロースは、ほどよい脂と肉のバランスで、豚肉好きな方におすすめの部位。とんかつ用よりやや厚めに切ってもらい、グリルやローストにしていただきます。

バラ

肉質が柔らかく、風味抜群。
脂肪分が多く、コクとうまみがある。
三枚肉とも呼ばれる。

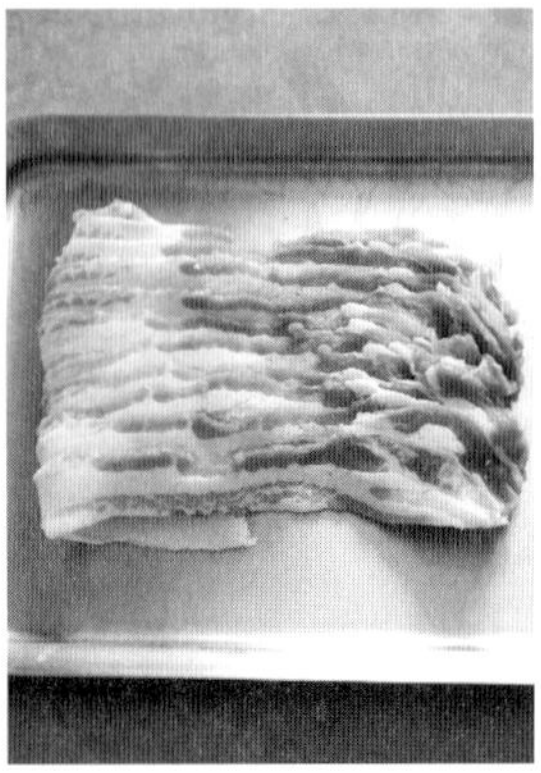

きゅうり、アスパラガス、パプリカなどの野菜と炒め物に、鍋に、蒸してマスタードしょうゆと。細切りにしてカリカリに焼いてドレッシングに混ぜても。

● ポイント

野菜と炒めるときは、油をひかないフライパンでバラ肉をカリカリになるまで炒めてから、野菜を入れる。おいしい脂と香ばしい肉で野菜をたっぷり食べられる。

ロース・肩ロース厚切り

柔らかく、縮みも少ない、
使いやすい人気部位。
双方ともに、同様の使い方を。

ソテー、とんかつ、照り焼きに。マリネして焼いても、網焼きにしてソースを添えても。量も味にもボリューム感があるのでおかず向き。

● ポイント

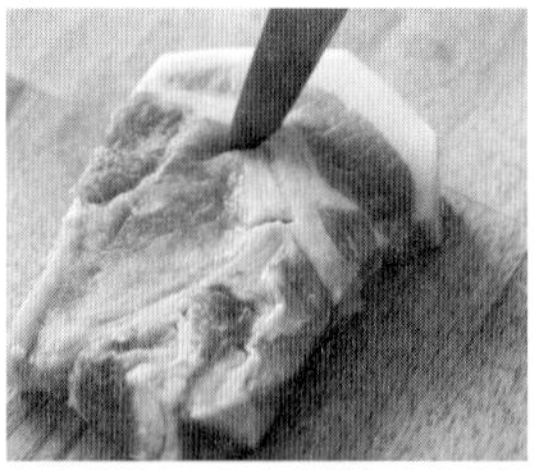

1肉が縮まないよう脂と赤身の境の筋に数カ所、切り込みを入れる。肉たたきでたたくと柔らかくなる。

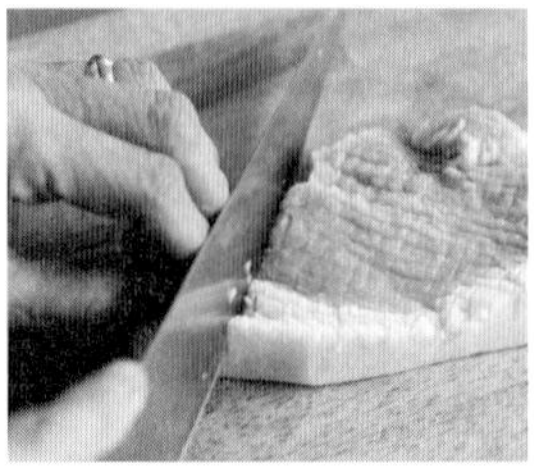

2鹿の子に切り目を入れる。包丁を斜めに幅1㎜強の切り目を入れていくと、味のなじみがよくなる。

肩ロース薄切り

筋があるために少しかたいが、
味が濃く、うまみがたっぷりある。
脂分もほどほどで、人気の部位。

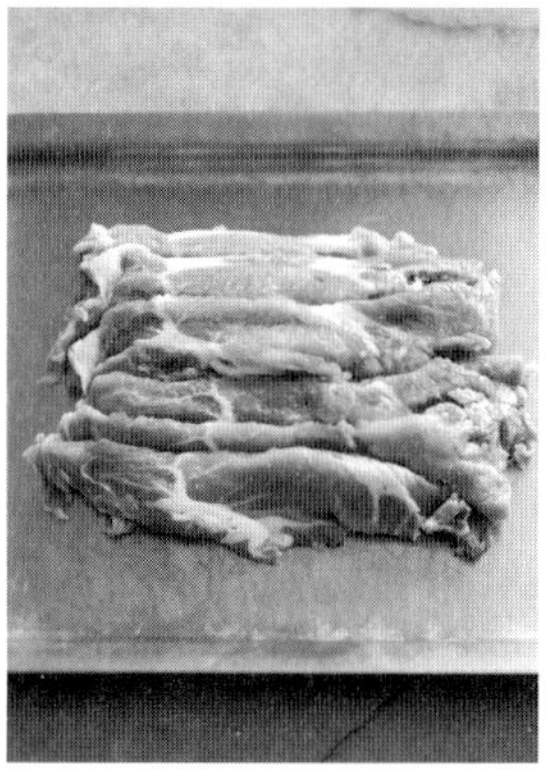

ロース肉と同じ用途で使える。筋が気になるなら、包丁を入れて、筋を切ってもいい。もも肉同様にマリネして炒め物に。

もも薄切り

脂分の少ない、赤身の部分。
柔らかい肉質で、
濃いうまみがある。

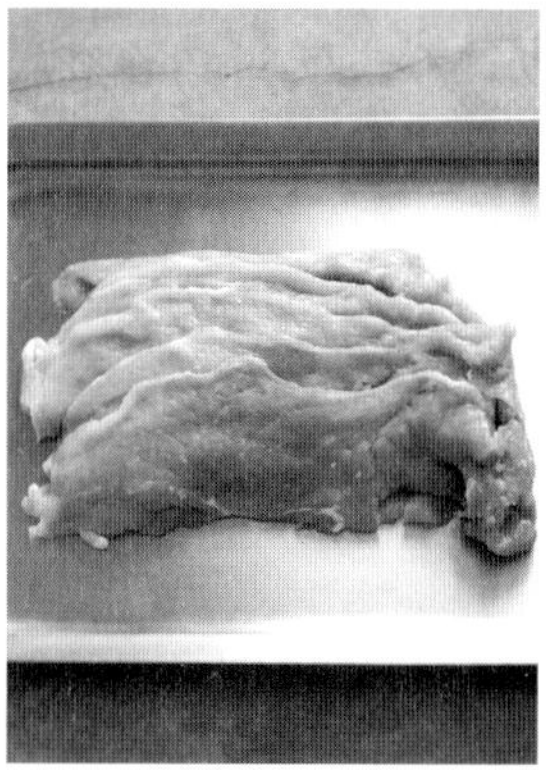

火を通しすぎるとパサパサになるので注意。薄切りは、しゃぶしゃぶにしたり、炒め物に。マリネしてさっと焼いても。

● ポイント

薄切り肉はマリネして下味をきっちりつけるとおいしい。和洋中なんでも合う。片栗粉を使う場合、下味をなじませて最後にまぶす。

1 豚肉ソテー 野菜のピクルスとともに

ソテーは弱めの中火でゆっくりじっくり焼いて。塩、こしょうは焼きながらふると、余分な水分を出さず、上手に焼けます。

●材料（2人分）

豚肩ロース肉（ソテー用）……2枚（1枚120g）
オリーブオイル・塩・こしょう……各少々
ピクルス（下記参照）……適量

●作り方

1 豚肉は筋切りする。フライパンを熱し、オリーブオイルを薄くひき、弱めの中火にして肉を入れる。塩をふり、こしょうをひきかけ、裏返したら、同様にする。焼き色が足りなければ、最後に強火にし、きつね色に焼き上げる。
2 器に盛り、ピクルスとともに食べる。

〈ピクルスの材料と作り方〉

野菜（写真はコリンキー、れんこん、セロリ、きゅうり、ディルの花）は、大ぶりに切り、野菜の3%の塩をしてから重しをし、一晩おく。水気を絞り、密閉容器に移す。酢2カップ、水½カップに、好みで砂糖70〜80gを加えて煮溶かす。冷めたら野菜がひたひたになるまで注ぐ。1日以上おいたら食べられる。

2 ゆで豚ときゅうりの香味ソース

香味野菜たっぷりのソースでいただくさっぱり味の主菜。だれもが好きな飽きないおいしさですね。

●材料（2人分）

豚肉（しゃぶしゃぶ用）……200g
きゅうり……2本
〈香味ソース〉
　長ねぎのみじん切り……7〜8cm分
　しょうがのみじん切り……1かけ分
　にんにくのみじん切り……1片分
　ごま油……大さじ½
　しょうゆ・酢……各大さじ1½
　豆板醤……小さじ1
塩・あればミントの葉……各適量

●作り方

1 豚肉はゆでて氷水に取り、水気を取る。
2 きゅうりは薄い小口切りにし、濃いめの塩水につけ、しんなりしたら水気を絞る。
3 香味ソースの材料をすべて混ぜ合わせる。
4 ボウルに①の豚肉、②のきゅうり、③の香味ソースを入れて大きくあえ、器に盛って、好みでミントの葉を飾る。

3 豚肉のカレー粉焼き ミニトマト添え

カレー風味の香ばしい豚肉と甘酸っぱいトマト、酢じょうゆの組み合わせが不思議においしいメインディッシュ。

●材料（2人分）

豚肉（バター焼き用）……200g
A［にんにくのすりおろし……1片分
　塩・こしょう……各少々
　カレー粉……大さじ1½］
オリーブオイル……大さじ1〜2
ミニトマト……10個
B［酢……大さじ1
　しょうゆ……大さじ1½］
イタリアンパセリ（あれば）……適量

●作り方

1 バットに豚肉を並べ、Aをなじませてしばらくおき、下味をつける。
2 フライパンにオリーブオイルを熱し、①の豚肉をこんがり焼く。
3 半分に切ったミニトマトを器に並べ、上に焼きたての豚肉をのせる。
4 ②のフライパンにBを入れて、ひと煮立ちさせ、③にかける。あればイタリアンパセリを飾る。

4 豚の唐揚げとトロピカルフルーツ&しょうが

ふわっとジューシーな豚肉に甘いフルーツとしょうがを一緒にいただくのがポイント！ 肉は柔らかいヒレ肉で。

●材料（2人分）

豚ヒレ肉（厚切りかかたまり）……200g
A［しょうがのすりおろし……1かけ分
　にんにくのすりおろし……1片分
　しょうゆ……大さじ1½〜2］
しょうがのせん切り……1かけ分
フルーツ（パイナップル・マンゴー・アボカドなど）……適量
レモン汁・片栗粉・揚げ油……各適量

●作り方

1 豚肉は3cm角に切ってAで下味をつけ、1時間ほどおく。
2 しょうがのせん切りは、水にさらす。
3 フルーツは約3cm角の大きさに切り、アボカドには色止めにレモン汁をふる。
4 ①の豚肉に片栗粉をまぶし、170〜180℃の揚げ油でカラッと揚げる。
5 器に④の唐揚げとフルーツを盛り合わせ、②のしょうがの水気をよくきり、のせる。

5 豚肉のしょうが焼き

豚肉を漬け込まないので、意外に思うプロセスですが、ずいぶん昔に習って以来ずっとこのレシピ。おいしいですよ。

●材料（2人分）

豚肩ロース肉またはもも肉（薄切り）……200g
しょうがのすりおろし……1かけ分
にんにくのすりおろし……1片分
砂糖……大さじ1強
酒・しょうゆ……各大さじ1½〜2
油……大さじ1〜1½
片栗粉……適量
つけ合わせ（キャベツのせん切り）……適量

●作り方

1 豚肉を広げ、片栗粉を茶こしに入れて肉の上側のみ、全体にふる。片栗粉を内側にして2つに折る。肉のくっつきがよくなり、仕上がりにほどよいとろみが出る。
2 フライパンに油をよく熱し、2つに折った豚肉を並べる。くっつきやすいので、油は多めに。両面をしっかり焼き、肉の表面をカリッと仕上げる。
3 いったん火を止め、フライパンの余分な油をペーパータオルでふく。肉の上にしょうが、にんにく、砂糖を少量ずつのせる。
4 再び中火にかけ、酒としょうゆを全体に回しかける。ジュッと煮立たせ、肉の上下を返して、しょうが、にんにく、砂糖と汁気を全体になじませる。
5 器に盛り、キャベツのせん切りを添える。

1豚肉を広げ、上から片栗粉をふる。2つに折るので、くっつかせるためととろみを出すため。

2肉が焼けたらいったん火を止め、あせらずに味つけをする。

Pork

豚のかたまり肉

肉本来のおいしさを満喫するには、かたまり肉で。
煮る、ゆでる、焼く、揚げる、蒸す……。
さまざまな調理法に合う。
最近、ブランド豚もさまざま登場し、
豚の種類によって異なる味が楽しめるように。
脳や肌を活性化させるビタミン類も豊富。

1

蒸し豚とたっぷり香味野菜のサラダ

1 煮豚と煮卵

2 和風焼き豚

5 揚げ豚

3 豚肉のポットロースト

豚のかたまり肉

かたまり肉をもっと活用してほしいですね。多めに作れば、利用法がたくさんあって、何度も楽しめます。蒸したりゆでたりすればスープまでできてしまいますよ。

バラ肉は味わい濃厚で、魅力的な部位ですが、脂肪分が苦手という声を聞きます。じっくり煮たりゆでたりした後、一晩おいて翌朝、鍋の表面に浮かぶ、かたまった脂をていねいにすくいます。こうすれば、脂分をほとんど感じずに、さっぱりといただけます。

肩ロースは脂肪を適度に含みますから、柔らかく仕上がり、火入れ後の縮みも少ないので、かたまり肉初心者にもおすすめです。

★蒸し豚の作り方

ゆでるより、断然おいしく仕上がる蒸し豚。おいしいスープも一緒にとれる、目からウロコの蒸し方。

●材料（作りやすい分量）
豚肩ロース肉（かたまり）
……………………350～400ｇ×２個
A
- 長ねぎの青い部分…．１本分
- しょうがの薄切り
…………………………１かけ分
- セロリの葉と細い茎…．½本分

※蒸した豚肉のまわりに塩小さじ１弱をすり込み、密閉袋に入れて冷蔵庫で４～５日保存可。

※蒸した肉はスライスして、にんにく入りのみそをつけて、キャベツで挟んでもおいしい。

１蒸し器（または蒸し棚を入れた鍋）にAと水適量（スープをとるので多めに）を入れて沸騰させる。

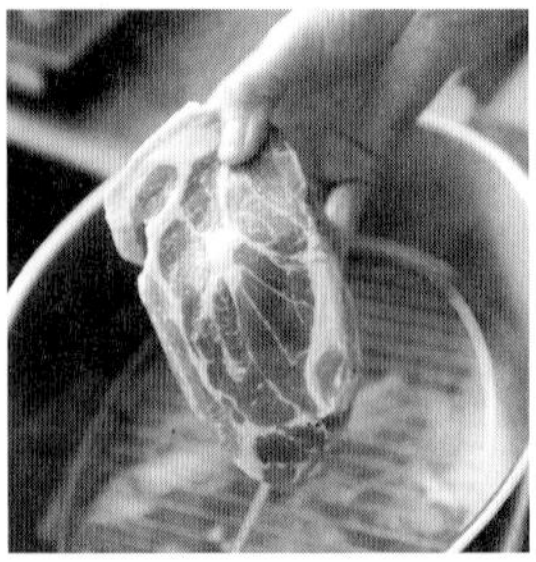

２豚肉を蒸し棚にのせ、蒸気が上がっている状態を保ちながら、ふたをして中火で40分ほど蒸す。

３竹串を刺してみて、すっと通り穴から澄んだ汁が出ればＯＫ。

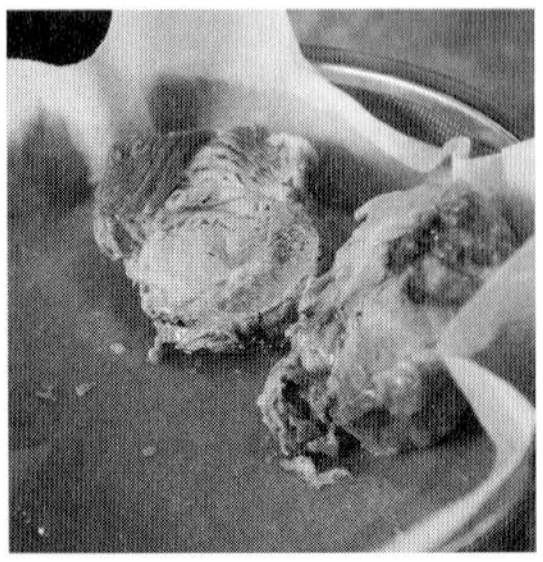

４豚肉を取り出して、スープをこす。肉を鍋に戻し、ふたをした状態で冷ます。スープは酒、塩、こしょう各少々で味をととのえ、長ねぎの小口切りを散らす。

肩ロース

首から背中にかけての肩肉で、脂肪がほどよく入っていて、豚肉本来の深いうまみを楽しめる。

グリル、ロースト、煮込み、蒸し豚、焼き豚、ゆで豚、揚げ豚など、和洋中の料理にオールマイティに使える。厚めに切ってソテーしたり、マリネしても。

バラ

あばら骨の周囲の肉で、脂肪が多いことから三枚肉とも。骨つきはスペアリブと呼ばれる。

角煮、煮込み、蒸し豚、揚げ豚などに。脂をとことん落として調理すると、脂のおいしい部分しか残らず、とろけるような柔らかさで極上の味となる。

ロース

胸から腰にかけての背側の肉。脂肪を適度に含み、きめが細かく柔らかい。むっちりとした食感。

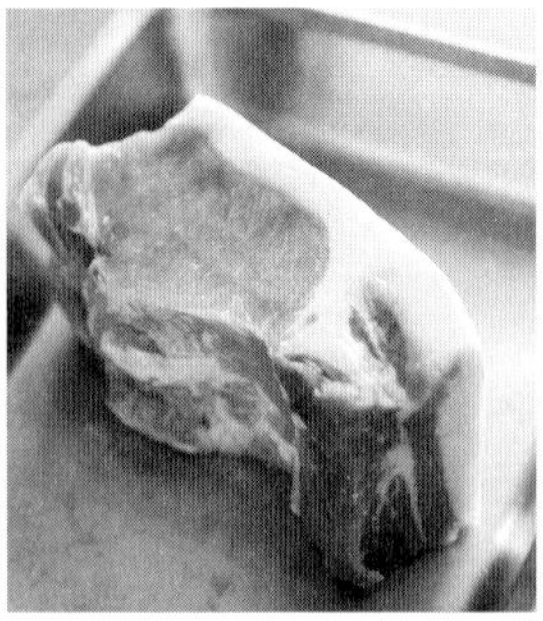

使い方は肩ロースとほぼ同じ。脂はそぎ落としてもよい。とんかつやポークソテー、ローストポークなどに。

ヒレ

きめが細かく、脂肪が少なく、淡泊な味わい。1頭から少量しかとれない最高級部位。

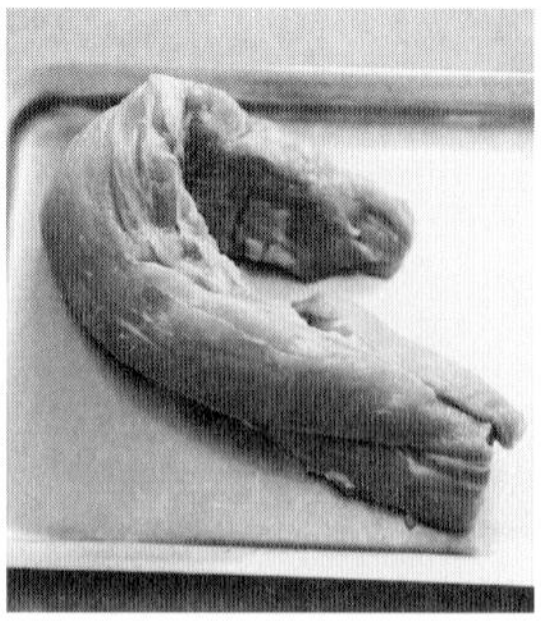

とても柔らかく、脂分が少ない分、火を入れすぎるとパサつくので注意。ヒレかつなど油分を補って料理するとおいしい。

1 蒸し豚とたっぷり 香味野菜のサラダ

しっとり蒸された豚肉は、シャキシャキのなす、ねぎ、みょうがとみそドレッシングでさっぱりと。七味をきかせるとおいしい。

●材料（2人分）

蒸し豚（かたまり）……200g
なす……2個
みょうが・長ねぎの各せん切り……各適量
青じそ……10枚
A 焼きみょうばん（あれば）……小さじ½
　塩……適量
〈みそドレッシング〉
　みそ・酢……各大さじ1～1½
　ごま油……大さじ1½
　七味唐辛子……少々

●作り方

1 P122の方法で作った蒸し豚は薄めにスライスする。
2 かぶるくらいの水にAを溶かし、薄い輪切りにしたなすをつけアク抜きをする。しんなりしたら、さっと洗って水気を絞る。
3 みょうがと長ねぎは、それぞれ冷水に放してシャキッとさせ、水気をきる。
4 器に蒸し豚と②、③、青じそを盛り合わせ、みそドレッシングを添える。

2 和風焼き豚

肉汁を煮つめ焦がして作る濃厚なソースがおいしい。もも肉で作るとさっぱり味に。しっとりした焼き豚がお好きなら肩ロースで。

●材料（作りやすい分量）

豚もも肉または肩ロース肉（かたまり）……400g
A 長ねぎの青い部分……½本分
　しょうがの薄切り（皮ごと）……1かけ分
　にんにく（半割りにする）……2～3片
酒・みりん……各⅓カップ
しょうゆ……¼カップ
練りがらし……適量

●作り方

1 深鍋に、豚肉とA、かぶるくらいの水を入れて火にかける。最初は強火、煮立ってきたらアクや脂をていねいに取り除き、火を弱める。水分がなくなり、鍋肌が焦げてきて鍋底まで焦げがまわってくるまで、ときどき上下を返しながら煮る。ふたはしない。長ねぎはここで取り出す。
2 ①に酒、みりんを加え煮立たせ、泡が上まで上がってきたらしょうゆを入れ、肉の上下を返し汁をからめつつ約5分煮る。
3 そのまま冷まし、肉を薄く切って器に盛り、煮汁をかけ、練りがらしを添える。

3 豚肉のポットロースト

厚手の鍋で肉を焼いて、そのまますっちりふたをして蒸し焼き、または蒸し煮にするのがポットロースト。簡単で豪華な一品に。

●材料（2人分）

豚ロース肉または肩ロース肉（かたまり）
……350g
にんにく……2片
塩・こしょう……各適量
オリーブオイル……大さじ2
ローズマリー……2枝
さつまいも……½本
甘栗（甘露煮なら蜜を洗い流す）……5～6個
バター……大さじ1強
シナモン・グラニュー糖……各適量

●作り方

1 にんにく1片はすりおろし、豚肉の表面にすり込む。塩大さじ1弱、こしょうもこすりつける。残りのにんにく1片は縦に4等分に切り、肉に切り込みを入れて埋め込む。
2 厚手の鍋にオリーブオイルを熱して肉の全面に焼き色をつけ、ローズマリーを入れ、きっちりふたをして弱火で40～45分焼く。竹串を刺し、淡いピンク色がかった汁が出たら火を止め、ふたをしたまま冷ます（余熱で火が通る）。
3 さつまいもは乱切りにし、下ゆでする。
4 さつまいも、栗をバターでソテーし、シナモン、グラニュー糖で調味する。
5 ②の肉を好みの厚さに切り、④のさつまいも、栗とともに皿に盛る。

4 煮豚と煮卵

豚肉とゆで卵を甘辛味でこっくりと煮た人気おかず。昆布を加えてうまみを増します。煮返すとおいしいので多めに作りましょう。

●材料（作りやすい分量）

豚肩ロース肉（かたまり）……400g
A しょうがの薄切り（皮ごと）……1かけ分
　長ねぎのぶつ切り……½本分
　昆布……小10cm
紹興酒または日本酒……⅓カップ
B 八角……1個
　花椒……小さじ½
砂糖……大さじ1～2
（またはみりん……大さじ2～3）
しょうゆ……¼カップ
ゆで卵（殻をむく）……2～4個

●作り方

1 鍋に豚肉、A、紹興酒を入れ、かぶるくらいまで水を注ぎ入れる。強火で煮立て、アクをていねいに取りBを加える。
2 弱めの中火にして、アクが出なくなったら砂糖を加え、20分煮る。
3 煮汁が減って肉が見えてきたら、しょうゆを加えて落としぶたをし、20分ほど煮る。ゆで卵を加え、さらに20分煮て、全体に味をなじませる。煮汁ごと冷ます。

5 揚げ豚

豚肉を豪快に丸ごと揚げます。まわりはカリカリに香ばしく、中はとてもジューシー。常温の油から火にかけ、煮るように揚げて。

●材料（2人分）

豚肩ロース肉またはバラ肉（かたまり）
……250～300g
しょうゆ……¼カップ
粗びき黒こしょう……少々
キャベツ・青じそ・揚げ油……各適量

●作り方

1 深めの揚げ鍋に豚肉を入れて、常温の揚げ油をかぶるより少し下まで注ぐ。弱めの中火にかけてふたをぴったりとし、肉の表面がカリカリになるまで20～25分くらい揚げる。途中1回、上下を返す。
※ふたを取るとき、ふたの裏についた水滴が落ちると跳ねるので、ふたは水平にしてそっとはずして水分をふき取る。
2 揚げたてをボウルに入れ、しょうゆとこしょうをかける。ときどき上下を返して、全体によく味をなじませる。
3 ②の肉を薄切りにし、手でちぎったキャベツと青じそを敷いた皿に盛る。好みでたれをかける。

常温の油を入れ弱めの中火で揚げていく。捨てる前の古い油でOK。油がとぶので深鍋でふたをして揚げる。ふたを取るとき、裏の水滴に注意！

Beef
牛肉

うまみと柔らかな食感、香りのすばらしさは、肉の王者の貫録十分。肉の色が鮮やかな赤色かそれに近い色、脂肪は白色から乳白色で粘りのあるものを選ぶとよい。

1
メキシコ風スパイシー焼き肉

4
牛肉のせトマト　青じそ風味

2
牛肉とこんにゃくの煮物

5
牛すね肉と里いものスープ煮

3
薄切り牛肉の青じそ炒め

牛肉

　牛肉も料理に合わせた部位を選ぶことが肝要です。ステーキだったらサーロインやランプを、煮込みならすね肉や肩バラ肉のブリスケを選びます。

　肉に味つけするタイミングに気をつけましょう。火を入れる前に塩をすると、水分が出てかたくなってしまいます。ステーキは、焼き上がる寸前にさっと塩、こしょうを。大きなかたまりをローストするとき、私は塩をせずに焼き、いただくときに塩をふったり、つけたりしています。このほうが、柔らかく仕上がり、塩分摂取量が少なくてすみます。豚肉も同様にします。

すね

脚の動きが激しい部分で、
筋が多くかたいが、
煮込めば煮込むほど味が出る。

シチューやカレー、ポトフなどの煮込みに。ワインや日本酒と香味野菜でホロホロになるまで煮込み、ソースといただいたり、サンドイッチにしたり。

●ポイント

すね肉をゆでる場合、ひたひたの水に入れ、沸くまで強火で、その後は中火で最低2時間、水を足しながらゆでる。十分に柔らかくなり、アクが出なくなったときが調味料を入れるタイミング。

薄切り

牛肉特有の鮮やかな赤色で、
濃淡のないものを選ぶ。
肉のきめの細かいものほど柔らかい。

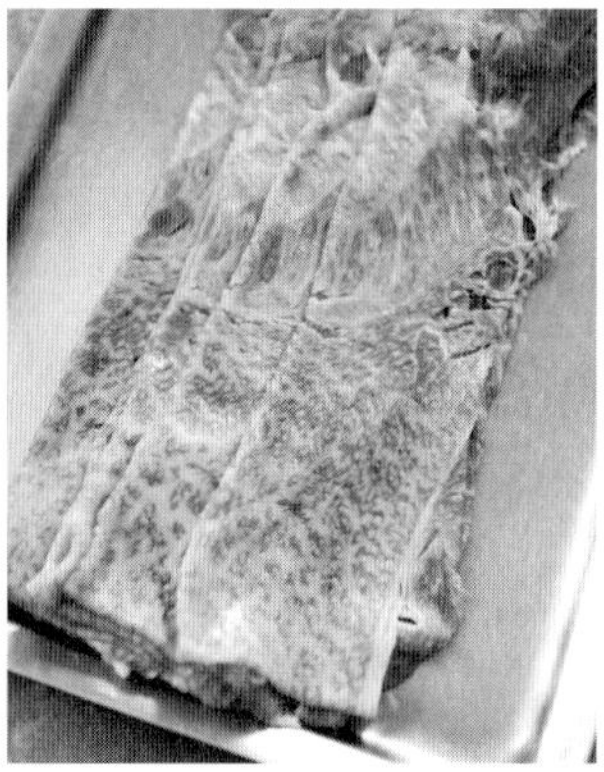

網焼きやバター焼き、肉じゃが、すき焼き、炒め物に。用途に応じて部位とランクを選ぶとよい。

●ポイント

薄切り肉は傷みが早いので、保存する場合はマリネしておくとよい。野菜と一緒に炒め、仕上げにしょうゆや塩、みそ、こしょうなどで調味。

ステーキ用

きめが細かく、柔らかい、
最高の肉質といわれるサーロインは
ステーキに最適。

リブロース、もも、ヒレ、ランプなどもステーキに。霜降りか、そうでないかはお好みで。水分が出てしまうので、筋切りはしない。

●ポイント

肉を焼くときは、塩、こしょうは最後に。最初に塩をすると水分が出て、かたくなってしまう。塩の味を楽しみたければ粒塩を使う。

1 メキシコ風 スパイシー焼き肉

ピリッとした辛味とレモンの酸味が広がる
複雑な味。サルサソースをのせて
野菜を巻いて。バーベキューにも！

●材料（２人分）

牛肉（焼き肉用）……200g
塩・こしょう……各適量
A ┌赤唐辛子（種を取る）の小口切り……½本分
　 │カレー粉……大さじ½〜１弱
　 │クローブ（パウダー）……小さじ½
　 └にんにくのすりおろし……１〜２片分
タイム・ローズマリー……各１枝
レモン汁……½個分
オリーブオイル……適量
レタス・サラダ菜・大葉・クレソンなど
……各適量
サルサソース（下記参照）……適量

●作り方

1 牛肉をバットに並べ、塩、こしょうを少し多めにふりもみ込む。Aを全体につける。
2 タイムとローズマリーは葉先を切り、①に加える。最後にレモン汁とオリーブオイルをふりかけ、30分〜１時間おいて下味をつける。
3 ②の肉を、焼き網か魚焼きグリルで焼く。
4 葉野菜は氷水に入れ、パリッとさせて水気をきる。焼けた肉とサルサソースをのせる（P124の写真はピタブレッドに挟んでいる）。ライムやレモンを添えても。

〈サルサソース〉

トマト……½個
ピーマン……１個
にんにくのみじん切り……½片分
香菜のみじん切り……１本分
レモン汁……½〜１個分
タバスコ……小さじ½〜１弱
塩・こしょう……各少々

●作り方

1 トマトは種を取り、さいの目切り、ピーマンもさいの目切りにする。
2 すべての材料と①を混ぜる。

2 牛肉とこんにゃくの煮物

一見和風の組み合わせですが、
八角を入れたワインで煮るので、
また新たな味。赤ワインに合うんですよ。

●材料（２人分）

上質な牛肉（切り落とし）……100g
黒こんにゃく……１枚
ごま油……大さじ１½
A ┌にんにく……１片
　 │赤ワイン……½カップ
　 │八角……½個
　 │黒粒こしょう……６粒
　 └砂糖……小さじ１〜２
しょうゆ……大さじ２

●作り方

1 黒こんにゃくを下ゆでし、手でちぎる。
2 ごま油を鍋に熱し、こんにゃくを炒め、牛肉を加え、肉の色が変わるまで炒める。
3 ②の鍋にAを入れ、水をひたひたよりやや少なめに加え、アクをときどきすくいながら15分煮る。
4 しょうゆを加えて汁気がなくなったら、味をみて、足りなければ、しょうゆ少々（分量外）を加え、味をととのえる。

※日本酒や山椒を使い、純和風にしても。
※こんにゃくは大きさがいろいろなので、調味は好みで。

3 薄切り牛肉の青じそ炒め

あっという間にでき、バターとしょうゆ、
牛肉と青じその相性が絶妙の取り合わせ。
青じそはたっぷりと使ってください。

●材料（２人分）

牛肉（薄切り・すき焼き用）……200g
青じそ……20枚
バター……大さじ２
しょうゆ……大さじ１½

●作り方

1 牛肉はひと口より少し大きめに切る。
2 青じそは３分の１量をせん切りにし、水にさっと放してから水気を絞り、ふわりとさせる。残りはおおまかに手でちぎる。
3 フライパンを熱し、バターを入れて溶けたら牛肉を入れ、広げるようにしてさっと炒める。まだ牛肉の赤みが残っているくらいのところへしょうゆを回しかけ、火を止める。
4 ちぎった青じそを加えざっとかき混ぜる。
5 器に盛ってせん切りの青じそをのせ、まぶしながらいただく。

4 牛肉のせトマト 青じそ風味

ボリューム感のあるおかず風サラダ。
アツアツの肉をトマトと一緒にガブリ。
トマトの甘酸っぱさが抜群の相性。

●材料（２人分）

牛肉（薄切り）……100g
トマト……１〜２個
にんにく……½片
青じそ……８枚
オリーブオイル……大さじ１
しょうゆ……大さじ½
こしょう……少々

●作り方

1 トマトは横半分に切る。
2 にんにくはたたきつぶす。
3 オリーブオイルでにんにくを炒め、牛肉を加えてさっと炒め、しょうゆとこしょうで調味し、青じそをちぎって加える。
4 皿にトマトを並べ、上に③をのせる。

※青じその代わりにクレソンでも。

5 牛すね肉と 里いものスープ煮

牛すね肉を柔らかく煮込みます。
煮汁はコクのあるすばらしいスープに。
このスープで煮た里いもがまた絶品。

●材料（２人分）

牛すね肉（かたまり）……350g
A ┌しょうがの薄切り……½かけ分
　 └長ねぎの青い部分……½本分
里いも……大４個
長ねぎのせん切り……½本分
酒……大さじ１
塩・粗びき黒こしょう……各適量

●作り方

1 牛すね肉は大きめに切る。
2 里いもは泥を洗い落として皮をむき、ペーパータオルできれいにふき取る。
3 せん切りした長ねぎは冷水に放しておく。
4 圧力鍋に①、Aを入れ、水をかぶるくらいに注いで火にかける。沸騰したら弱火にし、圧力の目盛りを強にして約16分煮る（圧力鍋がない場合は、厚手の鍋で２時間煮る）。ふたを取り、一度冷まして脂を除く。
5 ②の里いもを入れ、圧力をかけずに里いもが柔らかくなるまで煮る。塩と酒で味をととのえる。
6 器に盛り、③の白髪ねぎを水をよくきってのせ、好みで黒こしょうをたっぷりひきかける。

Minced Meat

ひき肉

大きさや形が自由自在になるひき肉は、
野菜やスパイスを加えれば味の幅も広がり、
用途が幅広く、経済的。
空気に触れる面が大きいため、傷みやすく、
買ったら使いきるか、しっかり密封して
すぐに冷凍するのがよい。

1
キャベツメンチ

2

豚ひき肉と緑豆春雨の炒め物

3

鶏ひき肉入り茶碗蒸し

4

ねぎワンタン

5

鶏ごぼうハンバーグ

ひき肉

見た目で質のよしあしが見分けにくいので、信用できるお店で買うのがいいでしょう。私は肉の部位を指定してひいてもらうか、かたまりで買ってフードプロセッサーでひいています。使いきれない場合は、保存に気をつけましょう。

わが家で大人気の肉だんごは、豚ひき肉1kg分をまとめて作ります。揚げたてはからしじょうゆでいただき、残りは冷凍。あとでスープにしたり、野菜と炒めたり、お弁当のおかずにもなります。

また、ソーセージの中身のように、調味料とハーブやスパイスを加えておけば冷蔵でも保存がきき、あとは焼くだけ。おすすめです。

豚ひき肉

脂分が多いので口当たりがよい。見るからに白っぽいのは脂の割合が多いので避けて。ギョーザやマーボー豆腐などの中国料理によく使われる。

牛ひき肉

コクとうまみがある。脂が少ないため、パサパサしがちなときは、豚ひき肉を混ぜても。ミートソースやハンバーグ、ミートローフなど洋風の料理に。

鶏ひき肉

あっさりした味が特に和風料理に合う。つくねにして鍋もの、煮物、ハンバーグのように焼いてもよし、松風焼きや豆腐と蒸したり、鶏そぼろにしても。

保存１

生のひき肉を冷凍する

ひき肉は傷みが早いので
なるべくその日のうちに使いきるか
買った当日に冷凍保存する。

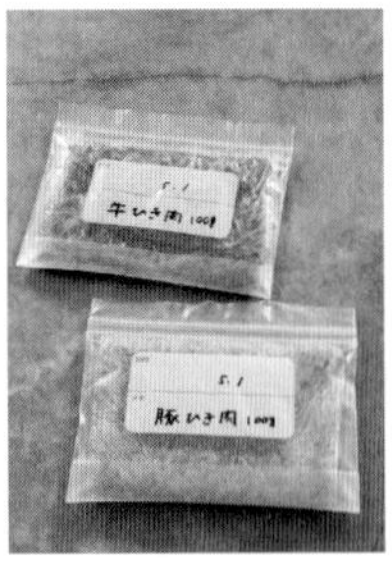

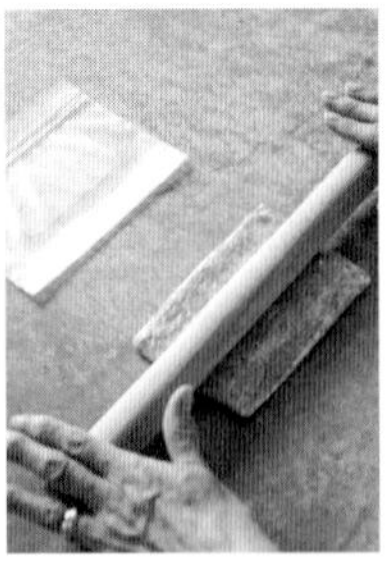

ラップに包み、冷凍用パックに入るくらいの大きさに麺棒で軽く押しながら薄くする。薄いと解凍も早く、使う分だけ割ることも。100gずつの冷凍がおすすめ。袋には、名称と日付を必ず記載する。

保存２

肉だんごにして冷凍する

ひき肉は、調理済みを冷凍できる。
肉だんごにして冷凍。
スープや煮物などにすぐ使える。

長ねぎ、しょうが、にんにく、卵、酒、塩、片栗粉とひき肉をよく混ぜ、だんご状にし、低温の油に入れる。温度を上げ、カリッとさせる。冷めたら密封して冷凍。

保存３

サルシッチャ(ソーセージ)にする

塩をきつめにして調味料と
スパイスやハーブを加えておけば、
冷蔵庫で2〜3日ほど保存できる。

豚ひき肉(一度びきの粗めのもの)、ローズマリー、にんにく、赤唐辛子、粗塩、こしょうを混ぜる。
１日おいたほうがおいしい。好みの形にまとめて、フライパンやグリルで焼く。

1 キャベツメンチ

つけ合わせのキャベツと肉のメンチが
ひとつになったわが家の定番。キャベツから
水分が出ないよう、塩は少なめに。

●材料（２人分）

牛ひき肉・豚ひき肉……各100g
キャベツの葉……３～４枚
卵……小１個
パン粉……⅓カップ
塩・こしょう……各少々
〈衣〉
　小麦粉・パン粉……各適量
　溶き卵……１～２個分
揚げ油・ソース……各適量

●作り方

1 キャベツは幅６㎜の細切りに。ひき肉とキャベツ、卵、パン粉、塩（少なめに）、こしょうをボウルに入れ、肉をつかむようによく混ぜ、俵形にととのえる。
2 小麦粉、溶き卵、パン粉の順につけ、さらにまた溶き卵、パン粉を二度づけする。
3 揚げ油を160℃に熱し、②を入れ、10分ほどじっくり揚げる。油から上部が出ていたら、油をかけながら揚げる。衣が固まったら上下を返す。いったん引き上げ、油を180℃にして、全体にカリッとするまで揚げる。ソースを添える。

油から上部が出ていたら、衣が固まるまで、お玉で油をかけながら揚げ、上下を返す。

キャベツは生のまま混ぜてOK。水分が少なく甘みのある、しっかり巻いた冬のものがおすすめ。

2 豚ひき肉と緑豆春雨の炒め物

ピリ辛味でごはんが進みます！
ひき肉と春雨は相性抜群。肉のうまみを
春雨によく吸わせるのがポイント。

●材料（２人分）

豚ひき肉……100g
緑豆春雨……80g
しょうがのみじん切り……１かけ分
にんにくのみじん切り……１片分
油……大さじ２
A
　酒……大さじ２
　しょうゆ……大さじ２強
　こしょう……少々
　豆板醤……小さじ１～２
　砂糖……ひとつまみ
水……½カップ
あさつきまたは万能ねぎの小口切り…３本分

●作り方

1 春雨は水につけて戻し、13㎝くらいの長さに切る。
2 中華鍋に油を熱し、しょうが、にんにく、豚ひき肉を炒め、肉の色が変わったらＡで調味し、分量の水を加えて煮立てる。
3 ②の鍋に①の春雨を加えて汁を吸わせ、汁気がなくなるまでかき混ぜる。
4 ③を器に盛り、あさつきを散らす。

3 鶏ひき肉入り茶碗蒸し

のどごしなめらかでスープ代わりになる
茶碗蒸し。ひき肉からのうまみで、
だしなしでおいしくできます。

●材料（２人分）

鶏ひき肉……80g
卵……２個
しょうがのみじん切り……½かけ分
A
　水……１½カップ
　酒……大さじ½
　塩・こしょう……各少々
B
　オイスターソース……大さじ½～１
　しょうゆ……大さじ½～１
長ねぎ……⅙本
油……少々

●作り方

1 ボウルに卵を割りほぐし、こす。鶏ひき肉、しょうが、Ａを加えてよく混ぜる。
2 器に薄く油をぬり、①を流し入れる。蒸気の上がった蒸し器に入れ、弱火で15～20分蒸す。
3 中心まで固まったら小口切りした長ねぎをのせ、Ｂを混ぜて回しかける。

4 ねぎワンタン

家族が毎日食べても飽きないと言うくらい
シンプルなワンタン。豚肉だけを包んで、
たっぷりの白髪ねぎと一緒にアツアツを。

●材料（２人分）

豚ひき肉……100g
長ねぎ……½本
ワンタンの皮……24枚
〈たれ〉
　ラー油または豆板醤……適量
　酢・ごま油・しょうゆ……各適量

●作り方

1 長ねぎは白髪ねぎにし、水にさらして水気をよくきる。
2 豚ひき肉をワンタンの皮に包み、熱湯でゆでる。浮いてきたらでき上がり。
3 汁気をきったワンタンを器に盛り、①のねぎをのせ、たれをかける。アツアツを食べる。

5 鶏ごぼうハンバーグ

コクのある鶏とごぼうの素朴な
香りと食感が魅力。鶏肉は自分でたたくか、
フードプロセッサーでひいて。

●材料（２人分）

鶏もも肉……１枚
ごぼう（細いもの）……½本
卵……小½個
片栗粉……小さじ１
長ねぎのみじん切り……大さじ１
しょうがのみじん切り……１かけ分
油……大さじ１
ゆずこしょう……少々

●作り方

1 鶏もも肉は皮と脂をきれいに取り除き、２㎝角の角切りにする。
2 ごぼうはささがきにし、５分ほど水にさらしてアクを抜き、水気をよくふき取る。
3 フードプロセッサーに①の鶏肉、卵、片栗粉を入れて粗めにひき、ボウルに移す。
4 ②のごぼう、長ねぎ、しょうがを③に混ぜ合わせ、手水をつけて適量を取り、小判形に平たくまとめる。
5 フライパンに油を熱し、④の両面をこんがりと焼き、器に盛る。
6 上にゆずこしょうをのせる。からしじょうゆや、しょうゆ、酒、みりん（各材料外）のたれで煮からめてもおいしい。

卵
Egg

冷蔵庫にいつもあって、経済的、栄養も豊富、
使いみちはいろいろと、優れた食材のひとつ。
主菜にはもちろん、脇役料理は数知れず。
もっとも消化によい食べ方は、半熟卵。
先のとがったほうを下にして保存すると
傷みにくく、長持ちする。

1
カニ玉しょうが酢

4
揚げ卵とレタスのベトナム丼

2
ねぎ卵炒め

5
フリッタータ

3
卵しょうゆ漬け

卵

卵料理は溶き方が大切。どのように食べたいかで、溶き方を変えます。白身と黄身が混ざり合わず、ふんわり仕上げたいときは、2〜3回溶くだけ。ホテルのオムレツのように、きめ細かな食感にしたいときは、よく混ぜて。茶碗蒸しなどには、さらにこして使います。

目玉焼きには、オリーブオイルをたっぷり使ってみてください。白身がカリカリになって、それは香ばしく、白身が苦手な私でもおいしくいただけます。

卵焼きは、メープルシロップや和三盆を加えて甘辛く仕上げるのが好みです。この場合は、大根おろしをたっぷり添えます。

卵の溶き方

卵の溶き方次第で、でき上がりが変わる。「軽く溶く」「よく溶く」「こす」と使い分けて。

菜箸を垂直にし、ボウルの底に菜箸の先をすべらせながら、かき回さず、手早く前後に動かして切るように溶く。

なめらかにする

茶碗蒸し、卵豆腐、ホテル仕様のオムレツなど、きめの細かな仕上がりにする場合はこす。

菜箸を使って白身を切るような感覚で、上記の方法でよく溶いてから目の細かいざるでこす。

料理用に焼く

ふんわり卵焼きを作る。チャーハンや、ねぎ、きゅうり、トマト、にら、わかめと炒めても。

1中華鍋をよく熱してから油をたっぷり入れて、軽く溶いた卵を入れ、3秒ほど動かさずに焼く。

2周囲がふわりと持ち上がってきたら、へらで卵を下から持ち上げて、2〜3回返しながら大きく混ぜる。

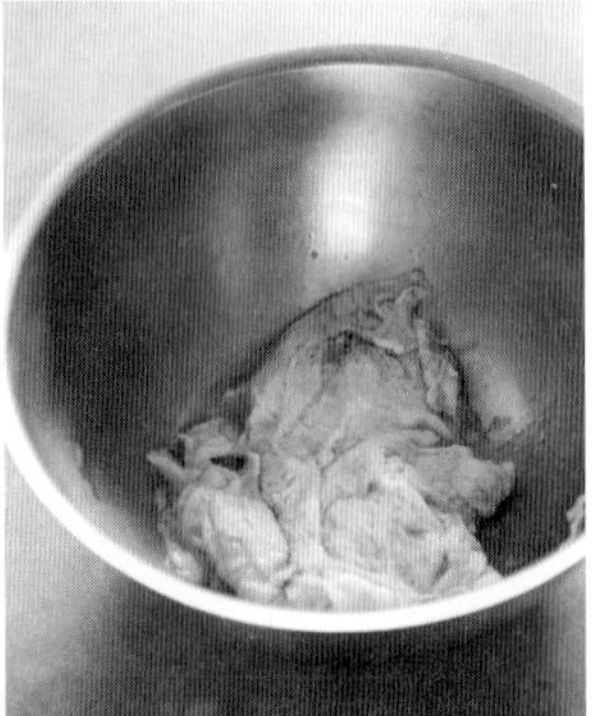

3すぐにボウルなどに取り、余熱が入らないようにする。炒め物は、同じ鍋で野菜を炒め、卵を戻して合わせる。

知っていますか?半熟卵の食べ方

とろとろの半熟卵は食べ方が難しいもの。スマートな方法をご紹介。

卵の上部3分の1ほどのところにスプーンやナイフをコンコンと当てて、殻にひびを入れ、そこから殻を切り取る。塩、こしょうをかけてスプーンですくってどうぞ。

1　カニ玉しょうが酢

シンプルな味がおいしい薄焼きの
カニ玉。酢じょうゆとしょうがで
さっぱりと。白ワインにも合います。

●材料（２枚分）

卵…………２個
カニのむき身…………80g
塩・こしょう…………各少々
酒…………大さじ1½
しょうがのせん切り…………１かけ分
酢・しょうゆ…………各適量
油…………適量

●作り方

１卵を溶き、カニのむき身をほぐし混ぜ合わせ、塩、こしょう、酒で調味する。

２フライパンを熱して油をなじませ、①を流し、両面を焼く。

３しょうがのせん切りと酢じょうゆをつけて食べる。

2　ねぎ卵炒め

卵をふんわり炒める、有元家定番の
黄金レシピ。さっとできておいしくて、
忙しい日のお助けの一品。

●材料（２人分）

卵…………２～３個
長ねぎ…………１本
油…………大さじ１½
しょうゆ…………大さじ１

●作り方

１長ねぎは太めの斜め切りにする。卵は溶きほぐす。

２中華鍋を熱して油大さじ１を入れ、卵を加えてふんわりと焼き、取り出す（P134参照）。

３残りの油を入れ、ねぎを焼きつけながら炒め、鍋肌からしょうゆを入れる。

４③に②の卵を戻して固まらないようさっと合わせて器に盛る。

3　卵しょうゆ漬け

ウニのような食感になるので、
わが家では別名「うに卵」。
炊きたてごはんにのせてどうぞ。

●材料（１人分）

卵黄…………１個分
しょうゆ…………小さじ1½

●作り方

１小さな器に卵黄を入れ、しょうゆをかける。ラップをして冷蔵庫で一晩おく。

２アツアツのごはんにしょうゆごとかける。

複数作るときは、バットに小さな器をのせ、まとめてラップをかけ、冷蔵庫へ。

4　揚げ卵とレタスのベトナム丼

ベトナムで食べた大好きな味を再現。
たれもすべてよく混ぜて。とろっとした
卵の黄身もおいしいソースに！

●材料（２人分）

卵…………２個
ミニトマト…………10個
レタス…………２枚
揚げ油…………適量
〈たれ〉
　赤唐辛子・あれば青唐辛子…………各½本
　香菜…………２本
　ナンプラー・酢・水・砂糖…各大さじ１
温かいごはん…………２杯

●作り方

１まず、たれを作る。唐辛子は、種を取り小口切りにする（青唐辛子がない場合は省いてよい）。香菜はみじん切りにし、残りの材料と混ぜてたれを作っておく。

２卵は小さいボウルに１つずつ割り入れ、中温（160℃）に熱した油にすべらせるように入れて、途中返さないでカリッとするまで揚げる。

３食べやすくちぎったレタスを敷いてごはんを盛り、半分に切ったミニトマト、②の卵をのせ、①のたれをかける。

5　フリッタータ

ふわふわ、アツアツを食べる、卵のオーブン
料理。イタリア語で厚焼き卵という意味。
セージと卵は相性抜群。

●材料（２人分）

卵…………２～３個
生クリーム…………大さじ３
パルミジャーノチーズ…………大さじ２～３
こしょう…………少々
セージ…………２枚
オリーブオイル…………大さじ３

●作り方

１ボウルに卵を入れて泡立て器で溶きほぐし、生クリーム、パルミジャーノチーズ、こしょうを加えて混ぜ合わせる。

２耐熱皿にオリーブオイルをひき、①を流し入れてセージをのせる。

３170～175℃のオーブンで20分焼く。

４オーブンから出してすぐ、好みで塩（材料外）をふり、膨らんでいるアツアツのうちに食べる（しぼまないうちに早く！）。

豆腐
Tofu

奈良時代に中国から伝来。
日本人の食卓に欠かせない人気の秘密は、
淡泊でくせのない味、柔らかな食感、
幅広い調理法に適していて、
良質の植物性タンパク質としての栄養価にあり。
今や、その魅力は世界に広まっている。

1
和風冷ややっこ

4

中華風くずし冷ややっこ

2

厚揚げで作る枝豆入りがんもどき

5

揚げだし豆腐

3

豆腐炒め

豆腐

毎日でも食べたいほど、大好きな素材のひとつです。低カロリー、高タンパク質のヘルシーフードとして、欧米諸国でも注目されています。

イタリアで、手作りの豆腐でおもてなしをすることもあります。野菜と一緒にグリルにしたり、サラダにしたり。豆腐料理は私の友人の間でも好評です。

木綿と絹ごしの使い分けですが、木綿豆腐は、どんな料理にも向きます。絹ごしは、なめらかな口当たりを楽しむ冷ややっこ、蒸し物、サラダなどに。メーカーによって柔らかさが異なります。

木綿豆腐をよく水きりして、170℃の油で表面がカリカリになるまで素揚げする手作り厚揚げは、豆腐のおいしさを満喫できます。

豆腐をさいの目に切るコツ

サラダやみそ汁の具に。
斜めになったり、
くずれないようにきれいに切る。

1ずれないように、ふきんやペーパータオルの上に豆腐を置き、厚みを半分に切っていく。

2好みの大きさに縦横に切る。ずれにくいので、同じ大きさに切ることができる。

豆腐の水きり

木綿豆腐はくずれにくいので、
どんな料理にも向く。絹ごしはやっこやサラダに。
水きりの加減は調理法で加減して。

軽く水きりする

冷ややっこや豆腐サラダなど、形を保ちたい場合は、そのままざるに置き、自然に水気をきる。

しっかり水きりする

1さらしのふきん(またはペーパータオル)にくるんで、平たいざるに置き、水きりする。がんもどきやいり豆腐に。

2白あえ、炒め物には、軽い重しをして10～15分ほど、豆腐ステーキやグリルにする場合は1時間ほどおく。

豆腐の保存方法

とにかく早めに食べきること。できない場合は、水につけて冷蔵庫で保存し、使うときはさっと水洗いする。

1 和風冷ややっこ

豆腐をシンプルにストレートに味わうため、
おいしい豆腐としょうゆを選んで。
薬味はお好きなものをどうぞ。

●材料（２人分）

絹ごし豆腐……１丁
長ねぎの小口切り……適量
みょうがの小口切り……適量
かつお節……適量
しょうがのすりおろし……適量
しょうゆ……適量
白ごま……適量

●作り方

1 豆腐はざるに15分くらいおき、軽く水気をきる。
2 長ねぎは小口切りにし、水にさらしてざるに上げておく。
3 器に水きりした豆腐を盛り、水気をきったねぎ、みょうが、かつお節、しょうがのすりおろしをのせ、しょうゆをかけ、ごまをふる。

2 厚揚げで作る 枝豆入りがんもどき

簡単にできる自家製がんもどき。
揚げたてを食べられるのは手作りならでは。
枝豆の歯ごたえがよく、色みもきれいです。

●材料（２人分）

厚揚げ……１枚
A 枝豆（ゆでてさやから出す）……⅓カップ
　黒ごま……大さじ２
　片栗粉……小さじ２
　卵黄……１個分
　塩……少々
揚げ油……適量
からし・しょうが・しょうゆ……各少々

●作り方

1 厚揚げは熱湯をかけて油抜きする。よく水気をきった後、ザク切りにして、すり鉢でよくする（あればフードプロセッサーにかけてもＯＫ）。
2 ①にＡの具を混ぜ込む。
3 ②を小型の丸形にまとめ、さらに、空気を抜くように手のひらにたたきつけてまとめる。
4 高温の油（170～180℃）できつね色になるまで揚げて、からしじょうゆ、またはしょうがじょうゆでいただく。

3 豆腐炒め

ヘルシーで簡単で、飽きない味です。
豆腐は水をきりすぎてもおいしくないので、
3分の2量になるくらいまで。

●材料（２人分）

木綿豆腐……１丁
青菜（何でも）……３～４本
ちりめんじゃこ……大さじ２（山盛り）
万能ねぎ……３本
（または長ねぎ……½本）
しょうがのみじん切り……½かけ分
かつお節……２袋（３ｇ×２）
太白ごま油（またはサラダ油）……大さじ１～１½
酒……大さじ１
しょうゆ……大さじ１～１½

●作り方

1 豆腐はP138を参照してよく水きりをする。
2 青菜はよく洗って、ひと口大にちぎるかザク切りにする。
3 万能ねぎは小口切りにする。
4 中華鍋をよく熱し、油をひき、油がそれほど熱くならないうちにしょうがを入れて香りよく炒める。ここへ水きりした豆腐を入れて、へらで大まかにくずしながら強火で炒め、青菜とちりめんじゃこを加えてさっと炒める。
5 最後にかつお節を入れ、酒としょうゆを回しかけてさっとひと混ぜする。皿に盛りつけて、万能ねぎを散らす。

※長ねぎを使う場合は、小口切りにし、④の炒める最後に加えて仕上げる。
※炒め油としてサラダ油を使った場合には、最後にごま油を少量ふりかけると香りよく仕上がる。
※青菜は小松菜、青梗菜、春菊など何でも。白菜でもＯＫ。

最後にかつお節を加えたあと、酒としょうゆをおかかにしみ込ませるように回しかけ、混ぜる。

4 中華風 くずし冷ややっこ

くずして薬味をたっぷり入れてください。
ごま油をきかせ、酢を少し加えると
さっぱりした口当たりになります。

●材料（２人分）

木綿豆腐……１丁
しょうがのみじん切り……１かけ分
長ねぎのみじん切り……½本分
ザーサイのみじん切り……大さじ３
香菜の茎のみじん切り……適量
赤唐辛子……１本
酢……少々
ごま油……大さじ１

●作り方

1 豆腐はよく水きりをする。ボウルまたはバットにくずして入れる。
2 赤唐辛子は種を取り、小口切りにする。すべての調味料と薬味を加えて混ぜる。

5 揚げだし豆腐

たっぷりの粉の上に豆腐をそっと置いて、
粉をまわりからかぶせるようにかけて。
ぜひアツアツを召し上がってください。

●材料（２人分）

絹ごし豆腐または木綿豆腐……１丁
小麦粉……適量
麺つゆ（Ｐ86参照）……大さじ４～６
大根おろし……適量
青じそのせん切り……適量
揚げ油……適量

●作り方

1 豆腐は水きりし、４等分する。小麦粉をたっぷりつけ、余分な粉は落とす。
2 170℃の揚げ油で、こんがりするまで揚げる。
3 器に盛り、麺つゆを各自大さじ２～３かける。大根おろしは水気をよくきり、青じそのせん切りとともにのせる。

※水分の多い豆腐はくずれやすいので、ほどほどのかたさのものを選ぶ。水きり時間は豆腐によって加減する。

キャベツ

Cabbage

原産地は南ヨーロッパ。
日本へはオランダ人が18世紀に伝えた。
ビタミンCを多く含む。
胃腸の粘膜の修復を助けるビタミンUも。
生食はもちろん、ゆでる、煮る、炒める、
蒸すなど、多彩に調理できる。

1

キャベツとベーコンのオイル蒸し

4
キャベツと油揚げの炒め物

2
キャベツのナンプラーソースがけ

5
キャベツとセロリのしょうが漬け

3
キャベツの梅ごま油あえ

キャベツ

通年あるものですが、季節によって味と食感が違います。同じキャベツでも、季節で調理法を変えましょう。

　冬のキャベツは巻きがかたく、形が扁平で、葉が厚く、煮込み向き。火をよく通すと甘みが出ておいしくなります。春先から出回るキャベツは、葉の巻きがゆるく、柔らかいので生食、もしくはさっと火を通すだけの料理に向きます。

　芯の部分は栄養価が高く、ひときわ甘く、芯だけ集めて料理したいくらい。フライに、せん切りにして、卵を入れない衣でかき揚げに。これには、じゃこ、桜エビ、ごまを加えてもおいしいですよ。

色紙切り

色紙のように正方形に
切ることから色紙切り。
大きさは料理に応じて。

1炒め物には、食べやすい大きさにザクザク切ったものを。だいたい5㎝角が炒め物に最適。

2芯は取って薄く切る。葉の部分は重ね、色紙に切る。

3冷水につけて水分を含ませておくと、炒めた後、パリパリとした食感になり、甘みがぐっと増す。

せん切り

均等に細く切る。
芯も同様に。
サラダやつけ合わせに。

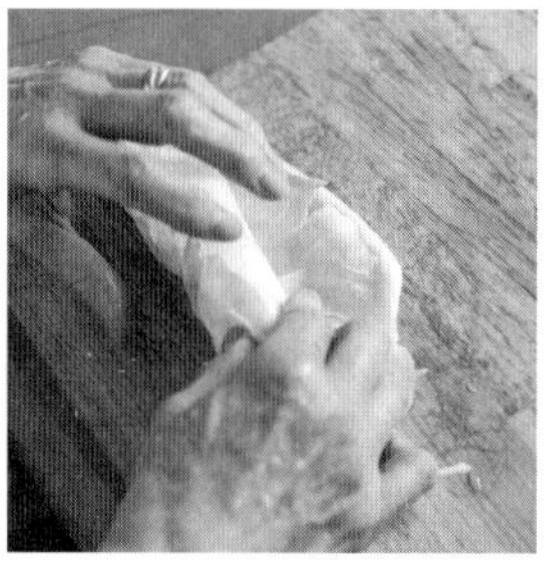

1葉は大きいものは半分に切り、芯を切り取る。横長に重ねて手前からきつめに巻く。

2端からごく細く切る。たくさん切りたいときは、丸ごとを4つ割りにし、切り口の端から切る。

3芯は薄切りにしてから、重ねてせん切りにする。

はがし方

冬キャベツは特に巻きがかたい。
葉を破らずに上手にはがすための
ちょっとしたコツをご紹介。

1芯をくりぬく。芯の部分に斜めに包丁を入れながら、ぐるっと一周させる。

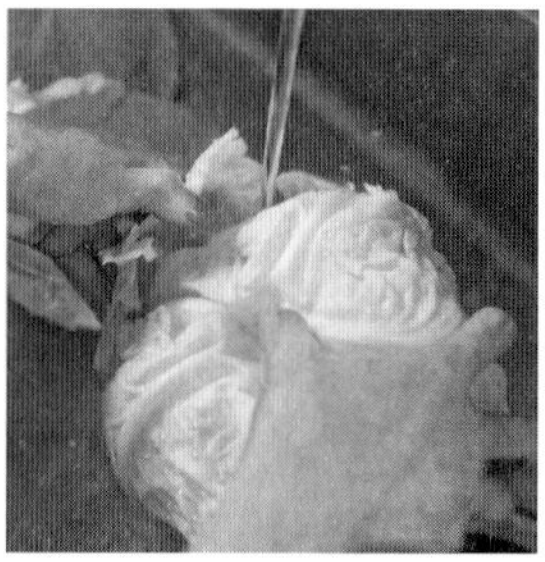

2根元のほうから流水を勢いよくかける。水の力で自然に葉が1枚1枚はがれていく。

3葉脈の太い芯を切り取る。芯はそぐように薄切りにし、葉と混ぜて使っても、芯だけで料理しても。

1 キャベツとベーコンのオイル蒸し

しっかりと葉が巻かれた冬のキャベツで作るとおいしい。味の決め手はベーコン。なるべく上質なものを使ってください。

●材料（２人分）

	キャベツ	⅓〜½個
	ベーコン	４枚
	にんにく	２片
	オリーブオイル	適量
	塩・黒粒こしょう	適量

●作り方

1 キャベツは８つ割りもしくは６つ割りにし、芯のかたいところだけを切り取る。ベーコンを食べやすい大きさに切る。にんにくは半割りにする。
2 鍋にキャベツを入れ、キャベツの上にベーコンとにんにくを置き、塩、オリーブオイルをかけ、水大さじ２を加える。ふたをして中火で15〜30分蒸し煮にする。
3 器に盛り、黒こしょうをひきかける。

ベーコンのうまみと脂がよくキャベツにしみ込むように、キャベツの上にベーコンを置いて火にかける。厚手でぴったりふたのできる鍋で。

2 キャベツのナンプラーソースがけ

ほんのりナンプラーの香りと、ピリッと唐辛子のきいたエスニック風のサラダ。多めに作れば、メインにもなりますよ。

●材料（２人分）

	キャベツの葉	４〜５枚
	豚肩ロース肉（薄切り）	100〜150ｇ
A	ナンプラー	大さじ１½
A	砂糖	大さじ１
A	酢	大さじ１〜１½
	水	大さじ１½
	赤唐辛子	½本
	にんにくのみじん切り	½片分
	ミントの葉	適量

●作り方

1 キャベツはさっとゆで、食べやすい大きさに切ってから水気を絞り、器に盛る。
2 豚肉はゆでて食べやすく切り、①に盛り合わせる。
3 ボウルにAの調味料と分量の水を合わせ、種を除いてみじん切りにした赤唐辛子とにんにくを加え混ぜ、②に回しかけ、ミントの葉を散らす。

3 キャベツの梅ごま油あえ

さっぱりとキャベツの甘みが引き立つ、白いごはんにも、酒の肴にもよしの一品。ごま油で深みをプラス。

●材料（２人分）

キャベツの葉	２〜３枚
きゅうり	１本
梅干し	大１個
塩	少々
かつお節	適量
ごま油	大さじ½

●作り方

1 キャベツはさっとゆで、食べやすい大きさに切ってから、水気を絞る。
2 きゅうりは縦半分に切ってから小口切りにし、塩を加えてしばらくおいた後、軽くもみ、水気を絞る。
3 梅干しは種を取り除いて刻む。
4 ③にかつお節とごま油を加えて混ぜ、①のキャベツと②のきゅうりをあえる。

4 キャベツと油揚げの炒め物

春キャベツなら、少し生っぽさが残っているくらいの炒め加減で。カリッと炒めた油揚げとの相性は抜群。

●材料（２人分）

キャベツの葉	２〜３枚
油揚げ	１枚
にんにくの薄切り	１片分
油	大さじ１½
豆板醤	小さじ½強
しょうゆ	大さじ１½

●作り方

1 キャベツは冷水につけ、パリッとさせてから３〜４㎝角に切る。
2 油揚げはキャベツと同じ大きさに切る。
3 中華鍋に油とにんにくを入れて弱火で炒め、②の油揚げを加えてカリッとなるまで炒める。
4 ③に豆板醤を加えて香りを出し、しょうゆを加え、①のキャベツを入れて強火でさっと炒め合わせる。

5 キャベツとセロリのしょうが漬け

サラダ代わりに、また肉や魚などのメイン料理のつけ合わせに。作り置きしておくと便利です。

●材料（２人分）

	キャベツ	¼個
	しょうが	１かけ
	セロリ	１本
A	花椒	少々
A	酢	大さじ２
A	砂糖	大さじ１
A	塩	少々

●作り方

1 キャベツはザク切り、しょうがは薄切り、セロリは斜めに１㎝幅くらいに切る。
2 ボウルに①の野菜を入れ、塩（分量外）をふって軽くもみ、皿などを重しにして１時間ほどおき、絞る。
3 ②にAの調味料を加え、混ぜる。１〜２時間おいてから、いただく。

Eggplant

なす

日本では奈良時代から栽培。
ヘタのとげがとがっているものが新鮮。
皮には、ポリフェノールの一種が含まれる。
長なす、水なす、賀茂なす、小なす……、
全国にさまざまな種類があり、
それぞれに合った調理法がある。

1

もみなすとトマトのオリーブオイルあえ

4
なすと梅干しの煮物

2
なすの黒ごまあえ

5
なすのひき肉はさみ揚げ

3
焼きなすのたたき オクラソースがけ

なす

淡泊な味なので、焼いたり、揚げたり、蒸したり、漬けたり。調理法によって、さまざまな表情を見せてくれます。

夏になれば、毎日のようにいろいろな料理で楽しみますが、イタリア風にいただくのもおいしい。オーブンで丸ごと焼き、半分に割って、中をスプーンでかき出し、オリーブオイルと塩を混ぜます。冷えた白ワインのおつまみに、パンにのせても。オーブンで焼くだけでいいので、簡単でしょう。

皮をむいて蒸した場合は、残りの皮だけをきんぴらにするのもおすすめ。皮にはポリフェノールが多く、ヘルシーです。

揚げる

アク抜きは必要なし。変色しないよう、鍋の近くに包丁とまな板を置き、切ってはすぐ揚げる。

一度にたくさん入れると温度が下がって油をたくさん吸うので、少しずつ切っては高温(170〜180℃)で揚げる。

焼く

焼きなすは直火が鉄則。香り高く、うまみがぐんと増す。強火で真っ黒になるまで焼く。

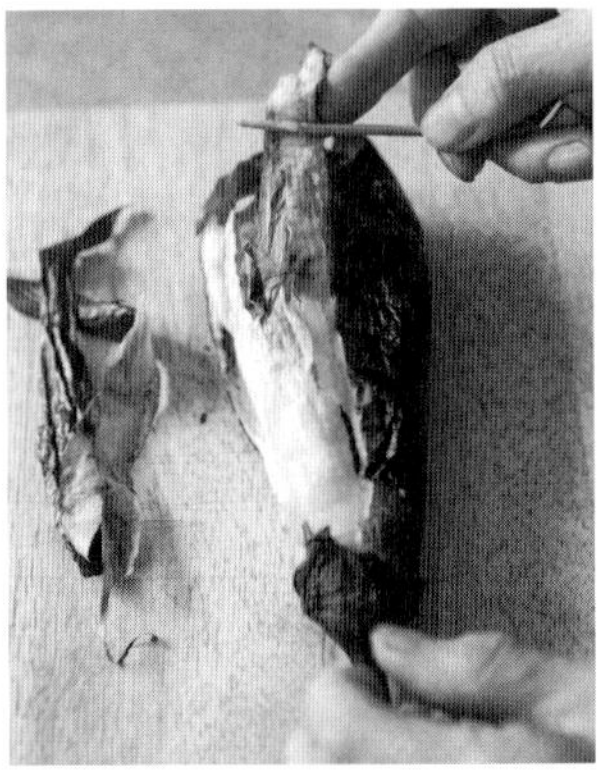

焼いたらすぐにまな板の上で、片手でヘタを持ち、一方で竹串を端に刺し、すーっと引くときれいに皮がむける。

アク抜き

変色を防ぎ、美しい「なす紺」色に仕上げたい塩もみ、浅漬け、煮物などには、アク抜きをします。

なめて塩辛いと感じる塩水１カップに焼きみょうばん小さじ$\frac{1}{4}$〜$\frac{1}{2}$を加え、切ったなすをつける。

なすを煮るときは落としぶたを

鍋よりひと回り小さいふたを材料に直接のせることで、煮汁が全体にゆきわたり、味のむらがなくなる。

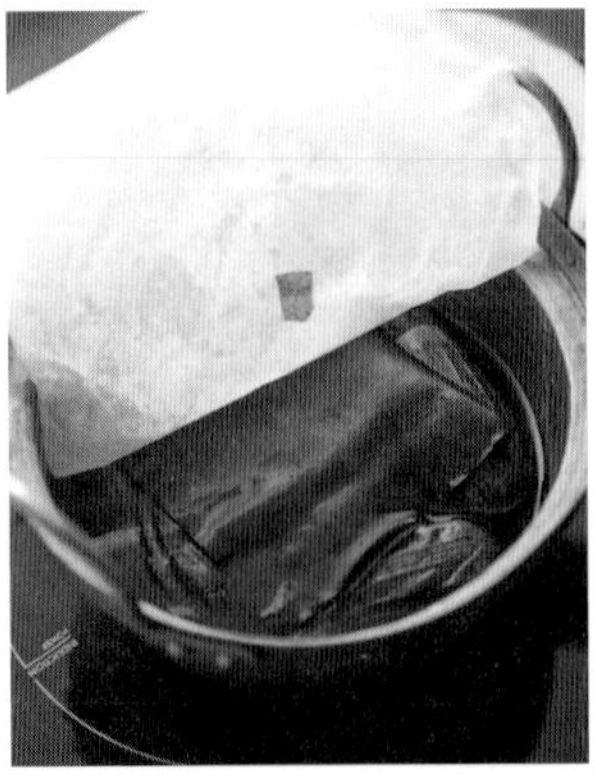

落としぶたの下に、クッキングシートを挟んでおくと、煮汁が蒸発せず、水分が減らない。

材料の煮くずれを防ぐ役割も。木製の落としぶたのほか、耐熱ガラスやステンレスのふたなどで代用してもよい。

1 もみなすとトマトのオリーブオイルあえ

バジルがよく合うイタリアン漬け物風。
なすのキュッキュッとした歯ごたえがおいしい。さっぱりと食べられます。

●材料（２人分）

なす……２個
A
- 塩……大さじ½〜⅔
- 焼きみょうばん……小さじ¼〜½
- 水……１カップ

トマト……１個
にんにく……１〜２片
バジル……１枝
オリーブオイル……大さじ２
塩・こしょう……各少々

●作り方

1 なすは乱切りにし、Aを合わせたやや塩辛めの焼きみょうばん水につけて、しんなりとしたらギュッと握って水気を絞る。
2 トマトはくし形に切る。
3 にんにくは包丁の腹などでたたきつぶし、バジルは手で大きめにちぎる。
4 なす、トマト、にんにく、バジル、オリーブオイル、塩、こしょうを混ぜ合わせる。

2 なすの黒ごまあえ

衣をつけず、素揚げにしたなすは、とろりとコクがあってとてもおいしい。
ごまだれとの味の調和がたまらない！

●材料（２人分）

なす……４個
黒ごま……大さじ３
砂糖……小さじ２
（またはメープルシロップ……大さじ１）
しょうゆ・酒……各大さじ１½強

●作り方

1 揚げ鍋に少なめの油（なすがぎりぎりつかる程度の量・材料外）を入れる。
2 黒ごまはよくいってすり鉢に入れ、砂糖を加えて七、八分どおりすり混ぜ、しょうゆ、酒を加えてどろっとしたたれを作る。
3 ①の油を高温（170〜180℃）に熱し、ヘタを取ったなすを縦に４つ切りにし、切ったらすぐ１個分ずつ油に入れ、色よく揚げて取り出す。油を高温に保ちながら、次々に切り、揚げて取り出す。
4 ③のなすを②のごまだれであえる。

※なすは、切ったら色が変わらないうちにすぐ揚げる。高温で手早く揚げると、油っぽくならない。

3 焼きなすのたたきオクラソースがけ

たたきオクラをたっぷり作って、ソースのようにかけます。暑い日は、冷たく冷やしてから食べてもおいしい。

●材料（２人分）

なす……３個
オクラ……３本
しょうがのすりおろし……½かけ分
かつお節・しょうゆ……適量

●作り方

1 焼き網を十分に熱して、なすを丸ごと焼く。皮が十分焦げたら、まな板にのせて皮をむく（水には決して取らないこと）。
2 オクラはヘタを取って粘りが出るまで細かくたたく。
3 ①のなすを食べやすい大きさに切り、器に盛る。
4 ②のたたきオクラをなすの上にたっぷりのせ、おろししょうが、かつお節をのせ、しょうゆを落としていただく。

4 なすと梅干しの煮物

丸のまま調理するときは、
火の通りと味の含みがよくなるので、
縦に浅い切り目を入れましょう。

●材料（２人分）

なす……４個
焼きみょうばん……小さじ½
だし……２カップ
梅干し……２個（種だけでも）
青じそ……10枚
酒……大さじ２
しょうゆ……少々

●作り方

1 なすはガクだけ切り取り、縦に５㎜間隔に包丁を入れる。ひたひたの塩水（材料外）に焼きみょうばんを加えて、約20分つける。
2 鍋にだし、梅干し、酒としょうゆを入れ、なすを加え、紙ぶたをし、さらに落としぶたをして、最初強火で、煮立ったら弱火にし、30分ほど静かに煮る。
3 冷ましてから盛りつけ、青じそをのせる。

5 なすのひき肉はさみ揚げ

永遠の人気のお惣菜。なすを十文字に切ってひき肉を挟むと、ラクにできて、ジューシーで仕上がりもきれい。

●材料（２人分）

なす……４個
〈詰め物〉
- 豚ひき肉……100g
- しょうがのみじん切り……½かけ分
- 酒……大さじ½
- 塩……小さじ¼
- しょうゆ……小さじ½
- 片栗粉……小さじ¾

ししとう……６本
片栗粉・揚げ油・酢・しょうゆ・おろししょうが……各適量

●作り方

1 なすはガクのひらひらを切り取り、丸いお尻を少し切り落とす。ヘタのほうを３分の１ほど残して十文字に切り込みを入れ、なすの内側を包丁で少しそぎ落とす。
2 ボウルに詰め物の材料を入れ、そぎ落としたなすも細かく刻んで加え、粘り気が出るまで手でよく練り混ぜる。
3 ②の詰め物を４等分にし、それぞれ手でまとめて紡錘形に形作り、表面に片栗粉を薄くまぶす。
4 ①のなすに③の詰め物をすっぽりと入れ、軽く押さえてくっつける。
5 揚げ油を170℃くらいに熱してなすを入れ、なすの内側に少し揚げ色がつくくらいまでゆっくりと揚げ、油をきる。
6 ししとうは包丁で１カ所切り目を入れ、160℃くらいの油で色よく素揚げにする。
7 器にはさみ揚げを盛り、ししとうとおろししょうがを添え、酢としょうゆを好みに合わせて添える。

※揚げるときは中温でややゆっくりと。高温すぎると、中まで火が通らないうちになすが焦げてしまう。

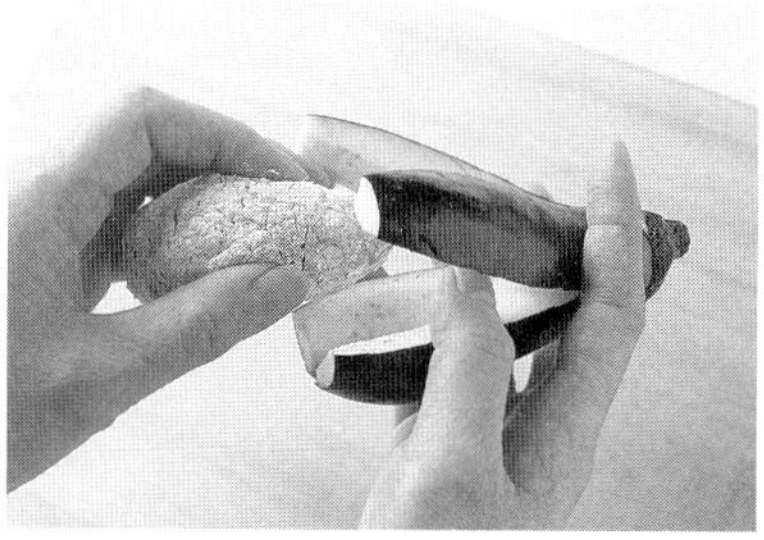

なすの内側を少しそぎ落とし、詰め物がおさまりやすくする。表面に片栗粉をまぶした詰め物を挟み、外側から軽く押さえてくっつける。

Greens

青菜

抜群の栄養価を誇る緑黄色野菜で、
毎日でも食卓にのせたい野菜のひとつ。
ほうれん草、小松菜、にら、春菊……。
旬も味わいもさまざまだが、
ゆでておひたしやあえ物に、炒め物に。
鮮度が命なので、買った当日になるべく調理を。

1
春菊と桜エビのかき揚げ

2
ほうれん草のおろしあえ

3
小松菜の煮びたし

4
いろいろ青菜のオイル蒸し

5
にらだんご

青菜

栄養価もあり、毎日食べたい野菜類です。料理の前に、冷水につけて水分を保たせると、仕上がりもシャキッとして青菜の甘みも引き立ち、味が全然違います。

　ゆでる、もしくは炒める場合、どちらも根元と葉に分けて時間差で調理することがポイント。

　底の広いフライパンで炒めるときは、熱してから油をひき、茎を広げ、その上に葉をのせ、全体に軽く塩をふります。下のほうが炒まってきたら、上下を返すようにし、葉が下になったら、さっと仕上げます。水気があまり出ないため、おいしい青菜炒めができます。

　鮮度が命ですから、できるだけ早く使いきりましょう。

炒め方のコツ

いかに青菜の持つ水分を出さず、シャキッと仕上げるか。家庭の火力なら、この方法がおすすめ。

1早くピンとさせるには、冷水を張ったボウルに葉を、ざるに茎を入れ、ボウルにざるを短時間つける。

2よく熱した鉄のフライパンに油を回し入れ、茎を入れて広げる。続いて葉を一面に広げ、軽く塩をふる。その後上下を返せば、でき上がり。

ゆで方のコツ

湯の温度を下げないように、少しずつゆで上げ、さっと冷ますのがコツ。

1たっぷりの湯にひとつまみの塩を加える。少量ずつ茎から入れ、葉は入れたらさっと引き上げる。

2素早く冷ますのが色鮮やかにゆで上げるコツ。バットやざるに、重ならないように広げて冷ます。アクのあるほうれん草はすぐに冷水に取って、絞る。

洗い方

青菜の根元には土がついていますが、根元がおいしいので、切り取らず、きれいに洗って使いましょう。

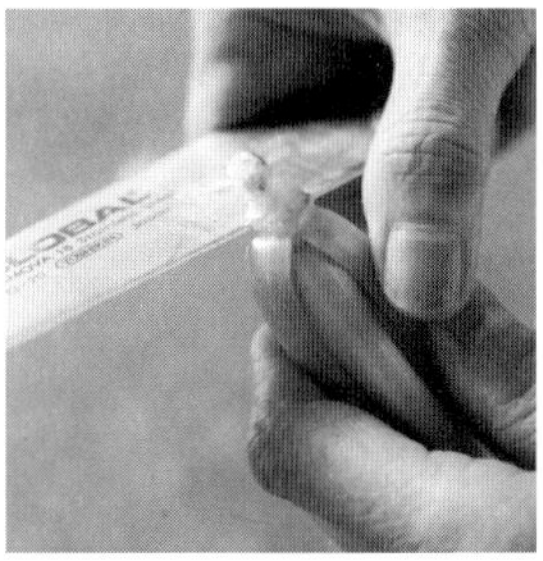

1まず、根元の先端部分を切り落とす。根元の部分はおいしいので、全部を切り落とさないで。

2根元に一文字、太い場合は十文字に切り込みを入れる。水を張ったボウルに根元を少しつける。

3根元の切れ目を広げて流水に当て、よく洗う。入り込んだ土は、しばらく水につければ取りやすい。

4葉は根元のほうを持ち、ボウルにたっぷり張った水の中で、ざぶざぶとふり洗いする。

5調理する前に5分ほど冷水につけ、ピンとさせる。野菜の細胞に水分を戻してやると、甘みが出る。

1 春菊と桜エビのかき揚げ

パリパリッとした食感と香ばしさが
おいしいかき揚げ。小さめにまとめ、
低めの油からゆっくり揚げます。

●材料（２人分）

春菊の葉先……片手のひらいっぱいくらい
桜エビ（乾）……20g
小麦粉……大さじ４～５
冷水……大さじ２～３
揚げ油……適量
塩……少々

●作り方

１春菊は葉先をちぎり、水にひたしてパリッとさせる。水気をざっときり、桜エビと一緒にボウルに入れる。小麦粉をパラパラとふり入れよく混ぜる。

２①に冷水を少しずつ様子を見ながら加え、箸で軽く混ぜて具がくっつく程度にする（水が多すぎると油の中で離れてしまう）。

３まとめた具を、直径４～５cmくらいにして箸でつまむ。ここでバラバラになるようなら、小麦粉を少量足して調節する。

４中温よりやや低めの油に具を１個入れて状態を見る。油に入れたら３秒くらい箸でつまんだままにしておく。具がバラバラにならなければOK。最初は具の周囲から泡がたくさん出るが、次第に落ち着いてくる。両面がカリカリになるまで、５～６分ほどかけてゆっくり揚げる。箸で軽くたたき、コンコンとなればよい。油をきり、塩をふる。

小麦粉をふり入れたら、冷水を様子を見ながら少しずつ加える。箸で軽く混ぜて具がくっつくまで。

直径４～５cmくらいにして箸でつまむ。ここでバラバラになるようなら、小麦粉を少し足す。

2 ほうれん草のおろしあえ

大根おろしでいただくあっさりあえ物。

おろしは水気をきりすぎないように。

ゆずやおろししょうがなどを添えても。

●材料（２人分）

ほうれん草……１束
大根……⅓本
しょうゆ……小さじ１＋小さじ½
ちりめんじゃこ……½カップ
梅干し……２個

●作り方

１ほうれん草は洗ってからゆで、アクがあれば、冷水に取り、よく水気を絞る。長さ４cmに切り、ボウルに入れ、しょうゆ小さじ１をかける。手でしょうゆをなじませるように軽くほぐすように混ぜてから、しょうゆを絞る。

２大根はおろして、ざるに上げて２～３分おき、水気を自然にきる。

３梅干しはちぎる。

４②と③、ちりめんじゃこ、しょうゆ小さじ½を①に加えてあえる。

3 小松菜の煮びたし

薄味のだしでいただく煮びたしの定番。

ゆずを加えるだけでぐんと香り高い一品に。

なければ、糸がきかつおでも。

●材料（２人分）

小松菜……１束
ゆずの皮……少々
だし……２カップ
塩……小さじ１
しょうゆ……小さじ⅓～⅔

●作り方

１小松菜は洗ってからゆで、ざるに上げ、水気を絞って、ザク切りにする。

２だしに塩、しょうゆを入れて熱し、①を加えてすぐに火を止める。

３ゆずの皮を加える。室温まで冷まして味を含ませる。

4 いろいろ青菜のオイル蒸し

蒸し煮にする時間を調整すれば、
好みの食感に仕上げられます。
野菜をたっぷり食べたいときに。

●材料（２人分）

ブロッコリー……１個
クレソン・小松菜……各１束
にんにく……３～４片
オリーブオイル……大さじ２
塩・粗びき黒こしょう……各少々

●作り方

１ブロッコリーは小房に切り分け、茎の皮をはがす。クレソンと小松菜は根元からザク切りにする。にんにくは芯を取り、２等分にする。

２ふたがきっちりできる鍋にすべての材料を入れ、塩とオリーブオイルを全体にあえるようにかけて、ふたをする。中火で４～５分蒸し煮にする。

３黒こしょうをひきかける。

※焦げそうなら、途中で水大さじ１～２を足して。玄米ごはんに合わせるならシャキッと。くたくたに仕上げたものもおいしい。青菜に限らず、にんじん、キャベツ、ルッコラ、玉ねぎ、トマト、かぶなどなんでも。

5 にらだんご

にらをたっぷり入れて、こんがり焼いた
子どもから大人まで楽しめるおかず。
酢じょうゆでさっぱり食べてもおいしい。

●材料（２人分）

A
- にら……½束
- 豚ひき肉……200g
- しょうが・にんにく……各１片
- 片栗粉……小さじ２
- 卵……½個
- しょうゆ……小さじ２
- ごま油……小さじ１～２
- こしょう……少々

ごま油、酢、しょうゆ、豆板醤……各適量

●作り方

１にらは細かく刻む。しょうがとにんにくはみじん切りにする。Aをすべて混ぜ合わせて、小さめの平たい丸形に整える。

２フライパンにごま油を熱し、弱めの中火で両面をじっくりと、こんがり焼く。

３器に盛り、ごま油、酢、しょうゆをかけ、豆板醤をのせる。

Potato

じゃがいも

南米原産。主食にもなり、
フランスでは「大地のりんご」と呼ばれる。
ビタミンCやカリウムなどが豊富。
デンプンに包まれているため、保存や加熱で
ビタミンが壊れにくいという特徴も。
保存は新聞紙にくるんで常温で。

1

じゃがいもの砂糖じょうゆ煮

4
せん切りじゃがいもサラダ

2
新じゃがと半熟卵のポテトサラダ

5
じゃがいものバター煮

3
ベトナム風トマト入り肉じゃが

じゃがいも

最近、じゃがいもの種類が増えています。それぞれの味や食感を生かすように使い分ければ、じゃがいも料理の幅が広がります。

　昔ながらの男爵は、ホクホクとした食感をポテトサラダやコロッケ、粉ふきいもに。ねっとりした質感のメイクイーンは、煮くずれしないので、カレーやシチュー、肉じゃがに。細く切って、よく水にさらしてサラダや酢の物にも合います。ほっくりして甘みの強いキタアカリやインカのめざめは、蒸してからフライパンで焼いたり、ローストしただけでおいしい。

　皮ごと調理すると、じゃがいも独特の香りがします。

芽を取る

芽の部分にはソラニンという
毒が含まれ、発芽すると
急に量が増えるので、芽を取る。

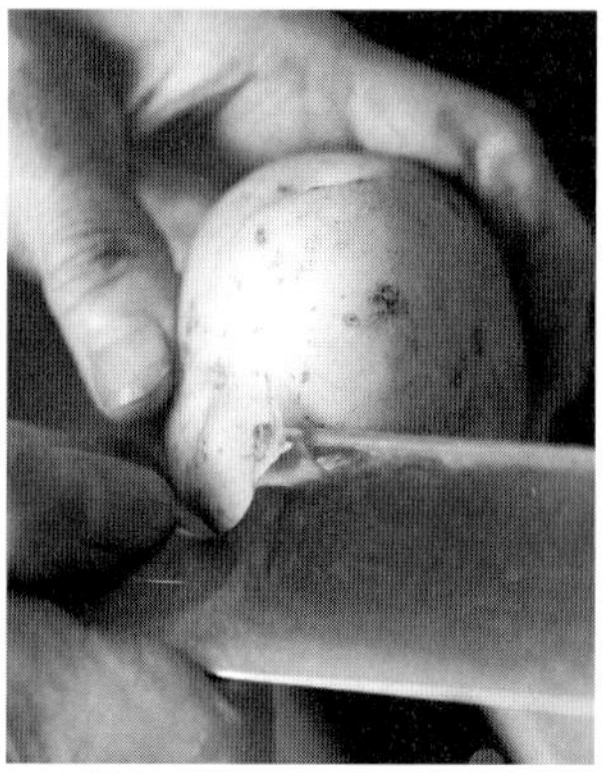

包丁の刃元や、ピーラーの芽を取る部分で、芽を深めにしっかりえぐって取っていく。

むいたら水につける

変色するので、皮をむいたり、
切ったりしたら、その都度、水に
つけ、空気に触れないように。

かぶるほどたっぷりの水につけて５～10分おくとアクが抜け、表面のデンプン質が取れる。

皮ごと蒸す

皮ごと蒸せば、水っぽくならず、
皮が破れず、きれいな仕上がりに。
栄養分も失われない。

蒸し上げたじゃがいもは、皮ごと軽くつぶし、オリーブオイルと塩、または有塩バターで食べてもおいしい。

皮ごとゆでる

かぶるくらいの水を注いで、
静かにゆでれば、
皮が破れず、水っぽくならない。

水からゆでる。途中、決して強火にせず、じゃがいもがゆらゆらするくらいの火で、竹串がすっと通るまでゆでる。

外はカリッと、中はホクホク。
フライドポテトの上手な揚げ方

熱湯で塩ゆでしてから
揚げるのがコツ。

くし形に切り、熱湯に塩を加えて５分ほどゆでて水をきり、約170～180℃の油で揚げると、中はホクホク、外はカリッとなる。油は上質のものを使って。

じゃがいもの種類

それぞれの味の特徴を知れば、
料理の幅が広がる。

右から、あっさり味のメイクイーン、ホクホクの食感のキタアカリ、濃厚な味のインカのめざめ、男爵、ねっとりした口当たりのアンデスレッド。

1 じゃがいもの砂糖じょうゆ煮

じゃがいもはよく水にさらしてください。
塩と砂糖を入れて煮ると煮くずれしにくい。
薄甘味で、おやつ代わりにもなります。

●材料（作りやすい分量、４〜５人分）
じゃがいも……1kg
塩・砂糖……各小さじ1
グラニュー糖……大さじ２〜３
しょうゆ……大さじ1

●作り方
1 じゃがいもは皮をむき、小さければそのまま、大きければ２〜４等分に切り、水にさらす。鍋に入れ、たっぷりの水に塩、砂糖を加え、弱めの中火で静かにゆでる。
2 串を刺してみて、すっと通ったら水を捨て、水分をよくきる。再び、水分がとぶまで弱火にかける。グラニュー糖、しょうゆを加え、鍋をゆすって粉ふきにし、味をからめる。

2 新じゃがと半熟卵のポテトサラダ

新じゃがの季節の一番のリクエストの
サラダ。新じゃがは蒸すのがおいしい。
季節の野菜を取り合わせて。

●材料（２人分）
新じゃが……２〜３個
卵……２個
新玉ねぎ……½個
菜の花……½束
塩・こしょう……各少々
〈ドレッシング〉
　フレンチマスタード……小さじ1
　オリーブオイル……大さじ２½
　白ワインビネガー……大さじ1
　塩・こしょう……各少々

●作り方
1 新じゃがは30〜40分蒸す。竹串がすっと通ったらOK。皮をむき、おおまかにくずして、熱いうちに、軽く塩、こしょうをする。
2 卵は半熟にゆでる。新玉ねぎは薄切りにし、菜の花は色よくゆでる。
3 ドレッシングを作る。ボウルにマスタードを入れ、オリーブオイルを少しずつ加えて混ぜる。白ワインビネガーを少しずつ入れ、控えめに塩、こしょうで調味する。
4 器に①の新じゃがを盛り、②の新玉ねぎ、菜の花を散らす。４つ割りにした半熟卵をのせ、③のドレッシングをかける。

3 ベトナム風トマト入り肉じゃが

ベトナムの庶民の日常のおかず。
ナンプラーはニョクマムより
塩辛いので加減して。

●材料（２人分）
新じゃが……中２個
豚肩ロース肉（とんかつ用）……80g
玉ねぎ……½個
にんにく……1片
トマト……大1個
油……大さじ1
ニョクマムまたはナンプラー……大さじ２
こしょう……少々
香菜の葉のザク切り……少々

●作り方
1 新じゃがは皮をむき、乱切りに。豚肉は大きめのひと口大に切る。玉ねぎは薄切りにする。
2 にんにくは包丁でつぶす。
3 トマトは乱切りにする。
4 鍋に油、②のにんにくを入れて火にかけ、香りが出たら、豚肉、玉ねぎを加えて炒める。
5 新じゃがを加え、よく炒めて、③のトマト、ニョクマムを入れ、弱火でじゃがいもが柔らかくなるまで、ふたをして蒸し煮にする。トマトから水分が出るが、焦げつきそうなら水を大さじ２〜３加える。
6 こしょうをふり、香菜をのせる。

※ニョクマムはベトナム、ナンプラーはタイの魚醤。

4 せん切りじゃがいもサラダ

生のじゃがいものシャキシャキ感を
味わってください。シンプルに、塩と
ごまだけ。お酒のつまみにも合います。

●材料（２人分）
じゃがいも……1個（約150g）
三つ葉……６〜７本
半ずり金ごま……大さじ２
塩……適量

●作り方
1 じゃがいもは皮をむいてなるべく細いせん切りにし、切った端から氷水に入れて15分ほどさらす。
2 三つ葉はザク切りにする。
3 ①のじゃがいもの水気を十分にきって②の三つ葉を混ぜ、いって半ずりにした金ごまと塩をふり、混ぜて食べる。

※じゃがいもをシャキッと仕上げるには、水に十分さらして、デンプンを落とすのがコツ。ごまは白や黒でもよい。

5 じゃがいものバター煮

アツアツのじゃがいもが、バターをたっぷり
含んで、やさしい味。グリーンピースが
おいしい季節に作りましょう。

●材料（２人分）
じゃがいも……２個
バター……大さじ２
塩・こしょう……各少々
グリーンピース（さやから出す）……½カップ

●作り方
1 じゃがいもは皮をむいて半分に切り、水にさらす。
2 鍋に①のじゃがいもを重ならないように並べ入れ、じゃがいもの半分の高さくらいに水を加える。
3 ②に塩、こしょうを軽くふってバターを加え、ふたをして弱火にかける。
4 じゃがいもがほぼ柔らかくなったらグリーンピースを加え、すべてが柔らかくなるまで中火で煮る。じゃがいもをくずすようにしてアツアツをいただく。

大根

Japanese White Radish

地中海地方、中央アジア原産。旬は10月～2月。
根の部分は「自然の消化薬」と呼ばれるほど、
消化酵素であるジアスターゼを多く含む。
葉はビタミンA、C、Eが豊富。
なるべく葉つきのものを買い求め、
丸ごと食べるのがおすすめ。

1

大根と厚揚げの煮物

2
輪切り大根のサラダ

3
大根と豚肉の炒め煮

4
大根マリネ　カレーにんにく風味

5
大根、れんこん、にんじんの皮のきんぴら

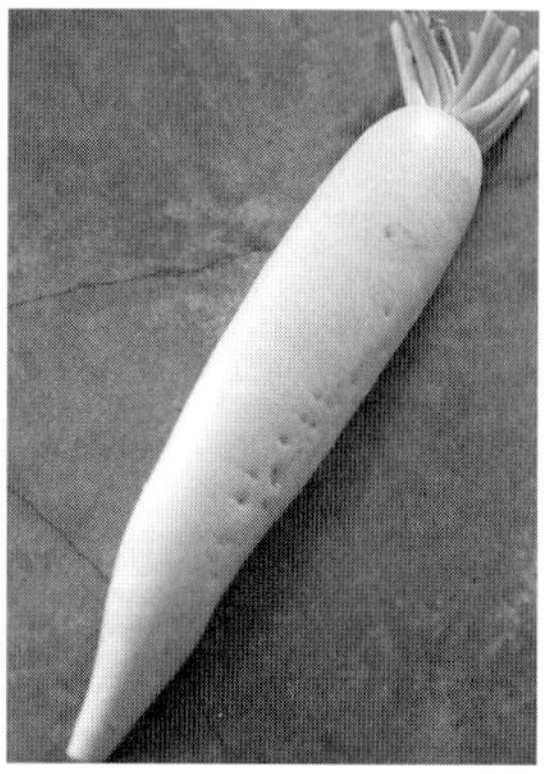

大根

通年出回っていますが、旬は冬。冬の大根が断然おいしいですね。買ったらすぐに葉の部分を落として保存します。

部位によって味や食感が違うので、それぞれに合った調理法をするといいでしょう。切り方によっても食感が変わってきます。どのような仕上がりにしたいかで、変えていきます。

干して使うのも楽しみのひとつ。最初は、残った皮や葉を干していましたが、今は、すぐに使わないなら、葉を落としてそのまま干します。普通の大根と同様に料理しますが、ほどよく水分が抜け、味が凝縮されておすすめです。

面取り

長時間しっかり煮含める料理には、形がくずれないように面取りをするとよい。

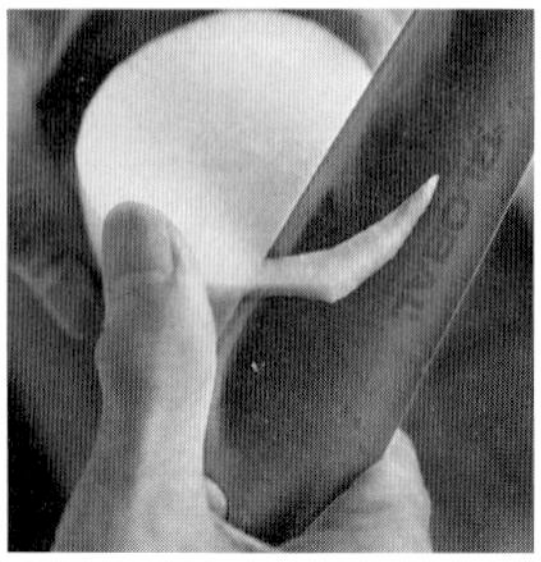

1 ３～４cmの厚さに切り、皮を厚めにむき、包丁を斜めにして角を全部切り取る。

2 赤唐辛子とぬかで下ゆでする。柔らかくなったら、さっと水洗いし、だしなどで煮含める。

せん切り

柔らかい口当たりにしたい場合、まず、繊維を断つように、薄い輪切りにする。

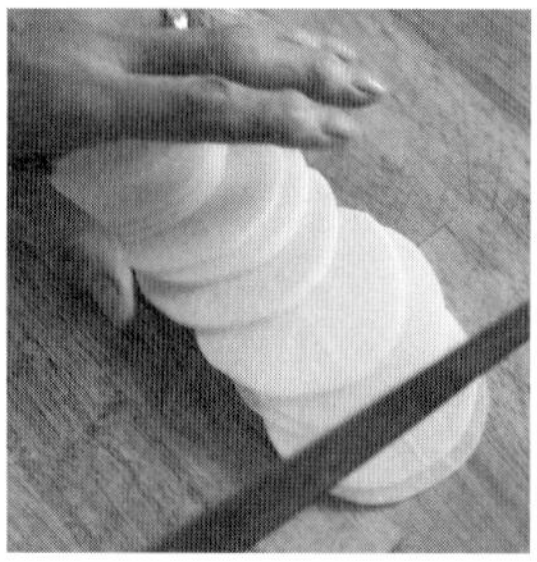

1 皮をむき薄い輪切りにし、ずらして重ね、端から切る。繊維が切られているので、火の通りが早い。

2 シャキシャキでありながら柔らかい食感に仕上がる。みそ汁の具におすすめ。

せん切り

シャキシャキ、カリカリとした食感にしたいときは、繊維に沿って切っていく。

1 シャキシャキサラダには、５～６cmの厚さに切り、皮をむき、繊維に沿って縦に薄切りにする。

2 薄切りにした大根を少しずつずらして重ね、端から切ると、最後まできれいにせん切りができる。

皮をむく

下ゆでし、だしで煮含めるときは、柔らかく仕上げるために、厚めに皮をむく。煮物、おでんに。

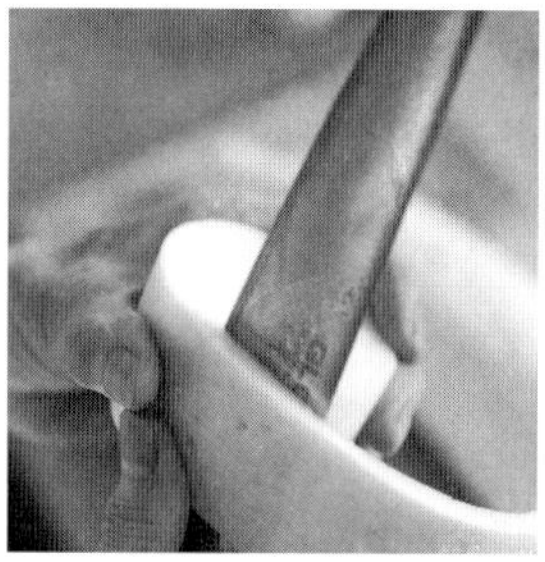

３～４cmの厚さに切る。皮に沿って筋があるので、包丁で厚めに皮をむけば、柔らかな食感に。

余すところなく干し大根にする

皮と身の間に栄養が豊富。むいた皮は干して使う。

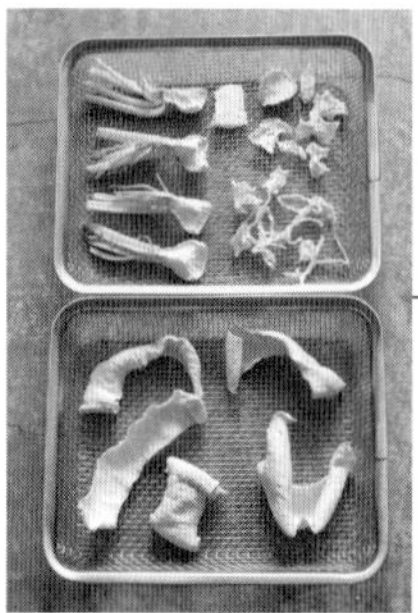

ざるに並べ、干しておく。太陽の下で半日から４日間くらい、生乾きならそのまま使い、よく乾燥させたものは保存して水で戻して使う。油揚げとの炒め物、スープに。

1 大根と厚揚げの煮物

大根を下ゆでし、煮上がったら
一度冷まして、食べるときに温め直すと、
味がよくしみます。

●材料（２人分）

大根	½本
厚揚げ	１枚
A　だし	２½カップ
酒	大さじ２
みりん	小さじ２
しょうゆ	大さじ１
塩	小さじ½
ぬか	１カップ
赤唐辛子	１本
ゆずこしょう	適量

●作り方

１大根は厚さ約1.5㎝の半月切りにする。ひたひたの水にぬかを加え、串がやっと刺さる程度に下ゆでする。よく水で洗ってざるに上げる。厚揚げは熱湯をかけて油抜きし、４～６等分に切る。

２大鍋に大根、厚揚げ、Ａを入れ、紙ぶたをし、さらに落としぶたをし、中火にかけて煮立ったら弱めの中火で30～40分、大根が柔らかくなるまで煮る。

３いったん冷まして味を含ませ、温め直してから食卓へ。ゆずこしょうを添える。

2 輪切り大根のサラダ

もうこれ以上簡単な料理はないでしょう。
切っただけの大根の究極のおつまみ。
ぜひおいしい大根で。

●材料（２人分）

大根	４～５㎝
青じそ	適量
オリーブオイル・しょうゆ	各大さじ½
おろしわさびまたはゆずこしょう	少々

●作り方

１輪切りの大根は皮をむき、７～８㎜角に縦に切る。器に青じそを敷き、大根を元の輪切りの形にしてのせる。

２オリーブオイルとしょうゆをかけ、わさびまたはゆずこしょうをのせる。

※オリーブオイルの代わりにごま油でも。

3 大根と豚肉の炒め煮

豚肉と合わせてコクのある味。
有機のものなら皮ごと煮るのがおすすめ。
豚肉はとんかつ用を使うと便利です。

●材料（２人分）

大根	300ｇ
にんじん	½本
豚肉（とんかつ用）	１枚
しょうが	１かけ
ごま油	大さじ１
A　酒・みりん	各大さじ１
しょうゆ	大さじ２強

●作り方

１大根とにんじんは皮をむいて乱切り、しょうがは半分を薄切り、残りはせん切りにする。豚肉は４～６等分する。

２ごま油を熱し、豚肉としょうがの薄切りを炒め、大根とにんじんを加えて焼き色がつくまで炒める。

３Ａの調味料を加え、水をひたひたに注いで強火で煮立て、アクを取る。中～弱火にして落としぶたをし、煮汁がほんの少しになるまで煮る。途中で味をみて、好みの味にととのえる。

４①のせん切りのしょうがをのせる。

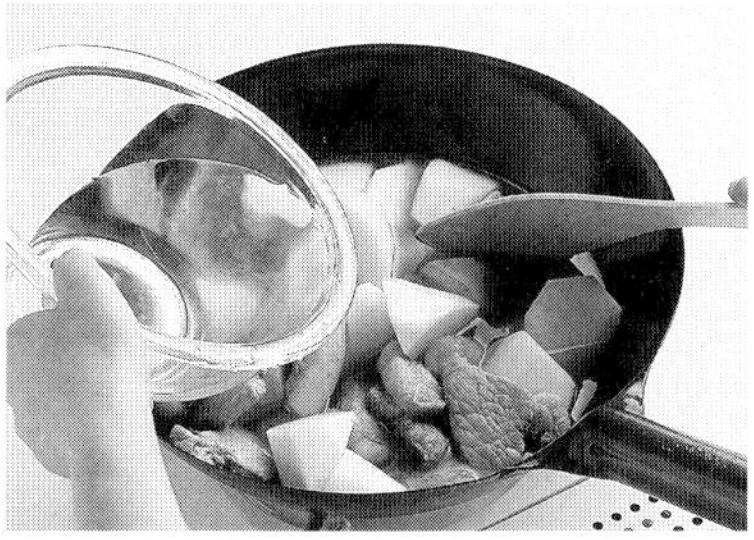

材料を焼き色がつくまで炒めてから、調味料とひたひたの水を加える。こうすると香ばしくコクのある仕上がりになる（写真は４人分）。

4 大根マリネ カレーにんにく風味

スパイシーなマリネ。小さなサラダ代わりに、
肉料理のつけ合わせに。冷蔵庫で
４～5日ほど持つので、作り置きすると便利。

●材料（２人分）

大根	200ｇ
にんにく	½片
塩	小さじ½
A　カレー粉	小さじ１
クミンシード・こしょう	各少々
オリーブオイル	大さじ１
ワインビネガー	大さじ１
ローリエ	１枚

●作り方

１大根は薄いいちょう切りにし、ボウルに入れて塩をふってもみ、水が出てきたらしっかり絞る。にんにくは薄切りにする。

２ボウルにＡを合わせて①を加えて混ぜ、30分ほどおいて味をなじませる。

5 大根、れんこん、にんじんの皮のきんぴら

野菜の皮だけで作ったきんぴら。節約の
ためでなく、おいしいからわざわざ作りたい！
おかずにもつまみにも。

●材料（２人分）

大根の皮	¼本分
れんこんの皮	１節分
にんじんの皮	１本分
ごま油	大さじ１
A　酒・みりん	各大さじ１
しょうゆ	小さじ２
ちりめんじゃこ	適量
山椒または七味唐辛子	少々

●作り方

１大根は厚さ４～５㎝の輪切りにして、厚めに皮をむき、皮をマッチ棒くらいのせん切りにする。

２にんじんの皮も同じくらいのサイズのせん切りにする。

３れんこんの皮もせん切りにして、酢水（材料外）につける。

４鍋にごま油を熱し、①、②、③を加えてよく炒める。全体に油が回りしんなりしてきたら、Ａの調味料を加えて、中火で汁気がなくなるまでかき混ぜながら煮る。最後にちりめんじゃこを加えてさっと混ぜ、器に盛って山椒か七味唐辛子をふる。

Tomato

トマト

皮の赤い色素に含まれるリコピンが注目されている。生活習慣病などの予防効果が高い。ほかの栄養分も高く、血糖値の上昇も抑えてくれる健康野菜。

トマトは生でも、加熱してもおいしい野菜です。日本で多く見かける品種の桃太郎系は、果肉が薄く、種の部分が多いので、みずみずしさを生かして生でいただくのが一番。一方、サンマルツァーノ種などの、果肉が厚く、種の部分が少ないものは、火を入れると凝縮されたうまみを堪能でき、ソースにも向いています。

生で食べることが多いミニトマトですが、糖度の高いものが多く、煮つめたり、セミドライトマトにすると、コクのあるトマトの味を楽しめます。オーブンで焼くだけでもおいしく、おすすめです。

セミドライトマトの作り方

1

ミニトマトでセミドライトマトを作っておくと、それだけでもワインのおつまみに。横半分に切り、指で挟んで種を出しておく。

2

切った部分を下にしてざるにのせ、100℃のオーブンに1～2時間入れておく。軽く塩をふり、オリーブオイルを加えてブルスケッタにのせたりパスタに入れて。

トマトの皮をむく（湯むき）

1

サラダなど生で食べる場合は、トマトの皮はむかずに使う。ソースや煮込むときには皮をむいたほうがよい。熱湯に2～3秒入れてさっと引き上げる。

2

冷水に取り手で皮をむく。皮がめくれたところからむくとうまくむける。ソースを作る場合は、多めに作って冷凍を。タコ、鶏手羽肉や鶏骨つき肉の煮込みに。

日本伝来は17世紀。近年は、大きさは大玉からマイクロミニまで、色は黄色、オレンジ、紫とさまざま。糖度を表示して販売するようにもなった。ヘタがピンとしているものを選んで。

トマトと牛肉のオイスターソース

トマトは最後に加えてさっと火を通すだけに。
牛肉は下味をつけて、すぐ炒めてもいいし、
一晩マリネして、しっかりした味にしても。

●材料（２人分）

トマト		2個
玉ねぎ		1/2個
牛肉（すき焼き用）		200ｇ
A	にんにくのすりおろし	1片分
A	砂糖・酢・ごま油・酒	各小さじ１½
A	黒こしょう	適量
豆板醤		小さじ１～１½
オイスターソース		大さじ１½
しょうゆ		大さじ１½
ごま油		大さじ2

●作り方

1 牛肉は５～６㎝幅に切り、Ａをもみ込む。

2 トマトと玉ねぎは２㎝幅のくし形に切り、玉ねぎはバラバラにする。

3 中華鍋をよく熱し、ごま油を全体に回し、牛肉を色が変わるまで炒める。牛肉を端に寄せ、真ん中に豆板醤を入れ、炒めて香りを出す。これを牛肉にからめ、オイスターソース、しょうゆを加えてからめる。端に寄せ、玉ねぎを軽く炒める。トマトを加え、全体をさっと合わせる。

トマトとアボカドのメキシコ風

タバスコが、クリーミーなアボカドとトマトの酸味を引き立てます。タバスコの量は好みで調節を。

●材料（２人分）

トマト		大１個
アボカド		１個
レモン汁		大さじ２
玉ねぎ		¼個
A	にんにくのすりおろし	少々
A	タバスコ	適量
A	オリーブオイル	大さじ２
A	塩・こしょう	各適量
ロメインレタスまたはレタス		２枚
イタリアンパセリ		少々

●作り方

１トマトは乱切りにする。

２アボカドは種を取り、皮をむいてひと口大の乱切りにし、レモン汁をかける。

３玉ねぎはスライスする。

４ボウルにＡを合わせ、トマト、アボカド、玉ねぎを混ぜ合わせ、レタスを重ねた上に盛り、イタリアンパセリを飾る。

ハニー・スイート・マリネ

はちみつとレモンのマリネ液に漬ける甘酸っぱいトマト。思わずニッコリしてしまう味。黒こしょうの量はお好みで。

●材料（２人分）

トマト		２〜３個
玉ねぎ		½個
A	はちみつ	大さじ２
A	（または砂糖	大さじ１）
A	オリーブオイル	大さじ２
A	レモン汁	大さじ２
A	塩	少々
黒こしょう		適量

●作り方

１トマトは湯むきし、食べやすい大きさに切る。

２玉ねぎはみじん切りにして、ふきんに包んでもみ洗いし、しっかりと絞る。

３Ａをボウルに入れ、②の玉ねぎを混ぜ合わせる。ここに①のトマトを加えて混ぜ、冷蔵庫に入れて冷やす。

４食べるときにひきたての黒こしょうを好みの量かける。

ガスパチョ

粗みじんに切った野菜をたっぷり入れて
まさに"食べるスープ"にしています。
冷やす時間がなければ、氷を加えても。

●材料（２人分）

トマト（完熟）	２個
にんにく	１片
ピーマン（赤・緑）	各１個
赤玉ねぎ（玉ねぎでも）	¼個
きゅうり	½本
フランスパン	厚さ１cm
クミンパウダー	適量
塩	少々
オリーブオイル	大さじ１＋適量
レモン汁	大さじ１～２
クミンシード（好みで）	適量
香菜	適量
タバスコ	適量

●作り方

1 ピーマン、赤玉ねぎ、きゅうりの半量を粗みじんに切る。
2 フランスパンは、水大さじ２～３（材料外）につけてから手で細かくほぐす。トマトとにんにく、①の野菜の残りはザク切りにし、クミンパウダーと塩、オリーブオイル大さじ１、レモン汁を加え、フードプロセッサーで好みの粗さにし冷やす。
3 ①と②を器に入れ、オリーブオイル適量、好みでクミンシードをふり、香菜を添え、タバスコをふる。

トマトとセロリ、パセリのスープ

さっぱりとしたトマトの味を楽しむ
シンプルなスープ。トマトの甘みが
引き立ちます。あと一品欲しいときにも。

●材料（２人分）

トマト	２個
にんにく	½片
セロリ	½本
パセリのみじん切り	１本分
スープストック	１½カップ
塩・こしょう	各少々

●作り方

1 トマトはザク切りにする。
2 にんにく、セロリはみじん切りにする。
3 鍋に①のトマト、②、スープストックを入れ、５分ほど煮て、塩、こしょうで調味する。
4 パセリを③のスープに加えて火を止める。器に入れ、パセリ少々を上からもふる。

青豆

Green Beans

さやえんどう、さやいんげん、
そら豆、グリーンピース、枝豆……。
青豆類はそれぞれに栄養豊富で、
季節を感じさせてくれる野菜。
新鮮さが命。早目に使いきること。

青豆類のほとんどは、春から夏にかけて旬を迎えます。そら豆など、限られた時期にしか登場しないものもあり、季節感をしっかり味わってほしいですね。

新鮮なものほどおいしいので、買ってきたらすぐ調理して使いきりましょう。さやの緑色が鮮やかで弾力のあるものが新しい証拠。えんどうやいんげんは、なるべく肉厚なものを選びましょう。

調理する前に冷水に十分につけ、水分を含ませるとシャキシャキして、香りがよくなるのが、えんどうやいんげんです。

枝豆はさやをちぎったら、手でギュッギュッと押さえながら塩をまぶし、ゆでる前に洗い流します。

さやいんげんの扱い

1いんげんは、手でポキッと折る。こうすると、ドレッシングなど味のなじみがよい。

2色鮮やかに仕上げたい場合だけ、ゆでたあと氷水に取る。ざるに上げるだけでもOK。

さやえんどうの扱い

1えんどう類は、さやの先から筋をすーっと引いて取る。

2調理前に冷水につける。水分をたっぷり含んで、握るとキュッキュッと音がする。

枝豆ごはん

シンプルな夏の定番ごはん。枝豆の風味や色、食感を生かすには、炊き上がる2分前くらいに入れるのがポイント。

●材料（2合分）

枝豆（ゆでてさやから出す）	⅔カップ
米	2合（180mℓ×2）
水	2カップ（米のおよそ1割増し）
酒	大さじ2
塩	小さじ½
しょうがのせん切り	適量

●作り方

1米は炊く30分前にといでおく。
2炊飯器に米、酒、塩と分量の水を入れて上下をよく混ぜてからスイッチを入れる。
3炊き上がる2分くらい前に枝豆を加える。
4炊き上がったら十分に蒸らし、上下を返してほぐす。
5茶碗に盛り、しょうがのせん切りをのせる。

春らんまんのサラダ

みずみずしい春の香りと味を楽しんで！
ひとつの鍋で野菜や豆を次々とゆでます。

●材料（２人分）

グリーンアスパラガス		２本
絹さや（筋を取る）		30ｇ
菜の花		２〜３本
そら豆		３本
グリーンピース（さやから出す）		⅙カップ
新玉ねぎ		¼個
ラディッシュ		２個
A	パセリ（またはバジル）のみじん切り	適量
	にんにくのみじん切り	½片分
	ワインビネガー	大さじ１
	オリーブオイル	大さじ２〜３
	塩・こしょう	各適量

●作り方

1 アスパラガスは根元から３〜５㎝の部分の皮をピーラーなどでむき、塩をひとつまみ入れた熱湯でゆでる。氷水に取り、冷めたらざるに上げ長さ４〜５㎝に切る。
2 絹さやと菜の花は冷水につけ、ピンとしたら次々と熱湯でゆで、ざるに取ってそのまま冷ます。菜の花は絞って食べやすい大きさに切る。湯は豆用に少し減らす。
3 そら豆はさやから出し、薄皮をむいてから熱湯でゆでる（こうすると変色しない）。
4 グリーンピースは熱湯でゆでて柔らかくなったら、ゆで汁につけたまま冷ます（こうすると豆にしわが寄らない）。
5 新玉ねぎとラディッシュは薄切りに。においが強ければ水にさらす。
6 Ａをボウルに入れてよく混ぜ、とろりとしたら野菜を入れて混ぜる。

いんげんの素揚げ おかかじょうゆ

夏が旬のいんげんは素揚げもおいしい。
高温でサッと揚げるのがコツです。
ポキッと折って筋が残らないものが新鮮。

●材料（２人分）

さやいんげん		150ｇ
A	かつお節	１½パック
	しょうがのすりおろし	１かけ分
	しょうゆ	大さじ１
揚げ油（新しいもの）		適量

●作り方

1 さやいんげんの両端を切る。
2 Ａを合わせておく。
3 ①のいんげんを高温の油でサッと揚げる（いんげんの表面がしわっぽくなってきたら、取り出す）。
4 ③のいんげんを②であえてでき上がり。

ピーマン パプリカ

Green Pepper　Paprika

明治初期に日本に入ってきたピーマン。大型で肉厚のものはパプリカと呼ばれ、カラフルな色とくせのない味で人気上昇。国内産も増加。ビタミンA、Cが多い。

小さいころからピーマンが大好きです。だからでしょう、「ピーマンのレシピが多いですね」と言われます。独特の青くささが好きなのです。食感や香りを生かして生で、または火を通して甘みを引き出して、ピーマンやパプリカを楽しみましょう。

　ひじきとは相性がよく、ご紹介したサラダにしたり、炒めても、煮てもよいものです。私の夏の定番に、乱切りにしたかぼちゃを炒めて砂糖と水で煮て、種ごとのピーマンを加え、しょうゆで味つけした料理があります。種もおいしいんですよ。

　パプリカは生ならジューシーさを味わえますし、ローストすれば甘みが強調されます。食卓を華やかにしたいときに重宝しますね。

ピーマン、パプリカの切り方

1ヘタのほうから、はがすように切っていく。これを繰り返す。

2切り終わると、ヘタと芯と種だけ残る。種が飛び散らずにすむ。

ピーマンとひじきのサラダ

さっぱりとサラダ仕立てに。
私は、必ず赤色の野菜を加えて
彩りよく仕上げます。

●材料（2人分）

ピーマン		3個
ひじき		10g
赤玉ねぎ		½個
A	オリーブオイル	大さじ2
	レモン汁または酢	大さじ1
	塩・こしょう	各少々

●作り方

1 ひじきは水で戻し、5㎝の長さに切って熱湯でさっとゆでる。ピーマンは細切り、赤玉ねぎは薄切りに。
2 ①をボウルに入れ、Aを加えて混ぜ合わせる。

※ひじきはゆでずに、さっと炒めて加えても。ピーマンの代わりに赤ピーマンでも。ピーマンとひじきだけでもおいしいが、赤玉ねぎのほか、ラディッシュ、トマトなど、赤い野菜を入れるときれい。

パプリカのグリル

パプリカを切ってフィリングを
詰めるだけ。簡単で華やかな前菜です。
おもてなし料理にもおすすめですよ。

●材料（２人分）

パプリカ（赤・黄）	各１個
ミニトマト	8個
アンチョビフィレ	2～4枚
オリーブオイル	大さじ4
ケイパーの実の塩漬け（あれば）	4個

●作り方

1 パプリカは半分に切り、種を取る。オーブンを220℃に温めておく。

2 耐熱容器にパプリカを並べ、それぞれにミニトマト２個、アンチョビフィレ½～１枚、好みでにんにく少々（材料外）を入れ、オリーブオイル大さじ１をかける。

3 ②をオーブンに入れてこんがりするまで焼く（10～15分）。ケイパーの実をのせる。

パプリカチキン

パプリカのペーストがピリッと辛い
ポルトガルの味の肉料理。
焼き目をつけたほうがおいしい。

●材料（２人分）

〈パプリカペースト〉	
パプリカ（赤）	1個
にんにく	1片
赤玉ねぎまたは玉ねぎ	⅛個
クミンパウダー	小さじ1
オリーブオイル	大さじ１½
レモン汁・パプリカパウダー	各大さじ1
赤唐辛子（種を取り、ぬるま湯につける）	1本
（またはカイエンヌペッパー	小さじ⅓）
鶏むね肉	2枚
オリーブオイル	大さじ1
塩	適量

●作り方

1 パプリカペーストを作る。パプリカは１cm角に切る。にんにくは２～３等分し、赤玉ねぎは１cm角に切る。これらと残りのペーストの材料をフードプロセッサーでなめらかになるまで撹拌する。

2 鶏肉は塩をして、水気が出てきたらペーパータオルでふき取る。耐熱容器に入れ、①を全体にまぶしつけて、１～２時間おく（すぐ焼いてもかまわない）。

3 ②にオリーブオイルをかけ、200℃のオーブンで20分ほど焼き、さらに上面に焼き色がつくように焼く。魚焼きグリルで焼いてもよい（焦げないように注意する）。

Cucumber

きゅうり

老廃物を排出するカリウムが豊富。風味が落ちやすいので食べきるのが基本。生食で食べることが多いが、炒めて食べるのもおすすめ。

レシピをあげだしたら、きりがないほどよく使う野菜です。イボがトゲトゲしてしっかり立っているものが新鮮。鮮度のいいものを買って、早く使いきるのが一番ですが、保存する場合は、塩をするか、日に干しましょう。

塩をする場合は、一本丸ごとに塩をし、ビニール袋に入れて。もしくは薄切りにして塩をまぶして。水分を軽く絞り、そのままサラダにしてもいいですし、炒め物にも。

干す場合は、厚さ約5㎜の薄切りにし、重ならないようにざるに並べます。縦半分に切り種を取って干してもOK。しんなり、半干し状態になったら使います。干したきゅうりは、炒める、揚げる、あえると、さまざまに使え、独特の食感が味わえます。

いいきゅうりの見分け方

イボがしっかり立っているものを。表面を保護するための白い粉「ブルーム」のあるものも新鮮。

せん切りの仕方

まず、斜め薄切りにし、少しずつ重ねてまな板の上に広げ、端から切る。

きゅうりと豚バラ肉炒め

豚バラ肉は炒めてカリカリに香ばしく。しょうゆとしょうがの味だけでいただくシンプルな炒め物です。

●材料（２人分）

豚バラ肉（薄切り）	150ｇ
きゅうり	３～４本
しょうがのみじん切り	大さじ１
塩	小さじ２½
しょうゆ	大さじ１

●作り方

1 きゅうりは厚さ３㎜の斜め切りにし、塩でもむ。水が出てきたら、さらしのふきんでぎゅっと絞る。豚バラ肉はひと口大に切る。

2 フライパンを熱し、油をひかず、豚バラ肉をカリカリになるまでよく焼く。しょうゆをからめ、きゅうりを加える。ざっと混ぜ、しょうがのみじん切りを加える。

とうもろこし

Corn

糖質とタンパク質が主成分。ビタミンB_1、B_2、ミネラルが多い。「畑でゆでろ」と言われるほど新鮮さが大切。実が先まで詰まって、ふっくらツヤツヤしたものがおいしい。

夏になると楽しみなのが、甘いとうもろこし。ヒゲがきれいで、皮は薄緑、ピンと元気なものを選びましょう。買ってきたら、とにかく早く蒸します。ゆでてもけっこうですが、蒸すほうがとうもろこしの味を濃く感じられて、私は好きです。蒸すときは皮ごと蒸し器で約10分。皮ごと蒸すので、香りがいっそう高くなります。これに塩をふっていただきます。

とうもろこしごはんとかき揚げもよく作る一品です。とうもろこしごはんは、生を土鍋でお米と一緒に炊き上げて、お鍋ごと食卓へ。ふたを開けたときの甘い匂いに歓声が上がります。

最近、生で食べられるものが多くなってきたようです。新鮮なヤングコーンをそのままいただくのもおいしいですね。

電子レンジで蒸すときは

皮ごとぴったりラップで巻いて、6～7分間加熱。

とうもろこしの実のこそげ方

包丁の刃先でていねいにこそげ取るようにする。

とうもろこしのかき揚げ

冷凍コーンでもおいしくできます。
エビやホタテ貝柱を加えれば
立派なごちそうになります。

●材料（2人分）

とうもろこし	1本
卵	1個
小麦粉	大さじ4
ベーキングパウダー	小さじ⅔
揚げ油	適量
塩	適量

●作り方

1 とうもろこしは実をこそげ取り、ボウルに入れる。そこに、卵を割り入れて、よく混ぜ合わせ、小麦粉とベーキングパウダーを加え、さっくり混ぜる。

2 170℃の揚げ油に①をスプーンですくって入れ、こんがり揚げて、塩をふる。

※冷めてもおいしいので、お弁当のおかずに。同じ方法でゆでた大豆やひよこ豆を揚げても。豆嫌いでも食べられて、子どものヘルシーなおやつに。

ブロッコリー

Broccoli

旬は冬。つぼみの集まりである花蕾と若い茎を食べる野菜。キャベツの仲間。カロテンとビタミンCが多い。生活習慣病改善の強力な味方、緑黄色野菜の代表格でもある。

旬のわかりにくい野菜ですが、一番おいしいのは冬。買うときは、新鮮な緑色で、花蕾がかたく締まって、こんもり丸いものを。黄色がかったものは、つぼみが開いてしまっています。

茎も捨てないでなるべく食べましょう。ブロッコリーは茎が甘くておいしいので、皮をはがして調理してみてください。

ゆでて、オリーブオイルと塩や、マヨネーズソースでいただきますが、パスタもおすすめです。まず、ブロッコリーをパスタと一緒にゆでます。次に、にんにく、赤唐辛子、アンチョビをオリーブオイルで炒め、取り出したブロッコリーを加えてつぶしながら混ぜ、ゆで上がったパスタとあえます。これは南イタリアのマンマの味です。

茎は皮をはがすとおいしい

1丸ごと水でふり洗いしてから、小房を切り分ける。包丁で太い茎の部分の皮をはがすようにむく。

2小房も根元から皮をひっぱるようにすれば、きれいにむける。皮をむくと中は柔らかく、甘い。

ブロッコリー マスタードしょうゆあえ

オリーブオイルがコクと風味をアップ。
飽きのこないシンプルなあえ物は
覚えておくと便利な副菜に。

●材料（2人分）

ブロッコリー	1株
粒マスタード	小さじ2
しょうゆ	小さじ2
オリーブオイル	小さじ1½～2

●作り方

1ブロッコリーは小房に切り分けて、熱湯でゆでる。
2温かいうちにすべての調味料であえる。

長ねぎ

Welsh Onion

古くから強壮剤、薬効のある野菜として使われてきた。白い部分は血行をよくする硫化アリルが多く、肉や魚の生臭みを消す働きもある。緑の部分にはカロテンやカルシウム、カリウムなども。

一年中出回っていますが、旬は冬。冬の長ねぎは、巻きがしっかりしていて食べごたえがあります。体を温めてくれ、疲労回復に効果的。たっぷり食べてほしいですね。

長ねぎを食べたくなったら、「長ねぎのグリル」を作ります。太い白ねぎを長いまま外側が真っ黒になるまで焼き、そのままお皿へ。ナイフとフォークで切り分け、とろとろと柔らかな中身を塩とオリーブオイルでいただきます。

もうひとつ、うちで人気のねぎ料理をご紹介しましょう。フライパンでアジ2尾を焼き、長ねぎ3本を斜め薄切りにして、赤唐辛子と一緒に加えて蒸し煮、しょうゆ大さじ3と酒大さじ2で味つけします。この「アジねぎ」は、ねぎを食べたいから作るといってもいいくらい。簡単でおすすめです。

みじん切りの仕方

1細いねぎはまず小口に切るが、太い場合は、包丁の刃先を立てるようにし、縦に何本も切り込みを入れる。

2小口に薄く切っていくと、みじん切りがあっという間にできる。薬味に、ひき肉に合わせて肉だんごに。

ねぎもち

お好み焼きに似た中国の点心。こねるだけででき、焼きたてのおいしさは想像以上！作るのが楽しい点心です。

●材料（直径18cmのもの１枚分）

A	薄力粉	¾カップ
A	ベーキングパウダー	小さじ½
塩		少々
水		¼カップ
長ねぎの粗いみじん切り		１本分
ごま油・粉山椒・しょうゆ・酢		各適量

●作り方

1 Aを合わせてボウルにふるい入れ、塩を加え、水を少しずつ加えながら混ぜて耳たぶくらいの柔らかさにこねる。

2 台に打ち粉（分量外）をふり、①の生地を幅35cm、長さ25cmほどに薄くのばす。

3 ②にごま油大さじ１弱をハケで塗り、長ねぎと粉山椒をふり、手前からしっかりと巻く。さらに転がしながら50～60cmの長さにのばし、渦巻き状に巻き、上から麺棒でのばして平らにする。

4 熱したフライパンにごま油少々を入れて中火で焼き、裏返して両面をカリッと焼き上げる。しょうゆと酢とごま油を混ぜたたれをつけてもいい。

にんじん

Carrot

食べごろは秋から冬にかけて。春には葉も根も柔らかい新にんじんが出回る。英語のキャロットは、カロテンの語源。それほどにカロテンが豊富。葉にはカリウムがたっぷり。

にんじんは皮をむくものと思っていませんか。野菜は皮に接している部分に一番栄養があります。大切な部分をむいてしまわず、たわしなどでよく洗って丸ごと食べましょう。その場合、農薬をなるべく使わずに育てたものを選びたいですね。

葉も栄養価の高い部分。柔らかいものは、ゆでてみじん切りにし、いりごま、焼きみそを加えて一緒に刻み込みます。おつまみに、ごはんのおかずに最適です。

小さなにんじんは丸ごとオーブンで焼くことも。210～220℃のオーブンで、焦げ目がついて串がすっと通るまで焼き、塩、こしょう、オリーブオイルで。好みでハーブやバルサミコ酢をかけてどうぞ。

おいしいにんじんとは

中央までみずみずしく赤いのがよい。
白っぽく乾きスが入っているのは×。

にんじんの切り方

薄切りのコツ。まず、縦に薄く切る。
切り落とした部分を底にして切れば、
転がらず、安定する。

にんじんサラダ レモンドレッシング

レモンをたっぷり使い、砂糖を加えて
にんじんの甘みを強調。甘酸っぱい
デザートみたいなさわやかなサラダ。

●材料（２人分）

にんじん	１本
レモンの皮	適量
（ワックス、防カビ剤不使用のものに限る）	
マロンレタスまたはレタス	適量
〈レモンドレッシング〉	
レモン汁	大さじ２
砂糖	大さじ１～１½
（またはメープルシロップ	大さじ２）
オリーブオイル	大さじ½
塩・こしょう	各少々

●作り方

1 にんじんは太めのせん切りに。
2 レモンの皮の黄色いところをせん切りにする。
3 ドレッシングを混ぜ合わせ、にんじんを加え、30分ほどおいてしんなりさせる。
4 レタスを敷き、③のにんじんをのせ、②のせん切りのレモンの皮を飾る。

にんじんの丸ごとスープ煮

えっ、丸ごとにんじん煮ちゃうの!?
と驚かれますが、これがおいしさの秘訣。
豚バラの味がよくしみます。

●材料（２人分）

にんじん	２本
豚バラ肉（薄切り）	50〜80ｇ
しょうが	½かけ
黒粒こしょう	大さじ½
塩	少々
長ねぎ	¼本

●作り方

1 しょうがはたたきつぶすか薄切りにする。
2 鍋に丸ごとのにんじんと豚バラ肉、①のしょうが、黒粒こしょうを入れ、水をかぶるくらい入れて火にかける。
3 最初強火で煮立ったらアクを取り、ふたをして、火を弱めて50分ほど煮る。途中、ていねいにアクをすくい取る。
4 長ねぎは小口切りにして水にさらす。
5 にんじんが柔らかくなったら（スプーンでラクにすくうことができるくらいに）、塩を加えて味をととのえる。
6 器に入れ、水気をきった長ねぎをのせる。

※にんじんはできれば皮をむかず、丸ごと煮たほうがおいしい。

にんじんの黒ごまあえ

ごまの香ばしさで食が進みます。
にんじんは、あまり細く切らないほうが
にんじんの甘みを味わえます。

●材料（２人分）

にんじん	１本
黒いりごま	大さじ２½
しょうゆ	小さじ１½

●作り方

1 にんじんは長さ５㎝くらいに切り、１㎝角の棒状に切って、ゆでる。
2 ごまをすり鉢でよくすり、しょうゆを加えて混ぜ、①をあえる。

※好みで少し甘みを加えても。

かぼちゃ

Pumpkin

「冬至に食べると病気にならない」と言われるほど、栄養価が高い。カロテンやビタミン類、食物繊維が豊富。夏に収穫したものを保存すると甘くなり、秋から冬にかけておいしく味わえる。

かぼちゃといってもさまざまな種類があります。黒い皮の日本かぼちゃ、京都の鹿ケ谷、えびすかぼちゃと呼ばれる西洋種、アメリカ系のスクァッシュ、カリカリしたコリンキー……。たっぷりのおだしで炊くのもよし、少量の水分でホクホクに仕上げるのもよし、生でピクルスにするのもよし。ほかにスープやパイのフィリングなど、使いみちはたくさんあります。

かぼちゃは傷をつけないでおけば、丸ごと長期保存をすることができます。昔は冬まで置いて、冬至にかぼちゃを食べる習慣がありました。それほど栄養価が高く、ビタミンが豊富です。黄色い色はカロテンで、抵抗力をつけ風邪の予防にもよいとされています。

かぼちゃの切り方

1 タオルを敷くか、すべらない素材の低い台か床で、体重をかけながら、刃渡りの長い包丁で切る。

2 刃が上向きになると危ないので、かぼちゃは平らに置き、下へ向けてそぐように皮を切っていく。

揚げかぼちゃのにんにく風味

素揚げしたかぼちゃに
炒めたにんにくをまぶします。
炒め合わせるのとは違った香ばしさ。

●材料（２人分）

かぼちゃ	⅛個（200〜250ｇ）
にんにくのみじん切り	大１片分
揚げ油	適量
油	大さじ½〜１
塩・こしょう	各少々

●作り方

1 かぼちゃは種とワタを取って厚さ５㎜のくし形に切る。
2 揚げ油がまだぬるいうちに①のかぼちゃを入れて竹串がすっと入るまでゆっくり揚げ、油をきる。
3 フライパンに油とにんにくを入れ、弱火できつね色になるまで炒める。
4 ②のかぼちゃに塩、こしょうをふり、③のにんにくをまぶしつける。

煮るときも焼くときも、種とその周囲をきれいに取り除く。残っていると傷みやすい。

かぼちゃの甘煮

大きめに切ってホックリ煮上げます。
箸休めにもいいですよ。
ふたのしっかりできる厚手の鍋を使って。

●材料（２人分）

かぼちゃ	中¼個（約300ｇ）
砂糖	大さじ３～４
塩	ひとつまみ

●作り方

1 かぼちゃは種とワタを取り除き、大きめの乱切りにし、厚手の鍋に入れ、砂糖と塩をふり入れてもみ込むように混ぜ、30分～１時間、水が出てくるまでそのままおく。
2 ①の鍋に、水大さじ３ほど加えて火にかける。しっかりふたをして10分ほど蒸し煮にし、竹串がすっと通ればふたを取ってさらに２～３分、鍋をゆすって水分をとばすように煮る。

砂糖と塩をまぶし、汗をかいたように水分が表面に出てくるまでおくと、砂糖の量が少なめでも甘く煮える。

かぼちゃの丸ごとベイク

乳製品とかぼちゃの相性は
とてもいいんです。ダイナミックな
オーブン焼きはおもてなしにも。

●材料（１個分）

かぼちゃ	中１個
生クリーム	200mℓ
グリュイエールチーズ	100～130ｇ
（または溶けるチーズ）	
塩・こしょう・ナツメグ・バター	各適量

●作り方

1 かぼちゃは上部を切り、スプーンなどで種とワタをくりぬく。そのくりぬいた穴に生クリーム、チーズ、塩、こしょう、ナツメグを入れて、切り口にバターをぬる。
2 ①を耐熱皿にのせ200℃のオーブンに入れて、約40分焼く。焼き上がったらかぼちゃの身をスプーンなどでかき取り、溶けたチーズをからめながらいただく。

※チーズなしでもOK。

かぶ

Turnip

万葉集の時代から親しまれ、さまざまな地方品種がある。消化を助けるアミラーゼを含む。葉の部分には、カロテンやビタミンC、カルシウム、鉄が豊富。

かぶは実も茎も丸ごと食べたい野菜です。実は皮ごと料理することが多いのですが、薄味のおだしで煮含めるときは、茎を少し残して皮をむくと、上品な煮物になります。煮物だけでなく、焼いたり、蒸したり、サラダやあえ物にしたり、応用範囲の広さも魅力。

焼いたかぶは、チキンのソテーのつけ合わせに。生をスライスして、塩もみし、レモン汁をたっぷりしぼったサラダは、さわやかな風味で、箸休めに最適です。煮物には、葉と茎をさっとゆでて最後に添えます。また、葉を粗くみじん切りにし、塩でもみ、水分をギュッと絞ってから炒めるのもおいしい。葉がたっぷり食べられます。

茎を残して皮をむく

1 茎を残しながら皮をむく場合は、下から茎のほうに向かって刃を一気に動かす。

2 茎と茎の間の土は、竹串を使うと取りやすい。煮物を美しく仕上げたいときの方法。

茎を残さず皮をむく

1 茎のつけ根を落とし、茎のほうから下に向かって、刃を細かく動かさず一気にむく。

2 包丁跡が残るよう、角が立つようにむくと、見た目もきれいでかわいい姿になる。

かぶのゆず酢漬け

浅漬けのような、サラダのようなカリッとした食感と、甘酢っぱさ。ゆずの香りがさわやか。多めに作れば常備菜にもなります。

●材料（4人分）

かぶ		5個
赤唐辛子		2本
ゆず		1個
昆布		5㎝
A	酢	⅔カップ
	水	40mℓ
	砂糖	¼カップ
	塩	小さじ2

●作り方

1 Aはひと煮立ちさせ溶かしておく。
2 かぶは皮をむき、5㎜の厚さの輪切りにして塩（分量外）をし、皿などで重しをする。
3 赤唐辛子は種を除き、ゆずの皮はせん切り、実はしぼる。昆布は細切りにする。
4 ①に水気を取ったかぶと③を入れてよく混ぜる。2時間以上おいてからいただく。

※皮がきれいならむかなくてもよい。

かぶと油揚げの煮物

茎も一緒に煮物にしましょう。
かぶの茎は根元をつけたまま調理してから切ると、きれいに盛りつけられます。

●材料（２人分）

かぶ（茎とともに）	大４個（または小５〜６個）
油揚げ	１枚
だし	１カップ強
塩	小さじ½
しょうゆ	小さじ１〜２
酒	大さじ１

●作り方

1 かぶは、茎を切り離す（かぶの上部に茎をつけたまま切り取る）。皮をむいて半分もしくは４分の１に切る。油揚げは熱湯をかけ、大きめの短冊に切る。
2 だしに、塩、しょうゆ、酒を加え、かぶと油揚げを入れて、かぶが柔らかくなるまで静かに煮る。
3 煮上がる直前に、茎は切らないでつけ根をつけたまま鍋に加え、３分ほど火を通す。
4 盛りつけるときに、茎をつけ根から切り離して食べやすいように切り、かぶと油揚げと一緒に盛る。

かぶのバターバルサミコオリーブオイル焼き

かぶとバターは相性抜群。
オリーブオイルで焼いてから、
調味料としてバターをからめます。

●材料（２人分）

かぶ	中２個
かぶの茎	２個分
オリーブオイル	大さじ１
バター	大さじ１½
バルサミコ酢	適量
塩・こしょう	各適量

●作り方

1 かぶは皮ごと７〜８㎜の厚さの輪切りにし、茎はザク切りにする。
2 オリーブオイルをフライパンに熱し、強めの中火でかぶを焼いて、焦げ目がついたら裏返す。両面に焦げ目がついたら、弱火にしてバターを落としてからめる。
3 器に盛って、フライパンに残ったバターと塩少々をかける。同じフライパンにかぶの茎を入れ、中火で軽くソテーし、器に盛る。塩、こしょう、バルサミコ酢を全体にかける。

里いも

Taro

山のいもに対し、里で育ついもだから里いも。デンプン質が主体だが、カロリーがさつまいもの約半分で食物繊維が豊富。特有のぬめり成分は、脳細胞の活性化や免疫力アップに効果的。

旬の里いものおいしさは格別。泥がついていないものは乾燥して風味がとび、かたくなっています。泥つきのものを選びましょう。

泥つきの里いもはたわしで水洗いし、乾かしておきます。皮をむくときは、下から上へ皮を厚めにむきます。皮を包丁でこそげ取ってもよいです。皮をむいたら、ペーパータオルで表面の汚れをしっかりふき取ります。下ゆでせず、そのまま味をつけただしで煮ます。

里いものおいしさをストレートに味わえるのが、シンプルな「焼き里いも」。私のお気に入りです。皮のまま220℃のオーブンで、20～30分。中が柔らかくなるまで焼きます。オリーブオイルと塩で。

里いもの皮のむき方

1たわしでこすって泥を洗い流し、乾かしておくと、皮をむきやすくぬめりが出ない。

2下からつけ根に厚めに一気にむき上げる。乾いているので、ヌルヌルせず切りやすい。

3六角に皮をむく場合、形をきれいに見せたいので、上下をまっすぐに切る。

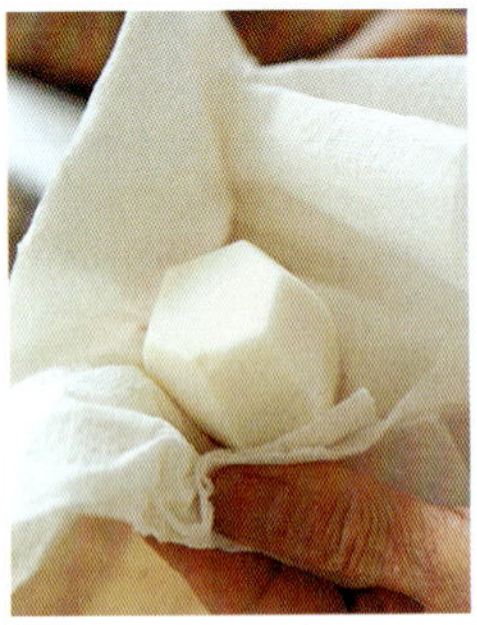

4表面の汚れをペーパータオルでふき取る。こうするとぬめりが出ない。

里いもの煮ころがし

おいしいだしで煮含めた里いもは、永遠に飽きない優しい味。ゆずの皮もたっぷりと。

●材料(2人分)

里いも		中5個
だし		2カップ
A	塩	小さじ1
	しょうゆ	小さじ1
	酒	大さじ1
	みりん	大さじ½
ゆずの皮のせん切り		½個分

●作り方

1 里いもは泥をよく洗って乾かしてから、皮を包丁で削るようにしてこそげ取る。難しい場合は皮をむいてもよい。ペーパータオルで周囲のぬめりや汚れをきれいにふき取り、半分に切る。

2 鍋にだしとAの調味料を入れ、①の里いもを入れる。落としぶたをして15～20分ほど煮る。里いもに竹串がすっと通ったらでき上がり。

3 器に入れ、ゆずの皮をたっぷりとのせる。

里いもの白ごまあえ

秋から冬にかけて出回る小いもで作ると、
ねっとりしておいしい。
蒸すと、ツルッとラクに皮がむけます。

●材料（２人分）

里いも（小いも）		250g
	白練りごま	大さじ２
A	砂糖	大さじ½
	（またはメープルシロップ	大さじ⅔）
	しょうゆ	小さじ１〜１½
白いりごま		大さじ３

●作り方

1 里いもは洗ってから皮つきのまま蒸して、手で皮をむく。

2 Aの材料をよく混ぜ合わせ、里いもを加えてあえる。器に盛り、白ごまをふる。

※味つけはお好みで、砂糖としょうゆの量を加減。しょうゆの代わりにみそでも。

里いものせん切りとエビの素揚げ

里いものねっとり感とエビのプリプリした口当たりのハーモニーを楽しんで。

●材料（８個分）

里いも		中４個
エビ（冷凍でも可）		10〜15尾
青じそ		８枚
	卵	½個
A	酒	小さじ１
	塩	ひとつまみ
揚げ油		適量

●作り方

1 エビは殻をむき、背ワタと尾を取り、フードプロセッサーで撹拌する。

2 里いもは皮をむきペーパータオルでしっかり水気をふく。せん切りにし、①のエビ、Aと混ぜ合わせる。８等分し、手に水をつけて好みの形に丸め、青じそで巻く。

3 揚げ油を低温（160℃）に熱し、じっくり、表面がきつね色になるまで６〜７分揚げる。いったん引き上げ、高温（180℃）にして、さっと揚げる。塩をふっても。

青じそがなければ、
そのまま揚げても。
その場合は、中温
（170℃）で揚げる。

れんこん

Lotus Root

旬は秋から冬。ビタミンC、B_1が含まれ、疲労回復や美肌効果大。ほかにミネラル分、食物繊維も多く、体を内側からきれいにしてくれる。少し黄色がかった泥つきを選んで。

年中出回っているように思えますが、旬は秋から冬。このころのれんこんは、粘りが出てほっくりとして甘みも増します。6月〜9月に出回る新れんこんは、サクサクとして味はあっさりしています。

さっと火を通してシャキシャキ感を味わうもよし、しっかり火を通してほっくり感を味わうもよし。サラダ、酢漬け、炒め物、揚げ物、スープや煮物に、すりおろしてと、さまざまな調理法で楽しめます。冬のれんこんは、揚げるとおいしい。穴に豚や鶏のひき肉をギュッと押しつけて詰めて、中温で揚げます。からしじょうゆが合います。

皮をむく料理をしたときは、皮はきんぴらやかき揚げにします。

アクの抜き方

酢漬けなど、白く仕上げたいときは、水1カップに片栗粉大さじ1を溶かしてつける。

しょうゆの色がつくような料理には、酢水に5分ほどつければよい。

皮のむき方

皮がかたいので、むくときは、まな板に向かって包丁を下ろすように切ると安全に切れる。

煮しめなどに使う場合は、丸くきれいに仕上げたいので、切ってから皮をむく。

れんこん甘酢漬け

冷蔵庫で3〜4日はおいしいので、
多めの分量で作ってください。
お弁当や箸休めにも重宝します。

●材料（作りやすい分量）

れんこん	中1節
砂糖	大さじ1
（またはメープルシロップ	大さじ1〜2）
塩	小さじ½
酢	⅓カップ
片栗粉水	水1カップ＋片栗粉大さじ1

●作り方

1 れんこんは皮をむいて乱切りにし、片栗粉水（上記参照）に15分ほどつけ、よく洗う。
2 湯を沸かし、酢少々（分量外）を入れ、①のれんこんを透き通るまでゆでる。ざるに上げてすぐにボウルに移す。
3 アツアツに砂糖をかけてなじませ、塩、酢をかけて混ぜ合わせる。

※甘さ控えめの分量なので、味見をして、足りなかったら甘みを足して。

れんこんのカリカリきんぴら

れんこんの繊維に沿って棒状に切るので、
シャキシャキ感が楽しめます。

●材料（２人分）

れんこん		中１節
ごま油		大さじ２
A	酢	小さじ２
A	酒・しょうゆ	各大さじ１½
A	みりんまたはメープルシロップ	小さじ２
赤唐辛子（種を取り、小口切り）		１本分

●作り方

1 れんこんは長さ３～５㎝に切って、皮をむき、縦に１㎝角の棒状に切り、酢水（材料外）に10～15分つけ、ざるに上げる。
2 フライパンにごま油を熱し、①のれんこんを入れてよく炒める。れんこんが透き通ってきたら、Aの調味料と赤唐辛子を加え、汁気がなくなるまで炒める。

れんこんとエビのつくね

シャキッとした歯ざわりのれんこんで
エビを挟んでカリッと揚げます。

●材料（２人分）

れんこん		½節
大正エビ（殻と尾を取る）		200ｇ
A	酒	小さじ1
A	塩	少々
A	卵白	¼個分
ぎんなん（あれば）		適量
ゆり根（あれば）		½個
すだち		２～３個
酢水・小麦粉・揚げ油		各適量
塩		少々

●作り方

1 エビは背ワタを取り、Aとともにフードプロセッサーにかけてミンチにする（エビを包丁で細かくたたいてミンチにし、Aを混ぜ合わせてもよい）。
2 れんこんは皮をむき、薄切りにして酢水に10分ほどつける。
3 ぎんなんは殻を割って実を取り出し、ゆり根はほぐす。
4 ②のれんこんはさっと洗って水気をふく。
5 ①のエビミンチを大さじ１の分量を目安につくね形にまとめ、④のれんこんで挟み、茶こしで小麦粉を表裏に軽くふる。
6 中温の揚げ油（160～170℃）に⑤を入れて、きつね色になるまでじっくり揚げる。
7 揚げ油の温度を少し上げ、③のぎんなんとゆり根を入れ、さっと揚げて塩をふる。
8 器に⑥と⑦を盛りつけ、すだちを添える。

ごぼう

Burdock

その昔、中国より薬草として伝来。本来の旬は11月〜12月、新ごぼうは6月〜7月。カリウム、カルシウム、マグネシウム、鉄分などを含み、食物繊維が豊富。

ごぼうは大好きな野菜のひとつです。洗ったり切ったりしてあるものは、風味や栄養が失われやすく、傷みも早いので、なるべく泥つきを買いましょう。触ってみてかたいものが新鮮です。ごぼうの香りとうまみは、皮を落としすぎるととんでしまいますから、皮をむかずに、泥を落とすだけに。たわしで軽くこするくらいがいいでしょう。切ったら酢水につけてアクを取ります。

冬のごぼうは繊維が強くて味がしみにくいので、あえ物には、たたきごぼうにすると味がよくしみます。春のごぼうはサラダに。酢を加えた湯でさっとゆでると色が白くきれいに仕上がります。

ごぼうの扱いときんぴら用のせん切り

1シンクに置いて、ごぼうを回しながら、たわしで泥を落とす。皮はむかない。

2斜め薄切りにする。繊維を断ち切るので、火の通りがよい。切り口を上にして倒す。

3マッチ棒より細いせん切りに。両端に皮がついているので、風味と歯ざわりがよい。

4酢水に約5分つける。アクを取ると同時に変色を防ぐ。つけすぎると味が抜ける。

ごぼうのきんぴら

強火の火加減でささっと水分をとばすと、
シャキッとした食感に仕上がる。
広口鍋やフライパンを使ってください。

●材料（２人分）

ごぼう（細め）	１本
赤唐辛子	１本
ごま油	大さじ２
酢	小さじ１
みりん	大さじ１
（またはメープルシロップ	小さじ１〜２）
酒	大さじ１
しょうゆ	大さじ１〜１½

●作り方

1ごぼうはたわしで洗い、斜め薄切りにしてからせん切りにする。酢水（分量外）に５分つける（上記参照）。赤唐辛子は種を取り、ぬるま湯につけてから小口に切る。

2熱したフライパンにごま油を入れ、全体に回し、よく水気をきったごぼうを全体に広げる。強めの中火で手早く炒める。

3柔らかくなったら、酢、みりんをからめ、続いて酒、最後にしょうゆを回しかけ、赤唐辛子を加えてざっと混ぜる。

たたきごぼうのごま酢あえ

メープルシロップを使うと上品な甘さに。
一晩、冷蔵庫でねかせると、
味がなじんでいっそうおいしくなります。

●材料（２人分）

ごぼう	１本
〈ごま酢〉	
白いりごま（半ずり）	½カップ
メープルシロップ	大さじ１
（または砂糖	小さじ２）
酢	大さじ１〜１½
しょうゆ	大さじ１

●作り方

1 ごぼうはたわしで洗い、鍋に入る長さに切り、酢水（材料外）にさらす。
2 ごま酢の材料を合わせておく。
3 湯を沸かし、酢少々（分量外）を入れる。
4 ③でごぼうをゆでる。指で押し、少しへこむくらいになったら、引き上げ、まな板の上ですりこぎなどでたたく。長さ４cmほどに切り、②に加えてあえる。

※メープルシロップがなければ、煮切りみりん、砂糖、はちみつのどれかを使って。その場合、メープルシロップよりみりんは少し多め、ほかは少なめの量を加える。

新ごぼうのにらドレッシング

新ごぼうのシャキシャキ感を生かしたサラダ。
ごぼうの風味とにら風味のドレッシングが
ぴったり合って、どんどん食べられます。

●材料（２人分）

新ごぼう	100ｇ
〈にらドレッシング〉	
酢	大さじ１⅔
太白ごま油	大さじ２
しょうゆ	大さじ½
塩	少々
にらのみじん切り	⅙束分

●作り方

1 新ごぼうはたわしで洗い、長さ５cmの縦薄切りにしたあと、細いせん切りにし、酢水（材料外）にさらす。
2 酢少々（分量外）を入れた熱湯でさっとゆで、水気をよくきり、ボウルに入れる。
3 すぐに酢をふりかけ、ドレッシングのほかの材料を次々と加えて混ぜる。

白菜

Chinese Cabbage

ビタミンCやカリウムが多い。
中国では「養生三宝」のひとつといわれ、冬の風邪予防や免疫力アップに効果的。
先端から巻きがしっかりしていて、持って重いものが新鮮でおいしい。

白菜は丸のままなら、新聞紙にくるんで風通しのよいところで1カ月ほどもちます。切り口から傷むので、切ったものは早く使いきりましょう。

かたい外葉は煮物、炒め物、鍋物や蒸し物に。サラダやあえ物には、柔らかな内葉を生で使います。一枚を芯と葉の部分に分け、切り方や調理時間を変えていきます。

残ったら干し白菜に。４つ割りにし、切り口を上にして干します。２日ほどたつとしんなりするので、煮たり炒めたり。塩をして、あえ物に漬け物に。みそ汁には葉と油揚げを細く細く切り、薄めの煮干しだしで。さっと火を通し、シャキシャキの食感を楽しみます。

白菜の切り方

1切り分けるときは、根元に縦に包丁を少し入れ、手で裂いていくと葉が傷まない。

2はがした葉の、柔らかい葉と芯の部分を、V字に切り分ける。

3内葉の柔らかい部分を細く切り、サラダやみそ汁の具にすれば、おいしい。

4芯はそぎ切りに。断面が広く、薄くなるので、火が入りやすい。煮物や炒め物に。

白菜と豚肉の重ね鍋

白菜、豚肉、しょうがをとろとろに煮込んだおいしさ。しょうがはたっぷり使って。

素材だけから出たスープも滋味深い。

●材料（２人分）

白菜	½株
豚肉（薄切り）	150〜200ｇ
しょうがのせん切り	１〜２かけ分
塩・こしょう	各少々
粗びき黒こしょう	少々

●作り方

1鍋に白菜をきっちり詰めて水１カップを注ぎ、ふたをして弱めの中火で蒸し煮にする。しんなりしたら軽く水気をきり（ゆで汁は取っておく）、縦に２等分し、長さ６〜７㎝に切る。

2豚肉は幅を半分に切る。

3土鍋に白菜の４分の１、豚肉、しょうがの３分の１を重ね、塩、こしょうを軽くふる。さらに白菜、豚肉、しょうがの順に重ね、間々に塩、こしょうし、最後に白菜を重ねる。

4①のゆで汁を注ぎ、水を足してひたひたにし、ふたをして約１時間煮る。黒こしょうをふって食べる。

酢白菜

蒸し煮にした野菜に酢を加えるだけで、
野菜の味わいがいっそう濃くなり、
たくさん食べられます。

●材料（２人分）

白菜	¼株
酢	大さじ２
しょうゆ・練りがらし	各適量

●作り方

１鍋に水大さじ２～３と白菜を入れ、きっちりふたをして火にかける。弱めの中火で８～10分蒸し煮にし、芯に串を刺してすーっと通るくらいに柔らかくなったら、酢をかける。ざるに取り適当に切る。

２練りがらしとしょうゆを添える。好みでかける酢の量を増やしても。

※からしじょうゆに豆板醤や酢をプラスしてもおいしい。

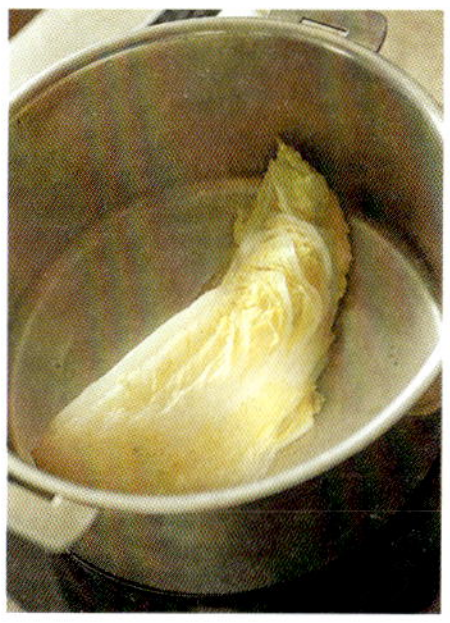

きっちりふたをして蒸す。薄切りの豚肉を挟んで蒸し煮にすれば、メインディッシュに。

白菜サラダ

白菜は煮るだけでなく、生も
シャキッとしておいしい。大きくちぎると、
酸っぱく辛い豚肉と相性がいい。

●材料（２人分）

白菜（内葉）	３枚くらい
豚バラ肉（薄切り）	100g
にんにくの薄切り	½片分
油	大さじ１
〈豆板醤ドレッシング〉	
酢	大さじ１
しょうゆ	大さじ¾～１
豆板醤	小さじ½～１

●作り方

１白菜は冷水に放ってパリッとさせ、よく水気をきって食べやすい大きさにちぎる。
２豚肉は幅３～４cmに切る。
３フライパンで油とにんにくを温め、豚肉を加えてカリカリになるまで炒める。
４③に豆板醤ドレッシングを加え、熱いうちに白菜の上にジャッとのせる。

きのこ

Mushroom

ノンカロリーでミネラルや食物繊維が豊富。ビタミンも多いきのこは生活習慣病で悩む人の強い味方。アミノ酸を多く含み、うまみたっぷり、複雑な味わいを楽しめる。

ヘルシーで、奥行きのある味わい。主役にはなりにくいけれど、なくてはならないもののひとつです。黒ずみがなく笠の開いていないものがよく、笠の裏側が茶色になっているものは、鮮度の悪い証拠。しいたけなら、笠が肉厚で丸みがあり、巻き込みの強いものにしましょう。

　意外に日持ちのしない素材です。袋をぴったり閉じて保存すると蒸れてしまうので、袋からすぐに出して広げます。余ったら、日に干して干ししいたけを作りましょう。

　きのこ類を水洗いすると、水分を含んでしまい、風味がとびます。ハケで払うか、ペーパータオルでふくだけでよいでしょう。

しいたけの扱い方

1土のついている石づきは切り落とす。軸はおいしいので必ず一緒に調理する。

2笠に切り目を入れてから軸ごと裂く。なるべく包丁を使わないほうが味のなじみがよい。

軸を取る場合

1笠に詰め物をする場合など、軸を取るときは、つけ根を親指で押さえながら静かに抜く。

2軸は手で縦に細く裂いて、きんぴら風に、炒め物に、スープの具に。

きのこの和風煮びたし

きのこは何種類かそろえたほうがおいしくでき上がります。
これをうどんやそばにのせても。

●材料（２人分）

本しめじ		1パック
えのきだけ		1パック
しいたけ		6枚
だし		1 ½カップ
A	酒	大さじ1
	しょうゆ	小さじ1弱
	塩	少々

●作り方

1 しめじとえのきだけは、根元を切り取る。しいたけは石づきを取り、軸ごと4つ割りにする。

2 だしにAの調味料を入れる。①を入れて軽く煮立てる。味を見て、足りなかったら調味料を足す。

※好みで山椒や七味唐辛子をふる。
ゆずの皮のせん切りも合う。

エリンギのソテーと葉野菜のサラダ

しっかり冷やしておいた野菜に、
アツアツのソテーをオイルごとかけて。
温度の違う素材を食べるのがおいしい。

●材料（2人分）

エリンギ	2本
オリーブオイル	大さじ1½～2
エンダイブ	2～3枚
トレビスまたはレタス	1～2枚
赤玉ねぎ	⅛個
A　塩・こしょう・バルサミコ酢	各少々

●作り方

1 赤玉ねぎは薄切りにし、エンダイブ、トレビスと一緒に氷水に入れる。葉がパリッとなったらすべての水気をよくきる。エンダイブとトレビスの葉はちぎる。皿に盛り、冷やしておく。

2 エリンギは縦3～4つに裂く。

3 熱したフライパンにオリーブオイルとエリンギを入れ、エリンギがきつね色になるまで全体を焼く。①にのせてフライパンに残ったオイルも回しかけ、Aの調味料をふる。

きのこのチーズ焼き

きのこにチーズとオリーブオイルをふり、
オーブンで焼いただけの
シンプルメニュー。きのこはお好みで。

●材料（2人分）

しいたけ	4枚
エリンギ	1～2本
まいたけ	40g
本しめじ	½パック
イタリアンパセリ（ちぎる）	少々
タイムのみじん切り	2枝分
塩・こしょう	各少々
おろしたパルミジャーノチーズ	大さじ3
オリーブオイル	大さじ2

●作り方

1 きのこはすべて石づきを取る。しいたけとエリンギは笠に少し切り目を入れて、手で軸ごと半分に裂く。まいたけとしめじはほぐす。

2 耐熱容器に①のきのこを散らして入れ、イタリアンパセリ、タイムと塩、こしょうをふる。オリーブオイルを回しかけ、パルミジャーノチーズを全体にふる。

3 200℃のオーブンで約15分、チーズがこんがりするまで焼く。

たけのこ

Bamboo Shoot

竹の地下茎から出てくる若い茎がたけのこ。「朝掘ったらその日のうちに食べろ」と言われるぐらい、鮮度が大事。食物繊維が豊富なので、便秘の予防に効果的。早いものは3月ごろから。旬は4月～5月。

たけのこのゆで方

1たけのこ中2本の場合、水2ℓに対し、ぬかを約1カップ、赤唐辛子2～3本の割合で用意する。

2鍋にたけのこが十分かぶる量の水を入れ、ぬかを少しずつ入れて泡立て器で混ぜていく。

3泡立て器でぬかをよく混ぜ、十分溶かしてから、赤唐辛子を2～3本入れる。

4洗ったたけのこは、しっかりと押さえながら、先端の部分を斜めに切り落とす。

5皮に、本体を傷つけない程度に縦に包丁目を入れる（ゆでやすく、むきやすい）。

6たけのこを鍋に入れ、強火で沸騰させ、弱めの中火にして1時間30分～2時間ゆでる。

7太い部分に竹串を刺し、すっと通ればOK。掘ってから1日たったものは、3時間ほどゆでる。

8ゆで汁につけたまま冷まし（4時間～一晩くらい）、よく洗い、切り口からはがすように皮をむく。

9皮がついて汚いところは、割り箸の角でこそげ取る。

10根元のごくかたい部分は切り落とす。保存するときもこうする。

保存方法

深さのある密封容器に入れ、たけのこが直接空気に触れないよう、水をたっぷり張っておけば、冷蔵庫で4～5日保存可能。水は毎日取り替えて。

春になると、桜前線ならぬ「たけのこ前線」が、南は九州、四国から東北まで、次第に北上します。その時期になると、この旬の味を必ず楽しむことにしています。

新鮮さが命ですから、新しいものを手に入れることが何より大切。皮ごと米ぬかと赤唐辛子を入れた水からゆでます。とってから1日たったものは、普通より長めに、水を補いながら3時間ほどゆでてください。ゆでておけば、焼いたり、煮たり、揚げたり、いかようにも楽しめます。

部位によって、調理法を変えましょう。汁物には穂先を、おだしで煮るときは根元以外を、根元は炒め物に。

必ず作るのが、たけのこごはんと若竹煮。煮物は、おだしをきちんととって、しっかり味を含ませます。木の芽をたっぷり盛ると、春を存分に感じられますよ。

たけのこごはん

ほんのり薄味でだしがきいて、サクッと口当たりのいいたけのこごはん。この季節には必ず炊きたいですね。

●材料（２人分）

米	２合（180mℓ×２）
だし（昆布とかつお節で濃いめに）	米の１割増し
ゆでたけのこ	150g
油揚げ	½枚
酒	大さじ２
しょうゆ	大さじ½
塩	小さじ¾
木の芽	適量

●作り方

１米は炊く30分前にといでおく。

２たけのこは薄めのいちょう切りに。穂先の部分は薄く放射状に切る。

３油揚げは熱湯につけて油抜きし、手のひらに挟んで押して水気をきり、２枚にはがし、ごく細く切る。

４炊飯器に木の芽以外の材料を入れ、上下をよく混ぜて、普通に炊く。飯碗に盛り、木の芽を手でパンとたたいて添える。

※だしは濃いめにとり、しょうゆは控えめに。たけのこはごはんになじみやすい大きさに切る。炊くときの水は２割増しでも。

若竹煮

いいだしをたっぷり、薄味に仕上げた若竹煮。この季節の柔らかい新わかめとたけのこと木の芽は出合いのもの。

●材料（２人分）

ゆでたけのこ		中１本
わかめ（塩蔵）		50g
だし		２カップ
A	酒	大さじ１½
	みりん	大さじ¾
	しょうゆ	大さじ１
	塩	小さじ⅓～½
木の芽		ひとつかみ

●作り方

１たけのこは穂先は大きめの放射状に、残りは１㎝くらいの輪切りにする。

２わかめは水洗いし、水で２分ほど戻し、食べやすい大きさに切る。

３鍋にだしとAの調味料を入れる。ひと煮立ちしたらたけのこを入れ、落としぶたをして弱めの中火で30分煮て火を止め、そのまましばらく煮含める。

４食べるときに温め、わかめを入れてひと煮立ちさせる。

５器に汁ごと入れて、木の芽を上にのせる。

豆

Beans

豆の缶詰や乾燥大豆をいったものは、一晩水につけたりゆでたりしなくても、すぐに使えて便利。スープやサラダに、煮込み料理に、炊き込みごはんにと、料理の幅が広がります。

良質のタンパク質、食物繊維、ビタミンやミネラルが豊富な豆。食卓へ頻繁に登場させたいですね。煮豆以外にも、スープやサラダ、パスタ、マリネなど、甘くない豆料理もたくさんあります。袋を開けたら全部ゆでて冷凍保存しておくことをおすすめしますが、さっと使える缶詰やいり大豆も便利。

いり大豆は、10分ほど水につけ、フライパンで約10分いるだけです。このまま食べても、しょうゆだけふっても、しょうゆやみそに甘みを加えて甘辛く味つけしおやつにしても。いり大豆と米を番茶で炊いた「いり大豆ごはん」は大好物。おむすびにして、お番茶と一緒にいただきます。玄米にいり大豆を混ぜただけでもおいしいですよ。

豆の缶詰の下処理

缶詰の豆は熱湯でさっとゆでて、缶詰特有のにおいを取る。

大豆のいり方

水に10分つけた大豆は色づくまで香ばしくいるのがコツ。いり方が足りないと青臭くなる。

大豆とごぼうのみそあえ

母がいつも作ってくれた大好きなおやつ。
お弁当やお酒のおつまみにも。
思い立ったらすぐにできる豆料理です。

●材料（２人分）

大豆（乾）	100ｇ
ごぼう	½本
みそ	大さじ１～２
酒	大さじ１～２
ごま油またはオリーブオイル	大さじ１½

●作り方

1 大豆は10分ほどひたひたの水につけ、ざるに上げておく。ごぼうはよく洗って乱切りにし、酢水（材料外）につけておく。
2 フライパンにごま油またはオリーブオイルを入れて熱し、弱めの中火で大豆を色づくまでじっくり10分ほど炒める。
3 水気をよくきったごぼうを加えて炒め、ごぼうに火が通ったら、みそ、酒を加えてよくいりつける。

豆とソーセージのスープ

手軽に豆の缶詰を使ったカレーとハーブ風味のスープ。缶詰の大豆やひよこ豆でも。

●材料（２人分）

レッドキドニービーンズ缶	½缶
（またはゆでた赤いんげん豆	⅔カップ）
ソーセージ	２～３本
玉ねぎ	⅛個
スープストック	１カップ強
カレー粉	小さじ½～１
塩・こしょう	各少々
油	小さじ½
ローズマリーなど好みのドライハーブ	適量

●作り方

1 汁気をきったキドニービーンズを熱湯でさっとゆで、缶臭さを取る。
2 ソーセージは２㎝幅に切る。
3 玉ねぎは１㎝角に切る。
4 鍋に油を熱して③を炒め、②と水気をきった豆を加えて分量の水を注ぐ。煮立ったらアクを取り、中火で３～４分煮る。カレー粉と塩、こしょうで味をととのえ、ドライハーブをふる。

ひよこ豆とコーンのサラダ

いろいろなスパイスを合わせて、中東風の香りを楽しみます。マリネドレッシングは万能。

●材料（２人分）

ひよこ豆（ガルバンソー、チックピーズともいう）の缶詰	½缶
（またはゆでたひよこ豆	⅔カップ）
コーン	½缶
（またはゆでたとうもろこし	⅔カップ）
ローリエ	適量
〈スパイス類（全部そろわなくてもよい）〉	
オールスパイス・カルダモン・クローブ・ブラックペッパー・グリーンペッパー	各少々
〈マリネドレッシング〉	
玉ねぎ	¼個
オリーブオイル	大さじ２½
ワインビネガーかレモン汁	大さじ１½
にんにくのすりおろし	½片分
塩・こしょう	各少々

●作り方

1 マリネドレッシングを作る。玉ねぎはみじん切りにして水にさらす。よく絞ってボウルに入れ、ほかの材料も入れる。
2 ひよこ豆とコーンは汁気をきり、熱湯で３分ほどゆでて水気をよくきる。
3 ①のボウルに、ローリエ、スパイス類を加えてよく混ぜ、②の豆とコーンを入れてあえ、１時間ほどマリネする。

アジ

Horse Mackerel

日本の家庭になじみの深い魚。種類が多く、近海でも20種類近くとれる。真アジ、シマアジ、ムロアジが代表で、いずれも尾の近くに、ゼイゴがあるのが特徴。

日本の近海ではたくさんのアジがとれます。大きさによって調理法を変えて楽しみましょう。

豆アジは、そのまま煮たり揚げたりして、丸のままいただきます。中くらいのものは三枚におろして刺し身や酢じめ、また、フライやパン粉焼き、つみれにも。塩焼きにも適しています。

ほかの魚より扱いやすいので、魚をおろす練習にもなります。きれいにおろせなくても、まずは経験が大切。家庭料理ですから気にせず、ご自分でおろしてみてください。

一尾丸ごとの魚は内臓から傷んできますから、買ったら早めに下処理をしておきましょう。

三枚おろしとその後の処理

1頭とゼイゴ、エラと内臓を取り、洗う。尾のほうから包丁を入れ、身2枚と骨に分ける。

2三枚におろした身に、骨に沿ってすき取るように包丁を入れ、腹骨の部分を取り除く。

3小骨をていねいに骨抜きで抜く。指先での感触で探り、身の流れに沿って抜くとよい。

4皮をひく。頭側から尾に向けて皮をはいでいく。

アジのパン粉焼き

アジとパン粉は相性がいい。急ぐときは店で三枚におろしてもらうと早くできる。グリルやオーブンで香ばしく焼いて。

●材料（2人分）

アジ（三枚におろしたもの）		2尾分
A	パン粉	⅔カップ
	イタリアンパセリのみじん切り	大さじ2
	ミニトマトの粗いみじん切り	4個分
	パルミジャーノチーズ	⅓カップ
	にんにくのみじん切り	1片分
オリーブオイル		大さじ2〜3
塩・こしょう		各少々

●作り方

1 アジは小骨を抜き、塩、こしょうをふる。
2 浅めの耐熱皿にオリーブオイル少々（分量外）をぬってアジを並べる。Aをよく混ぜてかけ、オイルも全体に回しかける。
3 魚焼き用グリル、またはオーブン、オーブントースターなどに入れ、表面にこんがりと焼き色がつくまで焼く。

アジの南蛮漬け

小さな豆アジを見つけたら作りましょう。
大きめのアジなら、三枚におろして切って。
すぐ食べても、一晩漬けても。

●材料（2～3人分）

豆アジ	20尾
赤玉ねぎ	1個
酢	⅔カップ
しょうゆ	½カップ
赤唐辛子（生）	2本
揚げ油	適量

●作り方

1 赤玉ねぎをザク切りにし、酢に漬ける。
2 豆アジは内臓を取って洗い、ペーパータオルで水気をよくふき取る。鍋に油を入れ、180℃に。豆アジを隙間なく入れて、カリカリになるまで7～10分揚げる。
3 ①に、しょうゆと、斜め切りにした赤唐辛子を加え、②を漬け込む。

※生の唐辛子がなければ、乾燥のものでも。その場合は、ぬるま湯につけて種を取る。甘くしたければ、煮切ったみりん大さじ2か砂糖大さじ1強、またはメープルシロップ大さじ1½を、しょうゆとともに加える。

アジのみょうがどんぶり

酢じめのアジ、青じそ入りのごはん、
薄切りのみょうが。すだちをしぼって
おすし感覚でさっぱりといただきます。

●材料（2人分）

アジ（三枚におろしたもの）	2尾分
みょうが	2～3個
すだち	2個
青じそ	4～5枚
酢	適量
塩	ひとつまみ強
ごはん	2杯分

●作り方

1 アジはバットに入れ、両面に塩をふり、20分おく。そのままの状態で、酢をひたひたにかけ、さらに20分おく。小骨を抜き、皮をはぎ、そぎ切りにする。
2 みょうがは縦半分に切ってから薄切りにし、氷水に放してシャキッとさせる。
3 青じその葉はせん切りにし、人肌に冷ましたごはんに混ぜ、器に入れる。
4 ③の上に、水気をきったみょうがと①のアジをのせる。半分に切ったすだちをのせ、しぼって食べる。しょうゆ少々（材料外）をかけてもおいしい。

イワシ

Sardine

青魚の代表格。老化や動脈硬化を防止するDHA(ドコサヘキサエン酸)や血液をサラサラにするEPA(エイコサペンタエン酸)が豊富。暑くなるにしたがって、脂がのって美味に。

目が澄み、全体が銀色に光っているのが新鮮な証拠。ぜひ、鮮度のよいものを手に入れてください。

身が柔らかいので、手開きにしましょう。頭を落とし、内臓を取り出したら、流水でよく洗ってください。血が残っていると、調理しても生臭さが消えません。まな板は、しっかり水でぬらして使いましょう。汚れやにおいがつきにくくなります。

たくさん手に入ったときは、しょうゆ、酢、しょうがと好みでみりんを少々加えてコトコト煮ます。赤唐辛子やにんにく、酒を加えても、種を取った梅干しを一緒に煮てもいいでしょう。火を通す時間は長めでも短めでもお好みで。

イワシの手開き

1頭を落とし、腹から尾まで包丁を入れ、指を入れて内臓を取り除き、流水で中を洗う。

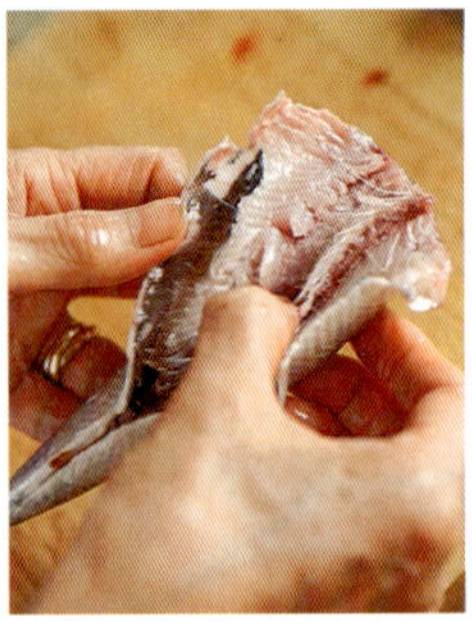

2頭のほうから、尾に向かって骨と身の間に親指を差し込んで、ゆっくり移動させる。

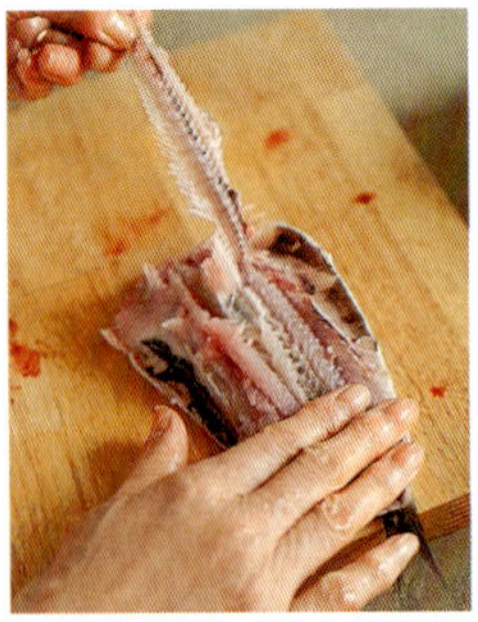

3片身を開いたら、尾のところで中骨を折り、もう一方の身からゆっくりはがし取る。

4外側に残った腹骨の部分をすき取れば、でき上がり。

イワシのしょうが風味酒蒸し

しょうがと酒でうまみが増し、
鯛の酒蒸しとはまた違うおいしさ。
しかも簡単! 好みでポン酢など添えて。

●材料(2人分)

イワシ	4尾
塩	少々
しょうがのせん切り	1かけ分
酒	大さじ2
昆布	8㎝
ポン酢・大根おろし・しょうゆ・七味唐辛子・あさつき・ごま油・豆板醤など好みで各適量	

●作り方

1 イワシはウロコを洗い落とし、頭を落とす。腹に斜めの切り込みを入れて内臓を出し、腹の中をよく水洗いをして、ざるに並べ、表と裏に塩をふる。
2 昆布は水でざっと洗い、盛りつけ皿にしばらくおいて柔らかくする。
3 昆布の上に①のイワシを並べる。酒をふりかけ、しょうがを上にのせ、皿ごと強火で約10分蒸す。
4 ポン酢、大根おろし、しょうゆ、七味唐辛子、あさつきなどを好みで合わせ、適量つけていただく。中華風にしたいときはごま油や豆板醤で。

イワシのすり身と ごぼうのひと口揚げ

皮も小骨も一緒に、フードプロセッサーで一気に混ぜるだけですり身ができます。揚げたり、汁物にしたり、大活躍。

●材料（2人分）

イワシ	2尾
ごぼう	½本
しょうがのみじん切り	½かけ分
片栗粉	大さじ1弱
揚げ油	適量
しょうゆ・練りがらし・塩	各少々

●作り方

1 ごぼうは大きなささがきにして酢水（材料外）に5分ほどつける。

2 イワシは手開きで三枚におろし、皮と小骨もついたまま、3cmくらいに切る。

3 ②のイワシをしょうが、塩、片栗粉と一緒にフードプロセッサーにかける（大きめのごぼうと合わせるので、やや粗めにひくほうが揚げたときの食感がいい）。

4 ひいたイワシをボウルに入れて、水気をふいた①のごぼうを加え、へらで混ぜる。

5 大さじ山盛り1杯を目安にぬらした手に取り、ラグビーボールのような形にまとめる（ごぼうをイワシでつなぐ感じ）。

6 箸で約170℃に熱した油に入れ、こんがりと揚げる。しょうゆやからしを添える。

イワシのグリル 大根おろしのせ

香ばしく焼けたイワシを、にんにくじょうゆにジュッとからめます。しょうがじょうゆやポン酢もおいしい。

●材料（2人分）

イワシ		4尾
A	にんにくのすりおろし	1片分
	しょうゆ	大さじ2
大根おろし		適量
青じそ		6枚

●作り方

1 イワシはウロコと頭と内臓を取り、洗って水気をふく（その後、脱水シートに包んでおくと水っぽさが抜け、よりよい）。

2 グリルの網をよく熱し、イワシをのせてこんがりと焼く（余分な脂が落ちる）。

3 バットにAを合わせておき、焼きたてのイワシを入れ、全体にからめる。皿に盛りつけ、大根おろし、ちぎった青じそをのせる。

鮭

Salmon

世界の漁獲量の3分の1を消費するほど、日本人は鮭好き。多くが養殖魚で、さまざまな種類がある。秋の産卵期にとれる未成熟の鮭は「鮭児」と呼ばれ、珍重されている。

鮭などの切り身を買う場合、小さく見えても厚みのあるものを選びましょう。厚みがあれば身はふんわり、皮はパリッと焼けます。

魚は、焼く20分ほど前に塩をして余分な水分を出せば、身がしまり、おいしくなります。フライパンでソテーする場合、皮目から焼くこと。さっぱり仕上げるため、魚から出る脂はペーパータオルでこまめにふき取ります。

少し生っぽさが残っているときが調味料を入れるタイミング。照り焼き用の調味料（2切れ分）は、加える順に、酒大さじ3、メープルシロップ大さじ1強、しょうゆ大さじ2。入れたら火を弱め、水分がなくなるまでからめます。

切り身を照り焼きにするときのコツ

1塩をしたら、ざるの上に10～15分おく。水分が出て、身がしまり、おいしくなる。

2切り身魚の水気をふき、皮目から焼く。皮はパリッと焼くと香ばしくなり、おいしい。

3魚から出る脂は、途中ペーパータオルでこまめに取り除くとさっぱりと仕上がる。

4調味料（右記参照）を入れて弱火にし、全体にかけながら、水分がなくなるまでからめる。

鮭とじゃがいものアンチョビソース

香味野菜と一緒にワイン蒸しにした鮭と、じゃがいものサラダ。おもてなしにも！

●材料（2人分）

生鮭の切り身		2切れ
じゃがいも		2個
A	アンチョビ（フィレ）のみじん切り	2枚分
	にんにくのみじん切り	1片分
	ケイパー	小さじ1
	レモン汁・オリーブオイル	各大さじ2
	こしょう	少々
B	セロリの葉・玉ねぎ・パセリの切れ端	少々
白ワイン		½カップ
イタリアンパセリ・塩・こしょう		各適量

●作り方

1 鮭は各3等分に切り、塩をふって10分おき、水気をふいて、こしょうをする。
2 Aのアンチョビソースの材料を混ぜる。
3 じゃがいもは皮ごとゆで、ゆで上がったら皮をむき、フォークで4つくらいに切り分けて塩、こしょうしておく。
4 鍋に①の鮭を並べ、Bをのせて白ワインを入れる。ふたをして弱火で5～6分蒸し煮にして、鮭の皮を取り除く。
5 ④と③を器に入れ、アンチョビソースをかけて混ぜ、イタリアンパセリを飾る。

生鮭のソテー にんにくパン粉がけ

ソテーした鮭に、香ばしいにんにくパン粉をまぶした一品。カリッとした食感もおいしさ。

●材料（２人分）

生鮭の切り身（２～３等分する）	２切れ分
ズッキーニ	１本
パン粉	½カップ
にんにくのみじん切り	１～２片分
パセリのみじん切り	大さじ１
オリーブオイル	大さじ３½
塩・こしょう・スペアミントの葉	各適量

●作り方

1 鮭は塩をふり、10分おいて水分をふき、こしょうをふる。フライパンを熱し、オリーブオイル大さじ１で色よく両面焼く。
2 フライパンでオリーブオイル大さじ１を熱し、６～７㎜の厚さに切ったズッキーニを両面焼いて、塩、こしょうする。
3 別のフライパンでにんにくパン粉を作る。オリーブオイル大さじ1½とにんにくを入れ、弱火できつね色になるまで炒める。パン粉を入れてカリッとするまで炒め、塩、こしょう各少々とパセリを加える。火を止め、①の鮭を入れてからめる。
4 皿に③の鮭と②を盛り、③の残りのパン粉を鮭の上にかけ、ミントの葉を添える。

生鮭のソテー 豆豉ソース

豆豉と豆板醤が入った中華風のたれ。豆豉ソースのうまみと辛みが、柔らかく焼いた鮭によく合います。

●材料（２人分）

生鮭の切り身（食べやすく切る）	２切れ分
油	大さじ½＋大さじ½
〈たれ〉	
豆豉・にんにく・しょうがの各みじん切り・ごま油	各大さじ½
豆板醤	小さじ½
酢	小さじ１
しょうゆ	大さじ１～１½
わけぎのザク切り	２～３本分

●作り方

1 たれの材料を合わせておく。
2 フライパンを熱して油大さじ½を入れ、わけぎをさっと炒めて取り出す。
3 油大さじ½を足して熱し、鮭を皮目から焼き、両面こんがりと焼く。焼きたてを①のたれに漬ける。
4 皿にわけぎを入れて③をのせ、残ったたれを上からかける。

鯛

Bream

古くから縁起のよい魚とされ、その姿の美しさとおいしさで、珍重されてきた。桜鯛と呼ばれる春の天然ものは身がしまっておいしく、色も美しい。おいしいサイズは体長40～50㎝。

鯛は白身魚の王様ですね。姿の美しさはもちろん、淡泊でふくよかなおいしさは、ほかの魚では味わえないもの。塩焼きがもっともその味を引き立てると思います。

料理人さんでも、ふり塩を上手にできるようになるのに何年もかかるそうです。何度もやって、やっと体得できるものですから、シンプルな塩焼きで練習してはいかがでしょう。30㎝ほど上からまんべんなくふり、約20分おいてから、出てきた水分をペーパータオルでふき取って焼きはじめます。

刺し身は最高ですが、ときには昆布じめもいいですね。ぬらして柔らかくした昆布に刺し身を並べ、クルクルと巻き、ラップでギュッと包みます。1～3日で食べきってください。

切り身の塩のふり方

ざるの上に鯛の切り身をのせ、約30cmの高さから表裏に均等に塩をふる。

昆布じめの作り方

昆布をさっと水にぬらしてビニール袋に入れる。柔らかくなったら、塩をしてそぎ切りにした鯛を並べ巻いていく。

鯛のパセリバターソース

エスカルゴバターにヒントを得た簡単ソース。にんにくを焦がさぬようバターをたっぷり使って作ります。

●材料（2人分）

鯛	2切れ
じゃがいも	2個
パセリのみじん切り	大さじ3～4
にんにくのみじん切り	1～2片分
バター	大さじ2～3
オリーブオイル	適量
塩	適量

●作り方

1 鯛にふり塩をして、10分以上おく。水気をふき取り、切り身全体にオリーブオイルをぬり、魚焼きグリルで焼く。
2 ソースを作る。にんにくをバターでゆっくり香りが出るまで弱火で炒める。パセリを加えて、さっと火を通す。
3 じゃがいもは皮つきのまま蒸すかゆで、手で割って、軽く塩をふり、器に盛る。①を盛り、②のソースをかける。

サワラ

Spotted Mackerel

身が白く、くせのない上品な味わい。瀬戸内海でよくとれ、西日本で特に珍重されてきた魚。旬は秋から春。漢字で「鰆」と書くことからわかるように、春の魚として有名。

　懐石料理に使われ、関西で大切にされてきた魚です。暖かい海で育ったせいでしょう、関西の魚は身が柔らかいので、みそ漬けや粕漬けにして、身をしめてから焼くことが多いですね。塩焼きにする場合は、塩を強めに。

　私のサワラ料理のイメージはずっと、ゆず味のたれに漬け込んで焼く柚庵焼きやみそ漬けでした。何年か前にベトナムの家庭を訪れたときのこと。カリカリに揚げたサワラに、ナンプラーをジャーッとかけ、しょうがをたっぷりのせたシンプルなひと皿をごちそうになりました。サワラの意外な食べ方にびっくり！　印象に残る味だったので、私風にアレンジして、ここでご紹介いたしましょう。

サワラの切り身の下ごしらえ

1切り身を半分に切ると血合いがあるので、味よく仕上げるために取る。

2サワラは身が柔らかいので、少し強めに塩をふる。みそや粕に漬け込んでもおいしい。

ベトナム風揚げ魚の葉っぱ包み

カリッと揚げたサワラのクリスピー感と香草の香りが絶妙のベトナム味。

●材料（2人分）

サワラの切り身		2切れ
（アジ・サバ・イサキでも）		
A	しょうがのすりおろし	大1かけ分
	ナンプラー	大さじ1½
揚げ油		適量
レタス・青じそ・バジル・ミント・香菜各適量		
〈ヌグチャム〉		
	砂糖・ナンプラー・水	各大さじ1
	酢	大さじ1½
	赤唐辛子の小口切り	½本分

●作り方

1 サワラは塩、こしょうも、粉もつけず、水気をふき、160℃の低温の油に入れ、じっくり揚げる。次第に高温になったところでこんがりカリッとさせ、油をきる。

2 Aを混ぜ、揚げたての①にかける。

3 器にレタスや香味野菜と②のサワラをのせ、各自、好みの葉っぱで巻いて、ヌグチャムをつけていただく。

※ごはんと混ぜてもおいしい。

ブリ

Yellowtail

正月に贈ったり食べたりする「年とり魚」として、西のブリ、東の鮭と、日本人に親しまれている。出世魚といわれるように、成長段階で名前が変わるのも特徴のひとつ。

脂がのった真冬のブリは塩焼きにつきます。塩はきつめにふったほうが身がしまり、おいしく焼き上がります。脂が落ちますので、グリルなら下に受け皿を必ず用意し、オーブンなら網にのせて。フライパンなら皮目を下にして焼きはじめ、皮をパリッと仕上げましょう。ペーパータオルで脂をふき取りながら焼き上げます。

　皮に栄養分がたっぷりありますから、皮目をしっかり焼いてください。カリッと焼かれた皮は香ばしく、ふっくら焼けた身と一緒に食べるとおいしいです。大根おろしやすだちを忘れずに。

　旬のブリは刺し身にしたら、マグロよりおいしいと思うほど。大根との相性のよさを生かした煮物も冬の料理として欠かせません。

塩焼きの基本

1 きつめに塩をする。ざるにのせ、30～40分ほどおく。水分をしっかりふいて調理。

2 オーブンでは網にのせて焼く。皮目を上に向け、上火をきかせるとパリッと焼き上がる。

ブリ大根

ブリも大根も主役。冬に必ず食べたい人気のおかずです。ブリの下処理をしっかりするのがコツ。

●材料（２人分）

ブリの切り身		2切れ（あればかまがよい）
大根		⅓本
しょうがの薄切り		½かけ分
A	しょうゆ	大さじ3
	砂糖・みりん	各大さじ1
	酒	¼カップ
ゆずの皮のせん切り		適量

●作り方

1 ブリは各2等分し、ざるにのせて強めに塩（材料外）をふり、15分ほどおく。熱湯に表面が白くなる程度にさっと通し（霜降り）、水に取り、血合いや汚れを洗う。

2 大根は皮をむき、厚さ1.5㎝の輪切りにして面取りし、鍋に並べる。しょうがの薄切りとAを加え、水をひたひたに注ぎ、①のブリを加える。

3 強火にかけ、煮立ったらアクを取り、中～弱火にする。アルミホイルでおおい、さらに落としぶたをして煮汁が少し残る程度まで煮て、ゆずの皮をのせる。

※大根は下ゆでしてから煮てもよい。

ブリの照り焼き

照り焼きはおいしい切り身料理の代表。同じ作り方でサバ、カジキ、生鮭などでもおいしくできます。

●材料（２人分）

ブリの切り身	2切れ
酒・みりん・しょうゆ	各大さじ１½〜２
油	大さじ１
にんじん	¼本
れんこん	２㎝

●作り方

1 野菜は皮をむき、にんじんは斜め薄切りにする。れんこんは薄い半月切りにし、酢水（材料外）に５分さらす。

2 フライパンをよく熱し油を入れる。十分油をなじませると、魚がはりつきにくい。

3 ブリを、盛りつけたときに上になる側から焼き、両面をこんがり焼いたら、フライパンの油をペーパータオルでふく。

4 油をふき取ったら酒とみりんを加え、一度煮立ててからしょうゆを加える。この３つの調味料は同割と覚えておくとラク。

5 ①のにんじんとれんこんの水気をきり、ブリの脇に並べる。ふたをして２〜３分煮て全体に火を通す。

6 ブリと野菜を皿に盛りつけたら、煮汁を少し煮つめてかける。

照り焼きのコツ

1 フライパンに油を熱し、切り身を盛りつけたとき、上になるほうから焼く。

2 油はペーパータオルでふき取る。魚を焼いた油はきれいに取り除くと味もすっきりし、たれもおいしく仕上がる。

3 たれは、最初に酒とみりんを加え、一度煮立ったらしょうゆを加えること。３つの調味料は同量でと覚えるとラク。

4 同じフライパンで、つけ合わせも一緒に、ふたをして煮る。皿に盛りつけたあと、煮汁を煮つめてかける。

サバ

Mackerel

近海魚の代表だったサバだが、最近は、ノルウェーなどからの輸入が多い。DHAやEPAが豊富で、血合い部分にはビタミンやミネラルも。鮮度が大切。新鮮なものを選んで。

サバは酢でしめておくと、そのままあえ物に、サラダに、焼いて、と何にでも使えます。しめたサバは冷凍できます。

しめサバを作る場合、最初にたっぷり塩をするのがコツです。両面を覆うくらい塩をすることを、「強塩《こうじお》」と言います。30分もしたら、水分が出て、骨が浮いて出てきます。流水で洗い、バットに酢を少し入れてからサバを入れると、サバにまんべんなく酢が回ります。漬ける時間はお好みで。お刺し身感覚でいただくときは、20～30分ほど漬けます。

頭や中骨などのあらは、昆布と一緒に煮出し、拍子木に切った大根を煮て、塩味の船場汁に。

しめサバの作り方

1三枚におろし、ざるの上で真っ白になるくらい両面に塩をして約30分おく。

2サバの身がしまって骨が浮いてきたら、塩を流水で落とし、ペーパータオルでふく。

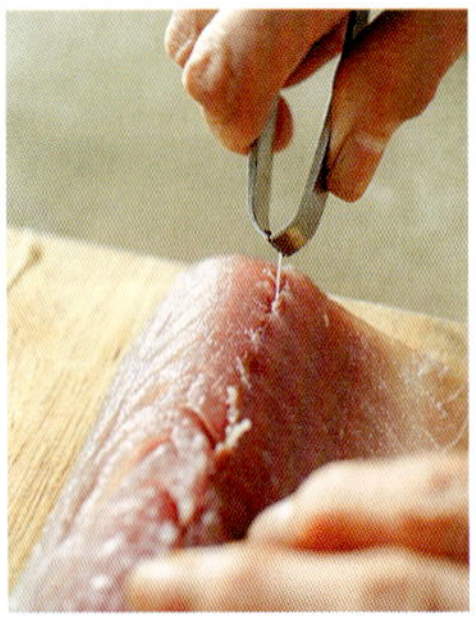

3骨抜きをする。この段階で骨抜きをすると、取りやすい。

4バットに入れ、ひたひたよりやや少なめに酢を加え、途中で返し、30分～1時間漬ける。

サバロースト ポテト添え

オーブンでつけ合わせも同時に焼く、
ローズマリー風味の簡単ロースト。
4人分なら、大きめのサバ1尾を焼いて。

●材料（4人分）

サバ	1尾
ローズマリー	小7～8枝
じゃがいも	2個
さつまいも	小1本
ブラックオリーブ（あれば）	10個
塩・オリーブオイル	各適量

●作り方

1 サバは内臓を出し、よく洗う。
2 サバの背側に切り目を入れ、塩をふり、ローズマリーを写真のように切り目に詰める。
3 いも類は皮つきのまま適当に切り、天板に並べ、塩とオリーブオイルをふって210℃のオーブンへ。
4 15～20分ほど焼いたら、途中で②のサバも同じ天板に入れて、さらに10～15分ほど様子を見ながら焼き上げる。あればブラックオリーブを散らす。

しめサバの
からし酢みそあえ

ひと手間かけたしめサバ料理。酒肴にももってこいです。酢みその酢やみそはまろやかなものがおいしいです。

●材料（2人分）

しめサバ（P202参照）	¼尾分
大根	2㎝
クレソン	½束
（または春菊	適量）
長ねぎ	¼本
しょうが汁・塩	各適量
〈からし酢みそ〉	
みそ	大さじ1
砂糖	小さじ1弱
練りがらし	小さじ½
酢	大さじ½

●作り方

1 しめサバはひと口大の薄切りにして、しょうが汁をふっておく。
2 大根は皮ごとやや厚めのいちょう形に切る。塩をふり、しばらくおいてもみ、水洗いして絞る。クレソンはザク切りに。長ねぎは開いて芯を取り短冊切りにする。
3 からし酢みその材料を混ぜ合わせる。
4 しめサバと②の野菜をからし酢みそであえ、器に盛る。

しめサバのねぎたたき

しめサバが見えないくらい、ねぎはたっぷりと。1時間ほどマリネすればOKですが、そのまま翌日まで大丈夫。

●材料（2人分）

しめサバ（P202参照）	½尾分
長ねぎ	1½本
ゆず	大½個
（またはポン酢	大さじ2～3）
赤唐辛子	1～2本

●作り方

1 しめサバは斜め薄切りにする。
2 長ねぎは小口切りにし、ふきんに包んで流水でもみ洗いしてぬめりを取り、絞る。
3 ゆずは皮の黄色い部分を適量むいて、せん切りにし、果汁をしぼる。
4 赤唐辛子は種を抜き、細いせん切りに。
5 バットに②の長ねぎの半量を敷き、しめサバを並べる。残りのねぎでおおい、ゆずの皮と赤唐辛子のせん切りを散らし、ゆず果汁を全体にかける。冷蔵庫で1時間くらいなじませる。

Tuna

マグロ

太平洋、大西洋、インド洋と広く分布し、種類が多い。なかでも本マグロ（クロマグロ）は、大きさ、味ともに最高とされる魚の王様。すしだねの至宝といわれる。

マグロは刺し身でいただくのが一番。手を加える場合でも、火を通すより生でいただくことが多いですね。素材そのものの味が勝負ですから、信頼できるお店で買いましょう。刺し身のほか、山かけや、づけにし、ごはんにのせていただくのもおいしいですね。

　市販されているものは、ほとんどが冷凍品。解凍されたものは早く食べきりましょう。冷凍された状態のサクを買えば、そのまま冷凍保存できます。食べる直前に解凍します。解凍は冷蔵庫でゆっくりと。半解凍のときが、一番包丁を入れやすい。

　切るときは、サクの筋目に対して直角に包丁を入れます。厚みのある切り方のほうが、マグロの味を堪能できます。

解凍の仕方

1 あれば脱水シートで余分な水分を吸収。魚保存の強力な味方。なければ厚手のペーパータオルで包んで解凍。

2 脱水シートにくるみ、冷蔵庫で自然解凍。半解凍の状態だと上手に切ることができる。

刺し身マグロの
ごまじょうゆづけ丼

いつもの刺し身にごまじょうゆをまぶすだけで、また違ったおいしさに。白身魚やイカでも。シャキシャキねぎがポイント。

●材料（2人分）

マグロの刺し身用サク		150g
長ねぎ		1本
A	おろしわさび	小さじ1
	しょうゆ・白半ずりごま	各大さじ2
	ごま油	大さじ1
焼きのり		1枚
ごはん		2杯分

●作り方

1 マグロは厚めに切る。

2 長ねぎは太めのせん切りにして冷水にさらし、シャキッとさせる。

3 ボウルにAを入れて混ぜる。マグロを入れて全体にあえ、水気をよくきった②のねぎも混ぜる。

4 器にごはんを盛り、焼きのりを手でもんでのせ、③をのせる。

マグロのあぶり焼き

マグロのまわりをさっと焼き、
中は生の状態でいただきます。
玉ねぎとレモンでさっぱりと。

●材料（２人分）

マグロの刺し身用サク（切り身でもよい）	200ｇ
玉ねぎ	½個
ケイパーの実の酢漬け	4～5個
（またはピクルスなど	適量）
ライムまたはレモン	½個
オリーブオイル	適量
塩・こしょう	各少々

●作り方

1 フライパンを熱し、オリーブオイルをひき、強火でマグロの両面をさっと焼く（中は、赤いレアの状態でいい）。
2 玉ねぎは薄切りにして水にさらし、水気をよくきる。ケイパーの実は塩抜きする。
3 マグロの粗熱が取れたら、好みの厚さにスライスし、玉ねぎ、ケイパーの実とともに器に盛る。塩、こしょうをふって、ライムをたっぷりしぼっていただく。

マグロとたくあんの のり巻き

刺し身用マグロを活用して、細巻き風の
ひと口おつまみに。納豆を入れても
おいしい。たくあんとの割合はお好みで。

●材料（２本分）

マグロの刺し身	約100ｇ
しょうゆ	少々
たくあん	70ｇ
あさつき・おろしわさび	各適量
焼きのり（縦半分に切ったもの）	2枚
すだち	1～2個

●作り方

1 マグロの刺し身はしょうゆをからめ、10分ほどおく。
2 たくあんは粗いみじん切り、あさつきは小口切りにする。
3 ①のマグロを7～8㎜角に切る。
4 巻きすの上にのりを置き、向こう端を1～1.5㎝残して、マグロの半量を広げる。たくあん、あさつき、わさびの各半量を散らし、のり巻きの要領で細く巻く。残りも同様に巻く。
5 切り分けて器に盛り、半割りのすだちを添える。

※巻くのが難しければ、手巻きも楽しい。

Marlin

カジキ

マグロの仲間ではないが、生態や生息場所が似ていることから、カジキマグロという俗名が。旬は秋から冬。嫌味のない、万人受けする味わい。

カジキの身は薄いピンク色ですが、それが白っぽいほど脂ののりがよいといわれます。

イタリアではよく食べられていて、オリーブオイルとの相性が抜群ですから、にんにくやハーブとマリネするのもおすすめです。

タイム、パセリ、ローズマリーは魚に合うと、イタリアでいわれています。さらに、カジキやマグロなど、肉のような味わいの魚には、玉ねぎが欠かせません。レモンをしぼるのも、魚料理の定番ですね。これらを合わせて1時間～丸一日、マリネします。買ってきてもすぐには食べないとき、翌日おいしく食べたいときなどに、とても便利な調理法です。

マリネに合うハーブ

魚介類に合うハーブはタイム、パセリ、ローズマリー。カジキには玉ねぎ、レモンも。

切り身の下ごしらえ

塩は余分な水分を出すと同時に、うまみを引き出す効用が。少なくとも20分前には塩を。

カジキとじゃがいものオーブン焼き

魚介類といも、豆類はイタリアでは定番の組み合わせ。相性のよさを生かし、ボリュームあるメインディッシュに。

●材料（２人分）

カジキの切り身	2切れ
〈マリネ液〉	
ローズマリー	2～3枝
にんにく	2～3片
オリーブオイル	大さじ３
塩・こしょう	各適量
じゃがいも	2～3個
ミニトマト	約10個
赤玉ねぎの粗いみじん切り	½個分
オリーブオイル	大さじ2
パセリのみじん切り	1本分
レモン	1個

●作り方

1 マリネ液の材料を合わせ、カジキを30分～1時間、マリネする。

2 じゃがいもは皮をむき、厚さ2cmに切り、水にさらす。塩を入れた熱湯で竹串がやっと刺さるくらいに下ゆでする。もしくは電子レンジで約3分加熱する。

3 ①の魚を②にのせ、ヘタを取ったミニトマトと赤玉ねぎを散らし、オリーブオイルをかける。200℃のオーブンで約15～20分焼く。上火だけにできるオーブンなら、上火で焦げ目をつけるとおいしそうに見える。パセリをふり、半割りにしたレモンを添える。

タコ

Octopus

タコを食べる国が少ないなか、日本は世界一の消費国。市場に出回るのは、おもにゆでダコ。吸盤が小さく、粒がそろっていて、表面につやのあるものが新鮮。

酢の物、あえ物、サラダ、カルパッチョ、刺し身、煮物、ソテーにと、ゆでダコは幅広く活躍してくれます。最近、輸入品が多く、アフリカ産はきれいなピンク色、国産はあずき色になるので、見分けるのは簡単です。

　食感はタコの魅力のひとつです。切り方によって口当たりがおおいに変わります。同じ薄切りでも、斜め薄切りにすると、筋肉繊維が断ち切られるので柔らかくなり、繊維に沿って縦に薄く切ると、歯ごたえが残ります。お刺し身、カルパッチョ、きゅうりとのあえ物など、切り方を変えて楽しんでください。お年寄りや小さいお子さんには食べやすい切り方で。

薄切り

長さ約3㎝に切り、吸盤を上にして繊維に沿って縦に薄く切る。

ぶつ切り

筋肉の繊維に垂直に切る。長時間煮込む料理に。

手前は斜め薄切り。奥は薄切りで、カルパッチョに。

斜め薄切り

斜めに筋肉の繊維を断ち切る。サラダやオイルあえなどに。

タコの和風カルパッチョ

しょうゆとレモン風味の和風カルパッチョ。トマトや青じそと一緒にいただきます。白ワインに合いますよ。

●材料（2人分）

ゆでたタコの足	1本
トマト	1個
赤玉ねぎ	⅓個
青じそ	4～5枚
レモン汁	½個分
オリーブオイル	大さじ2
しょうゆ	大さじ½～1
こしょう	少々

●作り方

1 タコの足をごく薄切りにして皿に並べる（上記の切り方参照）。

2 トマトはくし形に切る。赤玉ねぎは薄切りにし、水にさらして、水気をきる。

3 ①にレモン汁を回しかけ、②のトマト、赤玉ねぎ、手でちぎった青じそをのせる。

4 オリーブオイル、しょうゆ、こしょうをかける。

エビ

Shrimp

車エビ、大正エビ、甘エビなど、種類や大きさはさまざま。現在は輸入もの、養殖ものがほとんど。腰が曲がり、ひげを生やした老人に姿が似ているため、長寿の象徴とされてきた。

生の天然エビを手に入れるのが最高ですが、最近は冷凍ものがほとんど。とれたてを急速冷凍したおいしいものを見つけたら、家で解凍して料理しましょう。解凍方法でエビの味が左右されるので、おすすめの方法をお伝えします。エビが生きていた海の状態に戻してあげるのが一番ですから、海水の濃さの塩水（塩分濃度約3.5％）にかぶるくらいにつけておきます。一晩冷蔵庫に置いておくと、プリプリになります。

天ぷらや素揚げ、炒め物をするときに気をつけていただきたいのが、隠れた水分。尾に水分が含まれているので、尾の先を包丁で切り取り、中の水分を包丁の刃先でしごき出してください。

エビの下処理

背ワタは腐敗しやすい。買ったらすぐに、背を丸め楊枝を刺して取る。

冷凍エビをおいしく解凍

解凍は海水の濃さの塩水(約3.5%の濃度)につけ、一晩冷蔵庫に。

揚げエビの
スパイスソルトあえ

にんにくとしょうがを香ばしく炒めるのがコツ。
冷めてもおいしく、おもてなしにも。
五香粉がなければ粉山椒でもおいしい。

●材料（２人分）

エビ（殻つきのまま背ワタを取る）	大6～8尾
A　紹興酒・塩	各少々
にんにくのみじん切り	2片分
しょうがのみじん切り	大１かけ分
赤唐辛子（種を抜く）のみじん切り	2～3本分
レモン（くし形に切る）	1個
香菜（ちぎる）・太白ごま油・揚げ油	各適量
〈スパイスソルト〉	
塩・こしょう・五香粉	各適量

●作り方

1 エビはAで下味をつけ、１時間ほどおく。
2 ①の水気をふき、170～180℃の揚げ油でカラッと揚げる。
3 中華鍋に太白ごま油を温め、弱火でにんにくとしょうがをきつね色になるまで、よく炒める。カリカリになったら、赤唐辛子を加えてさっと炒める。
4 中火にし、揚げたエビを加えて混ぜ、スパイスソルトをふって味をととのえる。
5 ④を器に盛り、レモンを添える。

エビのゆば揚げ

相性のよいエビとゆばを揚げて。
エビの甘い香りがふわりと漂い、
お酒のおつまみに最適です。

●材料（２人分）

エビ	8尾
生ゆば	2枚
酒	少々
塩・揚げ油・粉山椒・麺つゆ	各適量

●作り方

1 エビは殻と背ワタを取り、斜め３等分にし、塩少々、酒をふる。
2 生ゆばは各４等分に切り分ける。ゆばに①を１尾分ずつ風呂敷包みにする。揚げ油を170℃に熱し、菜箸で挟んで入れて、５秒ほど菜箸で挟んだままにしておく。静かに離して色づくまで揚げる。
3 器に盛り、塩や粉山椒、または麺つゆでいただく。

エビだんご

パンの衣をすき間なくたっぷりつけるのがおいしく仕上げるコツ。
二度揚げし、カリッと仕上げて。

●材料（２人分）

エビ（冷凍でも可）	正味200ｇ
卵白	１個分
しょうが	小１かけ
酒	小さじ１
塩	適量
サンドイッチ用パン	６～７枚
揚げ油	適量

●作り方

1 エビ、卵白、しょうが、酒、塩ひとつまみをフードプロセッサーにかけ、なめらかになるまで撹拌する。４等分に分けて丸める（１個50～60ｇ）。
2 パンをさいの目に切る。これを①にしっかり押し込むようにたっぷりつける。すき間ができたら、埋め込むようにつける。
3 150～160℃の油で10分ほど静かに揚げる。いったん引き上げて、油を180℃にし、カリッと揚げる。塩をふっていただく。

さいの目に切ったパンをすき間のないようつける。すき間があいたら手で押し込んで。

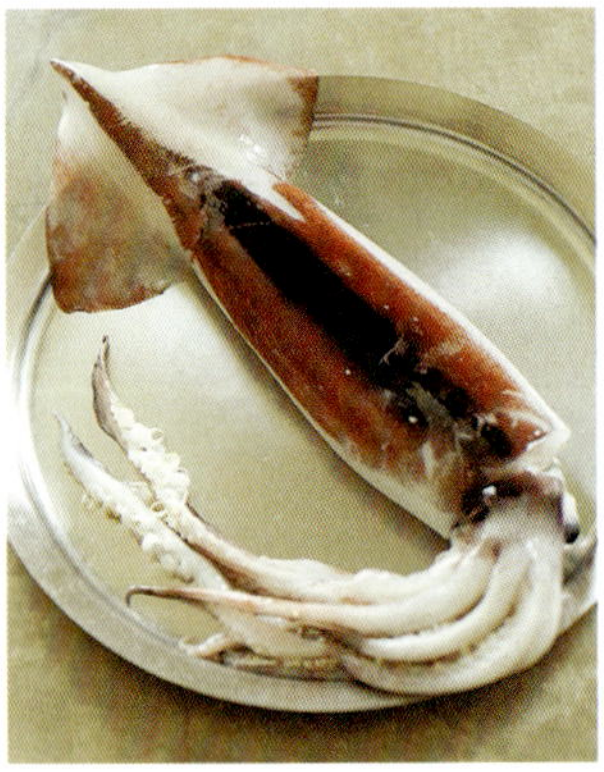

イカ

Squid

近海でとれるイカの半分以上を占めるスルメイカ。全国各地で親しまれている。上品で淡泊な味わいは冬にとれるヤリイカ、夏が旬のアオリイカ。肉厚な甲イカ類は天ぷらや炒め物に。

ヤリイカやアカイカの淡泊な味わいが大好きです。どのイカも丸ごと買ってきたほうがおいしいので、さばき方を覚えましょう。左の写真のようにさばいたあとは、さらしのふきんでつまむようにして皮をはがします。炒め物には、ほんの少しくっついているくらいの深さに鹿の子に包丁を入れます。

　鮮度のよいうちに、薄く切ってカルパッチョに。酒と塩をして網焼きに、炒め物に。ゲソは酒としょうゆに漬けておいて網焼きに。

　生で食べる場合は、寄生虫に気をつけて。夏は多いので生食を避け、気になるなら一度冷凍にして（アニサキスはマイナス20℃で死滅）、刺し身にしましょう。

スルメイカのさばき方

1 胴と足がつながっているところに指を入れ、はがして足を引き、抜き出す。ワタも抜く。

2 ワタについている墨袋を取り出す。長い足2本（生殖器）の長い部分だけを切り落とす。

3 目の上に包丁を入れ、目玉を取り出す。くちばし（コリコリした丸い部分）を切り取る。

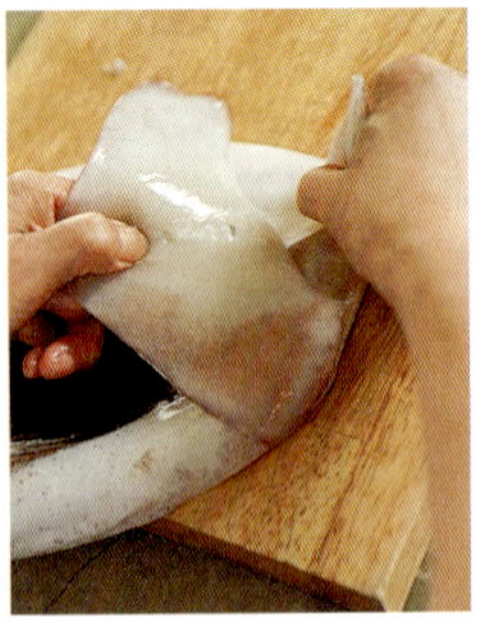

4 エンペラを持ち上げて皮ごとはがす。胴についている軟骨を引きながら取る。

イカ刺しと水菜のイタリア風

イカにレモンをふってしばらく冷やしておくのがコツ。新鮮な葉野菜と一緒に、アンチョビとにんにくのドレッシングで。

●材料（2人分）

スルメイカ（刺し身用）	½ぱい
ミニトマト（赤・あれば黄色も）	各2〜3個
水菜	⅓束
レモン汁	大さじ2
〈ドレッシング〉	
アンチョビのみじん切り	1〜2枚分
にんにくのすりおろし	½片分
オリーブオイル	大さじ2〜3
赤唐辛子（種を抜く）の小口切り	½本分
塩・こしょう	各少々

●作り方

1 イカは下処理をし、皮をむく。縦半分に切り、包丁を寝かせて、薄いそぎ切りにする。バットに並べてレモン汁をふりかけ、冷蔵庫に15分入れて味をなじませる。

2 ミニトマトは各4等分に切る。水菜は氷水につけ、シャキッとさせて、水気をきる。

3 皿に①のイカを並べてドレッシングをかけ、ミニトマトをのせ、水菜を添える。

イカとアサリのトマトソース煮

イカは柔らかいヤリイカがおすすめ。

トマトソースを作っておくと簡単。

●材料（２人分）

ヤリイカ	小４はい
アサリ（殻つき）	200ｇ
基本のトマトソース（Ｐ226参照）	½カップ強
にんにくのみじん切り	１片分
塩・こしょう	各少々
オリーブオイル	大さじ２
イタリアンパセリの粗いみじん切り	適量

●作り方

１アサリは砂を吐かせてよく洗う。

２イカは内臓を除いて下処理をし、胴は皮つきのまま輪切り、足は２本ずつに切る。

３鍋にオリーブオイルを入れ、にんにくを炒め、強火でアサリを炒め、イカを加えて炒める。トマトソースを加え、塩、こしょうをし、ふたをして、約15分煮る。

４ふたを取り、水分をとばすように２～３分煮る。

５器に盛り、イタリアンパセリをふる。

イカときゅうりの花椒炒め

きゅうりは水分を出して炒めるとカリッとした歯ざわりに。イカは先にさっと炒めて取り出します。花椒の香りが本格的。

●材料（２人分）

イカ（好みで。スルメイカなら½ぱい）	
きゅうり	２本
しょうがのみじん切り	小１かけ分
長ねぎのみじん切り	５㎝分
赤唐辛子（種を抜く）の小口切り	１本分
花椒（または山椒）	小さじ½（好みで加減）
酒・油	各大さじ１
塩	小さじ¼

●作り方

１イカは５㎜幅に鹿の子に包丁目を入れ（深く入れるほうがきれいに開く）、４㎝×２㎝くらいの大きさに切る。

２きゅうりは縦半分に切り、スプーンで種をかき出し長さ２㎝に切る。ボウルに入れ塩少々（分量外）をふり、水が出たら塩味を少し残す程度にさっと洗い、水気をきる。

３花椒はすり鉢に入れてすり、細かくする。

４中華鍋を熱して油大さじ½を入れ、イカを入れ、鹿の子が開いたら油ごと取り出す。

５中華鍋に残りの油を入れ、長ねぎとしょうがを炒め、赤唐辛子も加えてさっと炒める。

６きゅうりを加えて手早く炒め、イカを戻し入れ、酒、塩を加えて混ぜ、最後に③の花椒の粉を入れてまぶす。

アサリ

Clam

貝類の中で、食卓にのぼる頻度がもっとも高いのがアサリ。輸入ものが多いので、産地の表記に注意して買いましょう。旬は3月〜5月。

年中出回っていますが、春先のものが身に厚みがあって、味が濃い。この時期にたっぷり食べてほしいものです。

砂抜きされていることが多いのですが、砂が残っていることもあるので、持ち帰ったらきちんと砂を吐かせます。海水程度の塩水(約3.5％の塩分)を用意して、アサリの口あたりまでつかるようにします。アサリがかぶるほどの塩水を入れると、口から砂を吐きにくくなるので、塩水はこの量で。ボウルよりバットに重ならないよう並べるほうがおすすめです。

素材の味そのものが命ですから、一度買ってみて、信頼のおけるお店を見つけておきましょう。

生のまま冷凍する

1味は落ちるが冷凍は便利。砂抜きをしたアサリは、よく水気を取る。

2保存袋に入れ、空気をしっかり抜いてから冷凍庫で保存。1カ月ほど保存できる。

上手な砂の吐かせ方

1バットに並べ、アサリの半分の高さよりやや上まで塩水(約3.5%の塩分)を入れる。

2冷暗所(冷蔵庫)で一晩おく。砂を水と一緒に吐き出すので、ふたをしておくとよい。

アサリの老酒蒸し

にんにくや唐辛子を入れ、老酒や紹興酒で蒸すと、コクのある中華風に。

●材料(2人分)

アサリ(殻つき)		300〜400g
A	老酒または紹興酒、日本酒	大さじ2
	しょうゆ	小さじ1
	赤唐辛子	1〜2本
	にんにく(たたきつぶす)	1片
黒こしょう		適量
B	にんにく・しょうがの各みじん切り	各1片分
	酢・しょうゆ	各大さじ1½
	豆板醤	小さじ1

●作り方

1アサリは砂抜きを十分にする。殻をこすり合わせよく洗い、水気をきる。

2鍋に①のアサリを入れ、Aを加える。ぴったりとふたをして強火にかけ、鍋を火の上で揺すりながら蒸し煮にする。

3アサリの口がほぼ開いたら、すぐ火を止める。身がしまってかたくなるので、火を通しすぎないこと。汁ごと器にあけ、好みで黒こしょうをひきかける。

4Bを混ぜ合わせてたれを作る。アサリを殻ごとさっとたれにくぐらせて食べる。または、蒸したてに上からかけてもよい。

アサリのイタリア風スープ

にんにくとワインとオリーブオイルで
蒸し煮にしたイタリア風。焼いたパンを
スープにひたしていただきます。

●材料（2人分）

アサリ（殻つき）	300g
白ワイン	大さじ2
にんにく（つぶす）	1片
イタリアンパセリのみじん切り	少々
オリーブオイル	大さじ1＋大さじ1
塩・こしょう	適量
バゲット	適量

●作り方

1 アサリは砂抜きを十分にする。殻をこすり合わせてよく洗い、水気をきる。
2 バゲットは薄く切り、オリーブオイル大さじ1をぬってトーストする。
3 鍋にアサリと水½～⅔カップ、白ワイン、にんにく、塩、こしょうを入れてふたをし、火にかける。
4 殻が開いたら塩味をととのえ、オリーブオイル大さじ1をかける。②のバゲットを入れた器に入れ、イタリアンパセリを散らす。

アサリうどん

アサリのうまみがだし代わりに。
すぐにできて、身も食べられる
おいしいうどんです。1人のときも。

●材料（1人分）

アサリ（殻つき）		100～150g
うどん（ゆで麺）		1玉
あさつきまたは万能ねぎ・青じそ		各適量
七味唐辛子		少々
A	塩	小さじ½
	しょうゆ	適量
	酒	小さじ1

●作り方

1 アサリは砂抜きを十分にする。殻をこすり合わせてよく洗い、水気をきる。
2 あさつきはザク切りにし、青じそは大きくちぎる。
3 うどんを湯に通し、器に入れる。
4 鍋に①のアサリと水1～1.5カップを入れて火にかけ、アサリの口が開いたら、Aでお吸い物よりやや強めに塩味をつける。
5 うどんの上に④を注ぎ、②をのせて七味唐辛子をふる。

ホタテ貝柱

Scallop

冬から春先が旬。
低カロリー、高タンパク、カロテンが豊富。
美肌に効果的な亜鉛や
生活習慣病にきくタウリンが多く、
もっと頻繁に食べてほしい食材。

下ごしらえがほとんど不要なので調理が簡単。栄養価も高いので、おすすめの食材です。

そのままお刺し身に、薄切りにしてカルパッチョに。バターソテーも簡単。軽くソテーし、一度取り出して、フライパンにメープルシロップをほんの少し入れて軽く焦がしてから、ホタテを戻してさっと火を通し、塩、こしょうします。焼きすぎるとかたくなるので、表面だけ火を通して。ほかに、ダイスに切ってかき揚げに、しょうゆと酒で煮るだけでも。

缶詰は上質のものを選べば、いろいろに使えます。ほぐしてサラダに、コロッケに。白菜や大根と汁ごと煮るだけも。缶詰の汁はいいだしになりますので、必ずとっておいて使います。

冷凍ホタテ貝柱の解凍

ペーパータオルにのせて冷蔵庫で自然解凍。半解凍が切りやすい。

缶詰のホタテ貝柱

汁もぜひ活用して。上質なものを探して、汁ごと使う。

ホタテの木の芽焼き

ホタテ貝柱は生食用を使い、香ばしく焦げ目をつけた半生状態がおいしい。くれぐれも焼きすぎないでくださいね。

●材料（2人分）

ホタテ貝柱（生食用）	4個
しょうゆ・みりん	大さじ1½
木の芽	ひとつかみ

●作り方

1 ホタテ貝柱は厚さ5㎜に切り、しょうゆ、みりんを合わせた中に30分ほど漬けて下味をつける。
2 焼き網をよく熱し、①のホタテの汁気をきって両面に軽く焦げ目をつけて焼く。
3 残った漬け汁は小鍋にあけ、焦がさないように少し煮つめる。
4 焼き上がったホタテを③の汁にくぐらせ、器に盛る。木の芽を包丁でざっとたたいて香りを出し、上にたっぷりのせる。粉山椒をふっても美味。

ホタテと大根、セロリサラダ

ホタテのおいしい缶汁とレモンで
野菜とホタテをあえます。
無農薬のレモンなら、皮をすりおろしても。

●材料（２人分）

ホタテ貝柱の缶詰	１缶（180ｇ）
大根	５㎝
セロリ（葉と茎の太い部分）	１本分
レモン（あれば無農薬）	½個
塩	適量

●作り方

１大根は半分の長さに切り、厚めに皮をむき、７～８㎜角の棒状に切る。セロリは筋を取り、大根と同じ大きさに切る。セロリの葉は重ねてくるくると巻いてせん切りにし、水で軽く洗って水気を絞る。大根とセロリの茎は軽く塩をして水が出るまでおいて、軽く水気を絞る。

２①をすべてボウルに入れ、ホタテの缶詰を汁と一緒に身をほぐしながら加える。無農薬のレモンなら皮をすりおろし、レモン汁とともに加えて混ぜる。

ホタテ和風シューマイ

あっさりと和風味の上品なシューマイ。
でき上がりもきれいなので、
おもてなしにもいいですよ。

●材料（８個分）

ホタテ貝柱の缶詰		大½缶
A	玉ねぎのみじん切り	¼個分
	しょうがのみじん切り	½かけ分
	豚ひき肉	100ｇ
	片栗粉・酒	各大さじ１
	卵白	½個分
	塩	小さじ½
	こしょう	少々
シューマイの皮		24枚
しょうゆ・練りがらし		各少々

●作り方

１ボウルにホタテ貝柱をほぐし入れ、Ａを全部入れて合わせる。缶汁も加え、粘りが出るまでよく混ぜて、８等分する。

２バットに２㎜幅に細切りにしたシューマイの皮を広げ、①のたねをのせ、おにぎりを作るように、手のひらでくるむようにして、まわりにつける。

３蒸し器にくっつかないように、４㎝角に切ったクッキングシートの上に②をのせ、蒸気の上がった蒸し器に並べ約13分蒸す。

４しょうゆと練りがらしをつけていただく。

春巻きの皮

Flour Paper

四角いもの、丸いもの、やや小さめのサイズなど、いろいろそろう春巻きの皮。定番以外にも、さまざまな具を包んで、おかず、酒のつまみ、さらにはデザートまで、自由自在に楽しめる。

冷凍保存もできるので、常備しておくと便利なのが、春巻きの皮。丸いもの、四角いものがありますが、使い方は同じ。エビと黄にら、玉ねぎと桜エビ、かぼちゃやさつまいもなどを煮てつぶしたもの、とろけるチーズや甘く煮た果物など、中身は自由自在に。水分の少ないものを細く巻いて揚げれば、カリカリに仕上がります。中国風、エスニック風、洋風と味つけもお好みで。

揚げるときは、160℃くらいの油へ、ぎっしり詰めるように入れ、徐々に温度を上げていけば、パリッと揚がります。

また、バターと砂糖をぬってオーブンで焼けば、しゃれたおやつに。ワインにも合いますよ。簡単でおすすめですよ。

春巻きの皮のはがし方

重なった皮を半分に、また半分に、と繰り返せば、破れることはない。

春巻きののりのつけ方

小麦粉と水を同量でよくこね、かためののりにする。のりをぬった端を下にして揚げはじめれば、はがれない。

チーズとコーンのサモサ風包み

とても簡単にできて、ビールのつまみにぴったり。形もかわいいので、おやつやパーティにもいいですね。

●材料（小20個分）

春巻きの皮（四角いタイプ）	大5枚
ハードタイプのチーズ	150g
コーン	1カップ
揚げ油	適量

●作り方

1 チーズを7～8㎜角の角切りにし、コーンと混ぜ合わせる。
2 春巻きの皮をそれぞれ4等分に切り、①を皮の中央にのせる。
3 皮の四辺に、小麦粉（材料外）を同量の水で溶いたのりをつける。
4 四隅を折り、隣の辺どうしを立たせて合わせ、くっつける。角は特にしっかりとつける。高温の油でカリッと揚げる。

隣どうしを立たせてつまむようにくっつける。角ははがれやすいので、特にしっかりとつける。

パイ風スティック

小麦粉ベースで薄く焼いた春巻きの皮はクレープのよう。バターや砂糖を加えればあっという間にお菓子になります!

●材料（４本分）

春巻きの皮	４枚
バター・グラニュー糖	各適量

●作り方

1 春巻きの皮にバターをぬり、グラニュー糖をふってゆるく巻く。

2 巻き終わったらさらに表面にバターをぬり、グラニュー糖をふって、オーブントースターで７分くらい色づくまで焼く。

※皮にバターをぬり、甘く煮たりんごを包み、上からグラニュー糖をふって、オーブントースターで焼くと、たちまちアップルパイの味に。中身の工夫次第で、簡単にスイーツができます。

エビとホタテと黄にらの春巻き

火の通りやすい具をそのまま細めに巻き、カリッと揚げる簡単春巻き。
おつまみにも、おかずにもおいしい！

●材料（２人分）

春巻きの皮	６枚
大正エビ	４尾
ホタテ貝柱（生食用）	２個
黄にら	½束
塩・こしょう・酒	各少々
片栗粉	小さじ１
揚げ油	適量

●作り方

1 エビとホタテ貝柱はぶつ切りにする。黄にらは長さ３㎝に切る。

2 ボウルに①の材料と塩、こしょう、酒、片栗粉を加えて混ぜ合わせる。

3 ②を６等分して春巻きの皮に包み、小麦粉（材料外）を同量の水で溶いたのりで留め、カラッと揚げる。

※中身はカニとセロリとしょうが、戻した春雨と桜エビと長ねぎ、蒸し鶏と長ねぎなどの組み合わせもおいしい。

麺

Noodle

そば、うどん、そうめん、中華そば、パスタに冷麺、ビーフン……。季節を問わず、食卓に欠かせない麺類。コシ、食感、のどごし、つゆや具との取り合わせをさまざまに楽しみましょう。

お昼はさっと作れる麺類にすることが多いですね。冷蔵庫やキッチンの棚をのぞいて、残りものや調味料、スパイス、薬味などを組み合わせて作ります。ここから新メニューが生まれることも。

　青森・十三湖に旅をしたときのことですが、シジミが特産品で、湖畔で食べたシジミラーメンは忘れられない味です。旬の7月に取り寄せて冷凍しておきました。このシジミのスープをナンプラーで味つけし、シジミと長ねぎ、赤唐辛子の小口切り、香菜をたっぷりのせたラーメンにしました。このように、旅で出合った味を気軽に再現できるのも、麺類の魅力のひとつですね。

うどんをゆでる

1最初に必ず、麺をほぐしておく。こうすれば、くっついて団子状にならない。

2湯をたっぷり沸かし、ばらばらとほぐしながら麺を入れる。入れたらすぐにかき混ぜる。

3沸騰してふきこぼれそうになったら差し水をする。ゆで時間は、指定どおりに。

4ざるに上げ、流水でよくもみ洗いする。温かい麺の場合は、この後、熱湯にさっと通す。

肉みそ冷やしうどん

刻んだなすがたくさん入った肉みそは軽い味。作りおきの「にんにく唐辛子酢」で。

●材料（2人分）

讃岐手打ちうどん（生）		300g
豚ひき肉		80g
なすのみじん切り		2個分
しょうが・にんにくの各みじん切り		各½片分
ごま油・しょうゆ		各適量
A	赤みそ・酒	各大さじ1½
	あれば海鮮醤（中国調味甘みそ）	大さじ½
	こしょう	少々
B	きゅうり・長ねぎのせん切り・香菜	各適量
C	にんにく・赤唐辛子・酢	各適量

●作り方

1にんにく唐辛子酢を作る。瓶にCのにんにくと赤唐辛子を丸ごと多めに入れ、酢を加えてふたをし冷蔵庫で1日以上おく。

2しょうがとにんにくをごま油で炒め、香りが立ったらひき肉を入れてよく炒める。

3②になすを加え、Aを入れて煮る。さらに水⅓カップを注いで煮、とろっとしてきたら最後にしょうゆ少々で味つけする。

4ゆでて水洗いしたうどんを水きりし器に盛り、上に③の肉みそとBの野菜をのせ、①の酢をかけて、混ぜながらいただく。

冷やし中華そば

甘すぎないさっぱりとしたたれがおいしい、
お気に入りの冷やし中華です。

●材料（２人分）

中華麺（乾）	２玉
〈たれ〉	
チキンスープストックまたはだし	⅔カップ
砂糖	大さじ１～１½
（またはメープルシロップ	大さじ１½～２）
しょうゆ	大さじ２強
しょうが汁	½かけ分
酢	¼カップ弱
ごま油	大さじ½
小エビ（背ワタを取り、ゆでて殻をむく）	100g
ハムのせん切り	80g
きゅうりのせん切り	１本分
長ねぎのせん切り（水にさらす）	½本分
トマトの細切り（種を取る）	１個分
卵	１個
ごま油・塩・こしょう・酒・粉がらし	各適量

●作り方

1 麺はかためにゆで、冷水で洗い水気をきり、塩、こしょう、ごま油をふり、混ぜる。
2 たれはスープをひと煮し、砂糖（メープルシロップ）、しょうゆを混ぜて火を止め、しょうが汁、酢、ごま油を加えて冷やす。
3 卵は、酒大さじ１、塩少々を入れて溶き、薄焼き卵を２枚焼き、細く切る。
4 麺を盛り具をすべてのせ、②のたれをかける。粉がらしを湯少々で練り、添える。

牛しゃぶエスニックそうめん

そうめんはベトナムやタイで見かける
細麺に似ています。エスニックな味つけで。

●材料（２人分）

そうめん		２束
牛肉（しゃぶしゃぶ用）		150g
赤玉ねぎの薄切り		¼個分
みょうがの縦薄切り		２個分
ミント・バジル・香菜		各少々
	ナンプラー	大さじ２
	酢・水	各大さじ１
A	チリソース	大さじ½
	砂糖・香菜のみじん切り	各少々
	にんにくのすりおろし	½片分

●作り方

1 そうめんはゆでて冷水で洗い水気をきる。
2 牛肉は１枚ずつさっとふる程度にゆで、氷水に取り、水気をよくきる。
3 赤玉ねぎ、みょうがはさらし水気をきる。
4 器に①を敷き②、③を盛り、ミントの葉を散らし、バジルと香菜は刻んで上にのせる。Aのたれを混ぜ合わせて添える。

ごはん

Rice

日本人の主食である米。エネルギーとなる炭水化物のほか、タンパク質、ビタミン、ミネラル、さらには、食物繊維と同じ働きをする成分など、たくさんの栄養素が含まれている。

おいしく炊く方法は？　とよく聞かれます。炊きたてのごはんをおひつに移してみてください。とてもおいしくなります。おひつが余分な水分を吸収してくれるので、べとつかず、ふっくらと粒が立ち、香りが格別なごはんになります。

お米の水加減は、釜や鍋によって、また、普通のごはんか炊き込みかによっても違ってきます。普通に炊くときは、米の1割増し、新米は少なめが基本。あとはお好みで同量から2割増しまで、加減してください。炊く前にざるに30分ほど上げておき、柔らかめが好みなら、水につけておきます。私の食生活は玄米が基本で、圧力鍋で炊いています。

ごはんのおいしい保存法

1おひつに移したごはんのおいしさは格別。水滴が落ちないように、ふきんを挟んで。

2湯気が立たなくなったら、ラップにふわっとくるんで冷凍。できるだけふんわり包む。

米の種類

1白米、七分づき米、胚芽米などは、精米したてがおいしい。家庭用精米機も普及中。

2白米の主要な栄養素を数倍も含んでいる玄米。食物繊維は6倍も。ぜひ取り入れたい。

米から炊く基本の白がゆ

米を前日にとぎ鍋に水とともに入れておけば、朝、炊き始めて40分でできます。炊きたてのおかゆは滋味深い味。

●材料（2人分）

米	½合（90mℓ）
水	米の8倍

●作り方

1 普通にごはんを炊くときと同様に米をさっととぐ。できれば、1～2時間水につける。前日にといでおいても。

2 水加減の基本は、米1に対して水は8。ふたはしないで、強火にかける。

3 煮立って白い膜のようなアクが出てきたらていねいにすくい、ごく弱火にして、40分ほど煮る。

4 炊き上がるまでは2～3回底をこする。かき混ぜるとのり状になるので注意。米粒のふっくらしたおかゆが理想です。

※トッピングは梅干しや佃煮、塩鮭と青じそ、ちりめん山椒、卵のしょうゆ漬け、かつお節と塩昆布、牛肉の七味炒め、きんぴらごぼうなど、お好きなものをどうぞ。冷めてから冷凍も可能。

小松菜の混ぜごはん

塩もみの小松菜をしっかり絞るのがコツ。
香りよく色鮮やかな漬け物ごはん
感覚でフレッシュな味を楽しんで！

●材料（２人分）

ごはん	２人分
小松菜	½束
塩	適量
赤梅酢漬けのしょうが	適量

●作り方

１小松菜はできるだけ細かく刻んで塩をふり、10～15分おいておく。

２全体を混ぜてもみ、さらしのふきんに包んで、水気を２～３度ギュッとよく絞る。

３温かいごはんに②の小松菜を加えてよく混ぜる。器に盛って、せん切りのしょうがを添える。

ごはんから作る 高菜とたらこのおかゆ

前日の冷やごはんを利用する
簡単おかゆ。トッピングの塩分を考慮し、
なるべく薄味に仕上げましょう。

●材料（２人分）

冷やごはん		１杯
水		３カップ（ごはんの３倍の量）
高菜		40ｇ
たらこ（甘塩）		½腹
A	ごま油	小さじ１
	一味唐辛子	少々

●作り方

１冷やごはんをざるに入れて水で洗い、ぬめりを取る。

２鍋に①のごはんと分量の水を入れ、ふたをせず強火にかけ、泡が出てきたらすくい、弱火にしてそのまま15分ほど煮る。かき回すとのり状になるので気をつけて。

３高菜を刻んで、たらこ、Aを混ぜておかゆにのせる。

※煮汁がのり状にならないコツは、冷やごはんを水で洗ってぬめりを取ること、煮ている最中にかき回さないことの２点。

親子どんぶり

とろとろに卵を仕上げるコツは、
卵だけ別に火を通すこと。
ふわっ、とろっの食感を味わってください。

●材料（１人分）

ごはん	適量
鶏もも肉	½枚
卵	１個
卵黄	１個分
玉ねぎ	¼〜⅓個
麺つゆ（Ｐ86参照）	適量

●作り方

1 鶏もも肉は皮と脂を取り、ひと口大に切る。玉ねぎは繊維に垂直に厚めに切る。
2 小さいフライパンに鶏肉と玉ねぎを入れ、麺つゆをひたひたに注ぐ。中火で火が通るまで煮る。
3 器にごはんを盛り、②をのせる（このときに麺つゆを少し残しておく）。
4 卵と卵黄をざっと溶き、③のフライパンに流し、中火でふたをして、とろとろになったら素早く③の器の上にのせる。

エスニック混ぜごはん

揚げたナッツや桜エビの香ばしさと
香味野菜の匂い、スパイスの風味が
渾然一体となり、後を引きます。

●材料（２人分）

ごはん	２人分
カシューナッツ	¼カップ
桜エビ（乾）	15ｇ
細切りココナッツ	¼カップ
塩・一味唐辛子・ガーリックパウダー	各適量
香菜・バジル・青じそ・クレソン・かいわれ菜・三つ葉などお好みで	各適量
揚げ油	適量

●作り方

1 常温の揚げ油にカシューナッツを入れて火にかけ、混ぜながらゆっくりときつね色になるまで揚げる。続いて桜エビ、ココナッツの順に、それぞれ高温の油でさっと香ばしく揚げ、紙の上に取って、よく油をきる。
2 ①が熱いうちに、塩、一味唐辛子、ガーリックパウダーを好みにかけ、ざっと混ぜ合わせる。
3 香味野菜はそれぞれザク切りにする。
4 器にごはんを盛り、上に②のナッツ類や桜エビをのせ、まわりに③の香味野菜を盛りつける。食べる直前にざっと全部を混ぜ合わせ、各自の皿に取り分ける。

さつまいもごはん こしょう風味

さつまいもの甘さとこしょうの風味が何ともいえないおいしさ。だしでなく水で炊いたほうがおいしい。

●材料（４人分）

米		３合（180mℓ×３）
さつまいも		中２本
水		３¼カップ（米の２割増し）
A	酒	大さじ１½
	塩	小さじ½
黒粒こしょう		小さじ２
粗塩		少々

●作り方

1 米は炊く30分前にといでざるに上げる。
2 さつまいもは皮を厚くむき、２～３㎝角の角切りにし、水に30分～１時間さらしてアクを抜く。
3 土鍋に①の米、分量の水、Aを入れて混ぜ、水気をきった②のさつまいもを上にのせる。ふたをして強火にかけ、沸騰したら弱火にして20分ほど炊く。
4 粒こしょうは、ペーパータオルに包み、麺棒などでたたき、砕いておく。
5 炊き上がったら、５分ほど蒸らして、④のこしょうをふり、全体を大きく混ぜる。器に盛って、各自粗塩をふって食べる。

※さつまいもは混ぜずに、上にぎっしりのせて炊く。炊飯器で炊いてもOK。

揚げダコと山椒ごはん

揚げたタコが山椒の風味とマッチしたコクのある混ぜごはん。コリコリしたタコと実山椒の歯ごたえもいい。

●材料（３～４人分）

米	２合（180mℓ×２）
水	２カップ（米の１割増し）
ゆでダコ（刺し身用）の足	１本
揚げ油	適量
実山椒の佃煮	大さじ１½
粉山椒・白ごま・塩	各少々

●作り方

1 ごはんは普通に炊く。
2 タコの足は薄く輪切りにし、水気をよくふいて高温の油でさっと揚げ、よく油をきる。油がはねるので注意して。
3 ②のタコに粉山椒と塩をふる。
4 蒸らし終えたごはんに、③と実山椒、白ごまを混ぜ合わせて器に盛る。

イタリアンレシピ

Part 5

手軽なのに華やか。ふだんにもおもてなしにも知っているとうれしい。

わが家では和食とイタリア料理の出番は半々です。日本のおいしい野菜、魚や肉はイタリア料理を作るのにも適しています。イタリア料理には上質なオリーブオイルが欠かせませんが、今では日本でも入手が容易になりました。ローズマリーやバジルなどのキッチンハーブを作る方も多くなりましたし、トマトもイタリア並みに種類が豊富になりました。

お料理初心者からベテランにまで愛されるイタリア料理の何よりの魅力は、手軽においしくできて、そのうえとてもヘルシーなこと。シンプルな素材と調理法だから、毎日でも作れるし、みんなが大好きなのです。

大人数の食事や急いでいるとき、イタリア料理ほど作りやすいものはありません。短時間でもアンティパストからドルチェまで作れて、急に人数が増えても何とかなるという柔軟性も兼ね備えています。おいしくて簡単、融通がきくイタリア料理の知恵に、いつも感謝しています。

パスタをゆでつつ、ソースを仕上げる
手早く作っておいしいパスタ

基本のトマトソースは15分でできます。トマト缶にミニトマトを加えて、フレッシュさと甘みをプラスした応用のきくソースです。パスタはもちろん、ピッツァ、料理にも。

パスタはイタリア人には欠かせませんが、日本人も大好きですね。パスタをゆでている間にソースができ、最後にあえるだけという、手早さとバリエーション豊かなおいしさが人気なのでしょう。

気をつけたいところは3点。まず、ゆでるときにパスタに塩味をつけて、ソースは薄味に仕上げること。特に野菜のソースは自然な甘みを生かし、塩味はごく薄く仕上げます。

もうひとつは、パスタは袋の表示のゆで時間より2～4分早く上げ、ソースの鍋の中で弱火で加熱しながら混ぜて、全体で袋の表示より1分少ないアルデンテにもっていくこと。パスタの歯ごたえを残しつつ味がしみ、とてもおいしくなります。

3つ目は、作るのは一度に2～3人分ほどにしておくこと。大量になるともたついて、タイミングを逃してしまいます。手早さがおいしさにつながります。

基本のトマトソースを作る

●材料（トマトの水煮2缶分）

トマトの水煮缶	2缶
ミニトマト	30個
にんにく	2～3片
オリーブオイル	適量
バジル	2枝
塩	ひとつまみ

※鍋は浅鍋やフライパンで。

1鍋にオリーブオイルと、芯を取ってたたきつぶしたにんにくを入れ、弱火にかける。

2香りが出てきたら、トマト缶をダイス状ならそのまま、ホールならつぶして加える。

3バジルを加える。

4中火で少し煮つめる。へらで鍋底をこすると、筋が消えないくらいとろっとさせるのが目安。

5ミニトマトはヘタを取り、4等分に切り、④に加える。ミニトマトの量はトマト1缶につき15～20個。

6トマトがつぶれてとろっとするまで、7～8分煮る。塩味はごく軽く仕上げる。バジルを取り出す。

パスタのゆで方

1代表的な乾燥パスタは、スパゲッティ、スパゲッティーニ、さらに細いカペリーニなど。ショートパスタでは、ペン先の形のペンネ、らせん状でソースがよくからむフジッリなどがポピュラー。

2パスタは1人分80～100gに対し、沸騰した湯1ℓ、塩は大さじ½強～1が基本。

3パスタが湯にひたったら、すぐにかき混ぜる。ふきこぼれない程度の火加減で、表示より2～4分早く引き上げ、ソースの浅鍋に移す。ソースの浅鍋で加熱しながらなじませると、ほどよいアルデンテのパスタに仕上がる。総加熱時間を袋の表示より1分早く仕上げる。

●冷凍の仕方

一度にたくさん作って冷凍保存。使いやすいよう小分けにして。冷凍すると何かわからなくなるので、必ず料理名と日付をメモして。

基本のトマトソースとバジルのパスタ

基本のトマトソースを使った、もっともシンプルなパスタ。家で作ったソースなら
しみじみとおいしく、飽きずに食べられます。ほかの具材を混ぜてアレンジも。

●材料（２人分）

スパゲッティ	160～200ｇ
（またはもっと太いものかペンネ）	
塩（湯２ℓに対して）	大さじ１⅓～２
基本のトマトソース（Ｐ226参照）	約１カップ
オリーブオイル	適量
バジル	４～６枝
パルミジャーノチーズ（すりおろす）	大さじ４

●作り方

1 湯２ℓに塩を加え、スパゲッティをゆでる。
2 フライパンで基本のトマトソースを温め、オリーブオイル、飾り用を残してバジルを加える。
3 スパゲッティを表示時間より２～３分前にざるに引き上げ、ソースのフライパンに移し、ごく弱火で混ぜる。水分が足りないようなら、ゆで汁を加えて調整する。パルミジャーノチーズを加えて混ぜる。
5 器に盛り、飾り用のバジルを散らす。

パスタはソースとあえつつアルデンテに仕上げる。

ゆで汁で調整し、チーズは最後に加える。

アサリとトマトのスパゲッティーニ

フレッシュのミニトマトを使った簡単ソース。トマトのコクと
アサリのうまみはベストマッチング。アサリの旬に。

●材料（２人分）

スパゲッティーニ	160g
塩（湯２ℓに対して）	大さじ１½
アサリ（殻つき）	350～400g
ミニトマト	15個
にんにく	２片
白ワイン	大さじ２～３
オリーブオイル	大さじ３＋大さじ１～２
イタリアンパセリ（粗みじんに切る）	適量

●作り方

１湯２ℓに塩を加え、スパゲッティーニをゆではじめる。

２フライパンにオリーブオイル大さじ３とつぶしたにんにく、砂抜きをしたアサリとミニトマト、白ワインを入れて中火にかけ、ふたをして蒸し煮にする。

３パスタは表示時間の２～３分前に上げる。②のアサリの殻が全部開いたら、パスタを加えて、ソースの中でアルデンテになるまで火を入れる（２～３分）。水分が足りなければゆで汁を加えながら混ぜる。

４器に盛り、オリーブオイル大さじ１～２を回しかけ、イタリアンパセリをかける。

※赤唐辛子を加えてもおいしい。

アサリ、トマト、オリーブオイルが渾然一体に。

ソースの中でパスタをアルデンテにする。

玉ねぎだけのスパゲッティ

玉ねぎの甘みを味わうシンプルなパスタ。
パスタをゆではじめたときに、玉ねぎを炒めはじめるのがポイント。

●材料（２人分）

スパゲッティ	160g
塩（湯２ℓに対して）	大さじ１⅓～２
赤玉ねぎまたは普通の玉ねぎ	１個
ローズマリー（あれば）	少々
パルミジャーノチーズ（すりおろす）	適量
オリーブオイル	適量

●作り方

1 湯２ℓに塩を加え、スパゲッティをゆではじめる。赤玉ねぎを薄切りにする。ローズマリーの葉はみじんに切る。

2 フライパンにオリーブオイルを熱し、赤玉ねぎをよく炒める。

3 スパゲッティを表示時間より２分前に上げ、②に加え、ローズマリーを加えてあえる。ゆで汁も適量加え、軽く混ぜ合わせてソースとパスタをなじませる。

4 器に盛り、パルミジャーノチーズをかける。

玉ねぎは甘みを出すために、よく炒めて。

フォークに巻いて盛りつけるときれい。

くるみのスパゲッティ

イタリア・ウンブリア州の山あいの村で出合った味。山の多い地方ならではのソースで、
もともとはくるみとリコッタチーズの組み合わせでしたが、生クリームを煮つめたソースに仕上げました。

●材料（２人分）

スパゲッティ	160ｇ
塩（湯２ℓに対して）	大さじ１⅓〜２
くるみ	50ｇ
生クリーム	200mℓ
パルミジャーノチーズ（すりおろす）	20〜30ｇ
こしょう	適量
ナツメグ	少々

●作り方

1 くるみは160℃のオーブンで10分ほどローストし、フードプロセッサーにかけて細かくする。
2 湯２ℓに塩を加えパスタをゆではじめる。
3 フライパンに生クリームを入れて火にかけ、少し煮つめてとろりとしたら、①のくるみ、ほんの少しの塩（分量外）、こしょう、ナツメグを加える。
4 パスタを表示時間より２分前に上げ、③のフライパンに移し、パルミジャーノチーズを加えてあえる。水分が足りなければゆで汁を加え、ごく弱火でソースとあえる。

牛肉のラグーのスパゲッティ

普通はひき肉で作りますが、できればかたまり肉をフードプロセッサーでひき、
細かくしすぎないで、ゴロッとしたところを残すと、上等なラグーのでき上がりです。

●材料（２人分）　ソースは３～４人分

スパゲッティ	160ｇ
塩（湯２ℓに対して）	大さじ１強
牛ランプ肉（かたまり）	250ｇ
玉ねぎのみじん切り	½個分
にんにくのみじん切り	２片分
ドライトマト	２～３個
オリーブオイル	大さじ３
赤ワイン	¾カップ
トマトの水煮缶	１缶
ドライオレガノ・ドライタイム	各小さじ１
塩・こしょう	各適量
パルミジャーノチーズ（好みで）	適量

●作り方

１牛肉はフードプロセッサーでおおまかにひく。ドライトマトは粗く刻む。

２鍋にオリーブオイルとにんにく、玉ねぎを入れてよく炒め、牛肉を加えてよく炒める。ドライトマトを加え混ぜ、赤ワインを入れて中火で汁気がなくなるまで煮る。

３トマトの水煮と缶汁、ドライハーブ類、塩、こしょうを入れ、とろりとするまで煮る。

４湯２ℓに塩を加え、スパゲッティをゆでて表示時間より２分早く上げる。③に入れてゆで汁を少量加え、１分ほど弱火にかけてあえる。

５器に盛り、上にもラグーソースをのせて好みでパルミジャーノチーズをふる。

※ソースに塩気があるので、ゆで汁の塩分は少なめで。

粗めにひいて肉のうまみを感じるソースに。

トマトの水煮を入れたら、じっくり煮る。

ペンネ・アラビアータ

唐辛子を加えた辛いトマトソース。
揚げたなすやケイパー、オリーブの実を加えてもおいしいですよ。

●材料（２人分）

ペンネ	160g
塩（湯２ℓに対して）	大さじ１⅓～２
基本のトマトソース（P226参照）	⅔カップ
にんにく	１片
赤唐辛子	½～１本

●作り方

1 湯２ℓに塩を加え、ペンネをゆではじめる。
2 にんにくはたたいてつぶし、赤唐辛子は種を取ってみじん切りにする。
3 基本のトマトソースを鍋に入れ、火にかけ、②のにんにくと赤唐辛子を加える。
4 表示時間より２分前にペンネを引き上げ、③に加え、ゆで汁を加えてほどよい水分量にしてあえる。

アラビアータは怒るという意味。ソースが辛くて頭がカッとなることから名づけられた。

きのこのフジッリ

ソースの鍋の中でパスタをアルデンテにするので、表示時間より早めに上げるのがコツ。
きのこにはバターが合います。コクが出ておいしい。

●材料（２人分）

フジッリ	160g
塩（湯２ℓに対して）	大さじ１⅓〜２
しいたけ	６枚
まいたけ	50g
玉ねぎのみじん切り	大さじ２
バター	大さじ２
オリーブオイル	大さじ１
生クリーム	130mℓ
パルミジャーノチーズ（すりおろす）	大さじ４
セージ・ミントの各みじん切り	各適量

●作り方

１湯２ℓに塩を加えフジッリをゆではじめる。

２しいたけは石づきを取り、４つ割りに。まいたけは石づきを取り、小分けにする。

３鍋にバターとオリーブオイルを入れて熱し、②と玉ねぎを加えて塩ひとつまみ（分量外）をふり、ふたをして蒸し煮にする。生クリームを加えて少し煮つめる。

４フジッリは表示時間の３分前に上げ、③に加え、あえながらアルデンテに仕上げる。水分が足りなければ、ゆで汁を少し加えて混ぜ、パルミジャーノチーズを混ぜて、セージとミントを加える。

生クリームがとろりと煮つまったらパスタを入れる。

イーストで発酵させない 簡単! カリカリピッツァ風

イーストを使わない簡単ピッツァは、麺棒で薄くのばしてカリカリに焼ける薄さが魅力。粉と水とオイルがあれば、すぐに作れます。

これは、イースト発酵させない、手軽なピッツァ風生地です。言ってみれば、粉と水だけで作る素朴なパスタの生地をのばして焼いたようなものです。

粉をこね、30分落ち着かせて、麺棒で薄くのばして焼くと、カリカリに仕上がって、これはこれで本格ピッツァとはまた違ったおいしさなんです。おやつにもいいですし、軽い食事や、おつまみにもいいですよ。

玉ねぎをのせるだけでもおいしいですし、ハーブ、塩、にんにくの組み合わせ、薄切りしたじゃがいもとローズマリーなどもおすすめです。季節の果物をのせれば、甘いデザートピッツァ風にもなり、これがまたおいしいのです。のせるものに水分があるなら、生地だけ下焼きしてその上にのせ、再び焼くとパリパリの生地が楽しめます。

オーブンやオーブントースターでなくフライパンで焼くと、また違う食感が楽しめますよ。油で揚げて、グラニュー糖をふってもおいしいです。

基本のピッツァ風生地を作る

●材料（直径約20cm２枚分）

薄力粉	½カップ
強力粉	½カップ
水	約⅓カップ
オリーブオイル	大さじ３
塩	小さじ½
打ち粉（強力粉）	適量

１ボウルに粉と塩を入れて混ぜ、分量の水を大さじ１ほど残し、すべて加える。

２オリーブオイルを加え、へらでひとまとめになるまで混ぜる。粉が残るようなら残した水で調節。

３手で生地をまとめ、ボウルの中でこねる。ボウル内に粉が残らないようになるまでよくこねる。

４ひとまとまりになったら、台に取り出す。表面がなめらかになるまで、よくこねる。

５ひとまとめにして、生地の表面がなめらかになるように丸める。

６⑤をラップに包み、30分ほどねかせる（生地に水分が行き渡って、柔らかくなる）。

７台と麺棒に打ち粉をして、生地を半分に分け、できるだけ薄くのばす。丸くのばさなくてもOK。

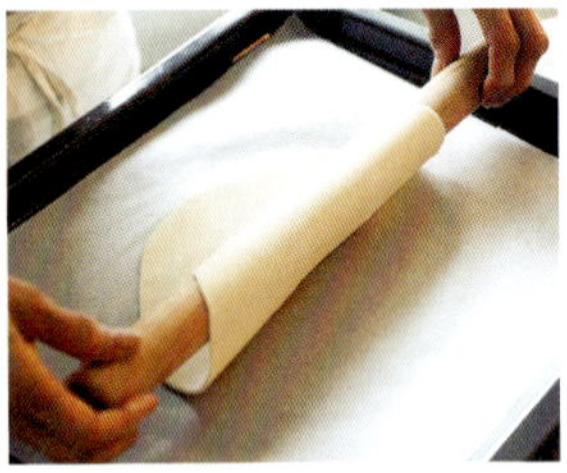

８天板にクッキングシートを敷く。麺棒にクルクルと巻きつけた生地を天板の上ではずしながらのせる。

フライパンで焼ける薄焼き生地

オリーブオイルをひき生地を焼けば、また違った味わいに。イタリアの薄焼きパン「ピエディーナ」に似ている。好みの具を巻いたり、メープルシロップをかけたり。

モッツァレラとバジルのピッツァ風

ピッツァ・マルゲリータの薄焼き版。飽きない味です。
トマトソースは、パスタのページでご紹介したシンプルなソースです。

●材料（直径約20cm２枚分）

基本の生地（P234参照）	全量
基本のトマトソース（P226参照）	$\frac{1}{2}$～$\frac{2}{3}$カップ
モッツァレラチーズ	１個
バジルの葉	３～４枚
オリーブオイル	適量
打ち粉（強力粉）	適量

●作り方

1 基本のトマトソースは少し煮つめて水分をとばしておく。
2 台に打ち粉をし、生地を１枚ずつできるだけ薄くのばす。
3 天板にクッキングシートを敷く。生地を麺棒にクルクルと巻きつけて、天板の上でクルクルとはずしながらのせる。
4 200℃のオーブンで７～８分下焼きする。焼き色をつけてカリッとさせる。
5 トマトソースを④の上にのばし、モッツァレラチーズをちぎってのせ、バジルをのせてオリーブオイルをかける。オーブンを一番高温に予熱し、中段でチーズが溶けるまで焼く。

下焼きをした生地に材料をのせ、オリーブオイルをかける。

パセリ、にんにく、アンチョビ、パルミジャーノのピッツァ風

にんにくとチーズの香り高いカリカリピッツァ。アンチョビと赤唐辛子を
ピリッときかせた大人の味です。ワインにもとてもよく合いますよ。

●材料（直径約20cm 1 枚分）

基本の生地（P 234参照）		½量
A	刻んだアンチョビ（フィレ）	2～3枚分
	パセリのみじん切り	大さじ1 ½
	にんにくのみじん切り	1片分
	赤唐辛子のみじん切り	1本分
パルミジャーノチーズ（すりおろす）		適量
打ち粉（強力粉）		適量

●作り方

1 台に打ち粉をして、麺棒で生地を薄くのばす。

2 ①の生地の上に、Aをのせ、パルミジャーノチーズをたっぷりかける。

3 200℃のオーブンで15～20分、焼く。

※トッピングに水分がないので下焼き不要。

できればかたまりのパルミジャーノチーズをたっぷりおろすと、風味がよい。

ぶどうとローズマリーの 甘いデザートピッツァ風

焼いてほどよく水分がとんだぶどうの味と、
溶け出した砂糖の食感がとてもおいしい。

●材料（1枚分）

基本の生地（P234参照）	½量
種なしぶどう	適量
グラニュー糖またはメープルシュガー	大さじ3～4
ローズマリーの葉・オリーブオイル	各適量

●作り方

1 生地を薄くのばし、200℃のオーブンで7～8分下焼きする。
2 ぶどうは房からはずし①にのせ、ローズマリーを散らし、グラニュー糖、オリーブオイルをかける。
3 オーブンを一番高温に予熱し、ぶどうが焼けるまで焼く。

下焼きした生地にフルーツをのせ、シュガーをふる。オリーブオイルをかけて焼くと、風味がプラスされる。

りんごとタイムの 甘いデザートピッツァ風

甘酸っぱいりんごの風味と、ハーブの香りが合う。
デザートピッツァの生地は薄いほうがおいしい。

●材料（1枚分）

基本の生地（P234参照）	½量
りんご（6等分して薄切り）	1個
グラニュー糖またはメープルシュガー	大さじ3～4
タイム（葉をちぎる）・オリーブオイル	各適量

●作り方

1 生地をだ円形に薄くのばし、200℃のオーブンで7～8分下焼きする。
2 生地の上にりんごをのせ、タイムをあしらい、グラニュー糖、オリーブオイルをかける。
3 オーブンを一番高温に予熱し、りんごに火が通るまで5～6分焼く。

テーブルが華やぐ、ワインが引き立つ！

ワインに合う、つまみと料理

北イタリアのバールにいくと、ワインに合うちょこちょこっと作れそうなものがいろいろ並んでいます。じゃがいもの上にペーストがのっていたり、アスパラガスに生ハムが巻いてあったり、簡単でひねりのあるものがたくさんあって、旅のお楽しみでもあります。塩味、スパイス、にんにく、ハーブ、辛みなど、何かをピリッときかせるのがおいしく感じるコツでしょうか。

桃のリコッタチーズ焼き

桃の季節のしゃれた一品。

チーズはクリームチーズでも。

キリッと冷やした白ワインやシャンパンと。

●材料（２人分）

桃	１個
チーズ（リコッタ・マスカルポーネ）	各大さじ１
はちみつ	適量
こしょう（好みで）	少々

●作り方

１桃は半分に切って種を取り、耐熱皿にのせ、穴に２種のチーズをこんもり詰める。

２上からはちみつを回しかけ、200℃のオーブンで少し焼き色がつくまで約15分焼く。好みでこしょうをふる。

３上から焼き汁をかける。

ズッキーニのアンティパスト

イタリアの家庭ではズッキーニを生では食べないのですが、都会のしゃれたレストランでサラダとして出てきたのをわが家風にアレンジしました。レモンをたっぷりしぼって。

●材料（２人分）

ズッキーニ	１本
赤玉ねぎ	⅓個
スモークサーモン	４枚
オリーブオイル	適量
レモン（くし形切りにする）	１個
塩・こしょう	各少々

●作り方

１ズッキーニは洗って水気をふき取り、斜めに薄く切り、さらに４～５㎝の長さのせん切りにする。

２赤玉ねぎは薄切りにし、水でさらす。

３皿に①のズッキーニと②の赤玉ねぎ、スモークサーモン、レモンを盛り合わせ、オリーブオイル、レモン、塩、こしょうを好みの量かけて、軽く混ぜていただく。

※生で食べるには、できるだけ若いズッキーニがよい。太いものは、縦半分に切って種を取ってからせん切りに。

ズッキーニは斜め薄切りにして並べ、細いせん切りにするときれい。

新玉ねぎの丸焼き

うちの定番です。新玉ねぎがおすすめですが、
普通の玉ねぎでも十分。
驚きがあって、おもてなしにもいいですよ。

●材料（２人分）

新玉ねぎまたは普通の玉ねぎ	２個
塩・こしょう・オリーブオイル	各少々

●作り方

1 玉ねぎは皮ごと220℃のオーブンで20～25分、黒くなるまで焼く。

2 焦げた皮だけを除き、塩、こしょう、オリーブオイルをつけながら食べる。

野菜のクロスティーニ

スプマンテは食前酒と決めつけず
午後のティータイムにいただくことも。
そんなときにぴったりのオープンサンドです。

●材料（２人分）

A	きゅうり	１本
	玉ねぎ	¼個
	ツナの缶詰	50ｇ
	レモン汁	小さじ１
	オリーブオイル	大さじ１
	塩・こしょう	各少々
B	ミニトマト	６～８個
	にんにくのみじん切り	小さじ½
	オリーブオイル	適量
	バルサミコ酢	少々
	刻んだバジルの葉	適量
バゲット		適量

●作り方

A 1 きゅうりは中の種の部分をくりぬいて、薄切りにする。玉ねぎも薄切りにして、ともに塩もみし、水気を絞る。

2 缶詰のツナをほぐして①のきゅうり、玉ねぎとあえ、レモン汁をしぼる。

3 オリーブオイルをたらして塩、こしょうをふり全体にあえる。

B 1 ミニトマトはヘタを取る。

2 にんにくをオリーブオイルで炒めて香りを出し、弱火のままミニトマトを加えじっくり炒める。プチッと皮がはじけはじめたらバルサミコ酢をふってあえる。火を止めてバジルの葉を加える。

※薄切りにしてカリッと焼いたバゲットにAやBをのせて盛り合わせる。

焼きにんにくペースト 薄切りバゲット添え

にんにくを丸ごと焼いてワインのつまみに。
バゲットにぬって好みの塩味でどうぞ。
塩はゲランドの塩など、おいしいものを。

●材料（２人分）

にんにく	１個
バゲット	適量
塩（粗めのもの）	適量

●作り方

1 にんにくは上の部分を横に切り、200℃のオーブンで20〜30分、中が柔らかくなるまで焼く（オーブントースターの場合は、焦げそうならアルミホイルで包む）。竹串を刺してみて、すっと通ったらＯＫ。
2 バゲットは薄く切り、200℃のオーブンで２〜３分（またはオーブントースターで）、カリッとなるまで焼く。
3 ②に①をぬって、塩をふっていただく。

きのこたっぷりのマリネ

3種類のきのこをたっぷり使った、
手早く作れるマリネ。きのこの歯ざわりを
残すため炒めすぎないようにするのがコツ。

●材料（２人分）

しいたけ	４枚
本しめじ	１パック
マッシュルーム	４個
にんにくの薄切り	１片分
オリーブオイル	大さじ２
赤唐辛子（種を取ってちぎる）	½〜１本分
レモン汁（またはワインビネガー）	大さじ１
塩	少々

●作り方

1 きのこはすべて石づきを取り、しいたけは笠に少し切り目を入れて、軸ごと半分に裂く。しめじはほぐし、マッシュルームは半分に切る。
2 フライパンにオリーブオイルとにんにくを入れ、弱火で炒めて香りを出し、中火で①のきのこを加えてさっと炒める。
3 器に盛ってすぐ、赤唐辛子、レモン汁、塩を加えてよく混ぜ合わせ、そのまま冷ます。

ラムチョップ
ゆずこしょう風味

洋と和の組み合わせ。赤ワインに合います。
とてもシンプルに食べる料理なので
いい材料で。ラムは焼きすぎに注意。

●材料（２人分）

ラムチョップかたまり	適量
ゆずこしょう	適量
塩・こしょう	各適量
エシャロット	適量

●作り方

1 ラムチョップのかたまりは、骨が１本ずつになるように切り分け、軽く塩、こしょうする。

2 ロースターかグリルで８分くらい焼き、好みの量のゆずこしょうをぬる。器に盛り、エシャロットを添える。

※中身がピンク色に焼けるのが理想的。

イカのカルパッチョ

イカは鮮度のいい刺し身用の
ヤリイカかアカイカがおすすめ。
白ワインにぴったりですよ。

●材料（２人分）

イカ（刺し身用）	½ぱい
にんにく	½片
レモン	½個
ケイパーの実	適量
オリーブオイル・塩・こしょう	各適量

●作り方

1 イカは足と内臓を抜き取り、皮をむいて縦半分に切り、薄くそぎ切りにする。

2 にんにくは芯を取り、軽くたたいてからみじん切りにする。

3 皿にイカをきれいに並べ、にんにくを散らし、くし形切りにして半分に切ったレモンをあしらってケイパーを散らす。

4 オリーブオイルをたっぷりかけて塩をふり、こしょうをひきかける。

ラムチョップハーブ焼き

ラムと相性のいいにんにくとミントを、たっぷり使うのがコツ。
ラムはアツアツがおいしいので、食べる直前にフライパンでカリッと焼き上げて。

●材料（２人分） 写真は４人分

ラムチョップ	４本
ローズマリー・タイム	各適量
Ａ 塩・こしょう・オリーブオイル	各少々
〈ミントソース〉	
ミントの葉	½つかみ
にんにく（粗く切る）	１片分
オリーブオイル・塩	各少々
つぶしたにんにく	２片分
オリーブオイル	適量
ミントの葉	ひとつかみ

●作り方

1 ラムチョップはＡをふり、ローズマリーとタイムをのせて、30分ほどマリネする。マリネすると肉のくせが和らぐ。

2 フードプロセッサーにミントソースの材料を入れ、ざっと回してソースを作る。

3 フライパンにオリーブオイルを熱し、マリネしたラムチョップをハーブごと入れる。つぶしたにんにくを加えて、強火で手早く両面を焼く。

4 器にラムチョップを盛り、ミントソースをかけ、ミントの葉を添える。

※ラムは焼きすぎないこと。中の肉がピンク色になるくらいがおいしい。

ささっと作れるのがうれしい
イタリアンデザート

イタリアのバールやリストランテのデザートは、季節のフルーツを使ったり、さっと作れるものが多く、家でのティータイムや、食後のデザートにぴったりです。イタリアのお店で食べたり、友人たちに教わったものを、伝統的な作り方を踏襲しつつ、私流に軽くアレンジしてみました。どれも簡単に作れますから、ぜひトライしてみてください。

バニラアイスクリームと
エスプレッソの究極の出合い。

アフォガート

〝affogato（アフォガート）〟はイタリア語で〝溺れた〟という意味。これは伝統のスタイルが一番おいしい。

●材料（2人分）

エスプレッソコーヒー	2杯
バニラアイスクリーム	適量

●作り方

1 エスプレッソコーヒーをいれる。
2 器にアイスクリームを盛り、熱い①をかける。アイスクリームが溶けきらないうちにどうぞ。

マスカルポーネ、ビスキュイ、エスプレッソの
組み合わせが本当のティラミス。

フルーツいっぱいのティラミス風

フレッシュフルーツを加えて軽い味わいにアレンジ。果物は季節のもの何でもお好みで。

スポンジケーキは市販のものでもOK。スポンジが甘ければ、シロップを水で割り、甘さを調整してください。

●材料（２～３人分）

季節の果物（さくらんぼ・メロン・いちご・びわ・すいか・栗など）	適量
マスカルポーネチーズ	½カップ
生クリーム	大さじ３
メープルシュガー	大さじ３
（または砂糖	大さじ２）
スポンジケーキ（市販品）	適量
メープルシロップ・ラム酒	各適量
ココアパウダー	適量

●作り方

1 スポンジケーキを手でほぐす。メープルシロップとラム酒を合わせ、少し残して、スポンジケーキにふりかける。
2 ボウルにマスカルポーネチーズを入れて、柔らかくなるまで混ぜる。これに生クリーム、メープルシュガーまたは砂糖を加えて混ぜる。
3 果物は食べやすい大きさに切る。
4 スポンジケーキ、②のマスカルポーネクリーム、果物を交互に重ね、①の残りのメープルシロップとラム酒をふりかける。
5 最後に上からココアパウダーをふる。

※①のメープルシロップには、好みのリキュールを加えても。

イタリア版フルーツポンチ。
自然な甘みのジューシーなドルチェ。

マチェドニア

**メープルシロップで作ると、さわやかな甘さに。
冷蔵庫で味をなじませてからどうぞ。**

●材料(2人分)

好みの果物(いちご・桃・あんず・ブルーベリー・さくらんぼ・りんごなど)	適量
メープルシロップ エキストラ・ライト	適量
レモン汁	適量
レモンの皮(すりおろす)	適量

●作り方

1 果物はひと口大に切る。桃、あんずは皮のケバを落としてよく洗い、りんごは皮ごと切る。桃は皮をむいても。
2 果物をボウルに入れ、メープルシロップを果物の半分の高さまで入れる。
3 レモン汁、レモンの皮のすりおろしを加えて、冷蔵庫で冷やす。

※メープルシロップはエキストラ・ライトを使うとおいしい。エキストラ・ライトがない場合ははちみつを使うか、グラニュー糖でシロップを作る。グラニュー糖と水を1：2の割合で火にかけて、溶けたらそのまま冷蔵庫で冷やす。
※果物はメロン、ネクタリン、マスカット、ラズベリー、ブラックベリー、若いバナナ、グレープフルーツ、はっさくなども合う。

イタリア語では「テ・アラ・ペスカ」。
桃の香りと風味が優しい甘い紅茶。

桃の紅茶

キンキンに冷やしてください。桃はかたくて小さな桃で十分。
イタリアでは紅茶だけいただきますが、日本の桃は実も食べましょう。

●材料（２人分）

桃	2個
紅茶	適量
レモン汁	1個分
レモンの皮	½個分
グラニュー糖	¼～⅓カップ

●作り方

1 桃はケバを落としてよく洗い、種を取って、皮ごとザク切りにする。

2 ジャグなどの容器に桃、レモン汁、レモンの皮を入れ、グラニュー糖を加える。熱い紅茶をかぶるほど注ぎ入れ、混ぜてグラニュー糖を溶かし、冷蔵庫で冷やす。

日本の桃は甘くておいしいので、漬けた桃も食べよう。

postscript

あとがき

料理の本には普通、分量、時間、火加減などが、事細かに書いてあります。この本も目安としてのっています。しかし家庭によって、鍋も違えば火も違いますから、鍋と対したときは本は脇に置いて、鍋の中身とじかに向き合いましょう。そうすればおいしい瞬間をとらえることができます。

一番おいしい瞬間をとらえる。鍋の中をよく見て「あ、おいしそー」と思うときがおいしいサイン。もうひとつ大事なことはお味見です。自分の舌で味を感じることが料理上手への近道です。煮物は、はじめ記載されているより薄味に調味しておいて、煮上がり間際にお味見をして、好きな味にととのえましょう。

マリネやあえ物は、調味液やあえ衣をまず味見して、よくあえたら、最後にもう一度味を見て味をととのえましょう。昔から味つけの順番は「さしすせそ」と言います。甘い調味料から入れ始め、次第に塩辛い調味料を入れていく、という意味です。これは先に塩味がついてしまうとあとで甘みが入らないからです。

私は子どものころ、夕方になると母のそばにいて、味見とつまみ食いばかりしていたものです。だから今、この仕事を続けていられるのかもしれません。

ただ、あれこれ調理方法を加えて複雑にしたり、いろいろ入れればおいしくなるか、というとこれは疑問です。一番おいしいところでストップする、必要最低限の調味料で味をつける。これは商売ではなかなかできないことです。お代をいただくからには、とややこしい料理になって、結局多すぎる手間と材料が加えられているのが、よくある外の料理です。うちのごはんはこれの逆をいきましょう。

盛りつけもささっと手早く、どんと気取らず盛りつけるのが一番。これがうちのごはんの醍醐味ですね。ぜひごはん作りを楽しんでください。

本書の刊行にあたり多くの方にお世話になりました。編集の津川さん、デザインの藤村さん、竹内さんはじめ多くのフォトグラファーの方々、スタイリストの千葉さん、ライターの海出さん、北村さん、そしてこの本に関わってくださいましたすべての方々に感謝申し上げます。

seasoning

調味料について

どんなに素材がよくても、調理の技術が優れていても、調味料ひとつでおいしくなったり、まずくなったりしますので、調味料は料理の素材としては、最後の決め手になる非常に重要なものです。多少盛りつけがうまくいかなくても、よい調味料を使えば、味の点ではそっとカバーをしてくれる大切な料理の友なのです。

この本で使っている調味料についてお話します。またあとがきにも少し述べましたので、料理のときの参考になさってください。

しょうゆ

育った家、土地でしょうゆの好みは大きく変わります。自分の味を大切にしましょう。じっくりとていねいにつくられたしょうゆは、味に深みと、えも言われぬうまみがあります。私は生まれ育ったときから、ずっと同じしょうゆを使っています。ほかのしょうゆでは落ち着かない。それほどしょうゆは体にしみついた味なのです。

世界の調味料となったしょうゆは、日本の誇る調味料です。和食ばかりでなく、隠し味にイタリア料理やエスニック料理にも使ってみてください。料理の味の幅も広がって、独特のうまみが料理を一段と格上げしてくれることでしょう。

甘み

砂糖なら、どうしても色を気にする料理以外は、なるべく精製を控えたものを使いましょう。使いすぎないように気をつけて、料理の甘みは控えめ、が素材の味を引き立てます。

みりんは酢と同じく、正しく醸造されたみりんをお選びください。そのまま飲んでもおいしいと思えるものがよいです。

蜂蜜も白い砂糖よりおすすめです。

私は、砂糖やみりんを使わずに、カナダ産のメープルシロップ エキストラ・ライトを料理に使います。柔らかで上品な甘みには魅了されます。おいしいばかりでなく、カルシウムやミネラル、ビタミンも驚くほど多く含み、そのうえカロリーが低い、といいことずくめ。メープルダイエットというダイエット法があるくらいです。沸点が高いため、煮つめても焦げにくく、照り焼きなどもとても上手にできます。メープルの樹液を煮つめただけの完全にピュアな食品です。

油

よい油を使うことは、健康に直結します。悪い油を使うと、血管や肝臓に多大な悪影響を及ぼし、病気の元になるからです。私は、エキストラバージンオリーブオイルか、上質のごま油を使用しています。

エキストラバージンオリーブオイルにはポリフェノールが多く含まれ、抗酸化物質が豊富です。そのため、アンチエイジングに必須のオイルとも言われて、化粧品にもなります。体の中と外から使えるオイルはオリーブオイルだけです。

果実を丸ごと、熱を加えないコールドプレスでしぼったオイルもオリーブオイルだけです。光と熱をきらいますので、瓶入りなら黒いボトルに入ったものか、缶入りがベスト。缶入りはディスペンサーに入れ替えて、小分けにして使います。

イタリア料理にはもちろんのこと、私は和食にもたくさんオリーブオイルを使います。しょうゆにもよく合って、とにかくおいしく食べられるのがうれしい。こんなことから、本当においしいものは体にもいい、と思うようになりました。

塩

国産品から世界各国のものまで入手できますので、ご自分の好みで産地をお選びいただくのがよいでしょう。

魚のふり塩や塩もみ、味つけには、細かい塩が適しています。粒の粗い海の華などは、塩の味が際立っていますので、仕上げに使って塩の味を楽しむのによいでしょう。また、国産の少し湿り気のある粗塩は漬け物に、さらさらした焼き塩はふり塩に、と種類や状態で使い方もいろいろです。種々さまざまな塩が出回っていますので、数種類とりそろえて塩を楽しむのも料理の楽しみのひとつです。

酢

日本の酢なら、きちんと醸造された米酢がおすすめです。酸味がまろやかで、ツンとこないものを選びましょう。

ワインビネガーは、酸味の強いものが多いので、初めは小瓶で試してください。

下味に酢を酸っぱくならない程度に使うと、味に深みが出ます。きんぴらや肉の下味つけに、隠し味として使ってみると、今まではひと味違うおいしさが引き出されます。

酢には血圧を下げて血液をさらさらにしたり、カルシウムの吸収を助ける効用もあります。殺菌作用や保存性もあるので、ピクルスやマリネに使って毎日少しずつ継続的に食べると、体にもよいのです。酢で調理すると、減塩も楽にできるなど、よいことずくめの調味料です。

酒

いわゆる料理酒ではなく、飲んでおいしいお酒を料理にお使いください。おいしいお酒をたっぷりと料理に使うと、もちろん料理がおいしくなります。おいしくないお酒を使った結果はいわずもがな、です。ちょっともったいないようですが、こうしたこだわりが料理をおいしくするかどうかの分かれ目、と言えます。料理に使うワインは超高価ではなく、ほどほどの価格で、普通に飲んでおいしいものが適当です。

index

索引

デザート

その他

ごはん／麺ほか

果物

profile

有元葉子（ありもと　ようこ）

３人の娘を育てるかたわら、創刊まもない「LEE」（集英社）で、
料理家としてのキャリアを歩み始める。
現在は日本、イタリア、ロンドンを行き来しながら、
「éclat」（集英社）をはじめ、女性誌を中心に、雑誌、新聞、
テレビ、教室などで幅広く活躍する、
日本で最も多忙な料理家のひとり。
家庭料理の分野では、和洋を問わずおいしくて美しい料理で、
絶大な人気を得ている。キッチン用商品の開発や、
メニュー開発の分野でも注目。
暮らしに対するの目の確かさや、器、インテリアなどの
センスのよさに惹かれるファンも多い。著書多数。

デザイン／藤村雅史（藤村デザイン事務所）
撮影／竹内章雄
スタイリング／千葉美枝子（P13～109、128、136、140、152、156、161ほか）
編集協力／海出正子　北村美香

写真提供／
青山紀子、安東紀夫、今清水宏、榎本修、岡本真直、奥谷仁、川部米雄、
木村金太、木村拓、公文美和、小泉佳春、澤井秀夫、白根正治、高木隆成、
中本浩平、長嶺輝明、日置武晴、山本正樹（50音順）

決定版253レシピ
ようこそ、私のキッチンへ

発行日　2011年3月23日　第1刷発行

著者　有元葉子

発行人　金谷幹夫
発行所　株式会社　集英社
〒101-8050　東京都千代田区一ツ橋2-5-10
編集部　03-3230-6250
販売部　03-3230-6393
読者係　03-3230-6080
印刷　大日本印刷株式会社
製本　加藤製本株式会社

ISBN978-4-08-333120-6　C2077
定価はカバーに表示してあります。